高校篮球教练员素养研究

○ 张艳秋 著

光明日报出版社

图书在版编目（CIP）数据

高校篮球教练员素养研究 / 张艳秋著. -- 北京：光明日报出版社，2021.9

ISBN 978-7-5194-6318-2

Ⅰ. ①高… Ⅱ. ①张… Ⅲ. ①高等学校－篮球运动－教练员－能力培养－研究 Ⅳ. ①G841.25

中国版本图书馆 CIP 数据核字（2021）第178493号

高校篮球教练员素养研究

GAOXIAO LANQIU JIAOLIANYUAN SUYANG YANJIU

著　　者：张艳秋

责任编辑：郭思齐　　　　责任校对：蔡晓亮

封面设计：小宝工作室　　责任印制：曹　净

出版发行：光明日报出版社

地　　址：北京市西城区永安路106号，100050

电　　话：010-63169890（咨询），010-63131930（邮购）

传　　真：010-63131930

网　　址：http：//book.gmw.cn

E - mail：gmrbcbs@gmw.cn

法律顾问：北京市兰台律师事务所龚柳方律师

印　　刷：北京虎彩文化传播有限公司

装　　订：北京虎彩文化传播有限公司

本书如有破损、缺页、装订错误，请与本社联系调换，电话：010-63131930

开　　本：170mm×240mm

字　　数：283千字　　　　印　　张：15.25

版　　次：2021年9月第1版　　印　　次：2021年9月第1次印刷

书　　号：ISBN 978-7-5194-6318-2

定　　价：68.00元

前　言

高校篮球教练员是运动训练过程的掌控者，是高校篮球训练的核心。高校篮球教练员综合能力和素养强弱关系着运动队成绩的好坏和运动员未来的发展，同时对我国从体育大国迈向体育强国起着推动作用。向高校篮球教练员介绍最新的科学训练理念与人文精神是全面提升他们综合素养的重要途径。

我们从实际出发的原则，坚持以提升高校篮球教练执教能力素养为重点的目标；坚持贯彻系统性与针对性、理论性与实践性、基础性与应用性结合，突出针对性、实践性和应用性的原则，力求在总结高校篮球教练员学校研究基础上，进一步推陈出新，丰富完善，编写也具有创新性、实用性、前沿性、时代性，注重适应现代教练员对知识素养的要求，为高校篮球教练员自主研发和创新能力素养的提升创造条件。

高校篮球教练员具有什么样的专业素养是篮球运动训练研究的一个基本问题，高校篮球教练员具有什么样的专业素养与传授什么样的篮球技术知识往往决定着他培养的篮球运动员的质量水平。当高校教练员专业素养提升问题提到篮球运动训练改革过程中，探寻高校篮球教练员专业素养成长的知识基础就成了我们研究的热点问题。

本书将高校篮球教练员的训练实践能力作为专业素养提升的基础。笔者从高校篮球教练员个体的职业生命具有连续的、动态的、终生的、发展的可能性出发，将高校篮球教练员自我素养发展作为丰富教练员职业生命内涵的重要途径，对高校篮球教练员训练实践知识的内涵、职业素养特征和训练外在形式进行分析，以期对高校篮球教练员的专业素养提升提供借鉴。

我们将通过本书寻找更加理想的高校篮球教练专业素养提升模式，培养出专业素养更加成熟稳定、更加专业化的高校篮球教练员。

作者

2018年1月15日

目 录

第一章

现代高校篮球教练员科学执教素养论

第一节　高校篮球教练员应具备向体育强国迈进的理论素养准备

经济社会协调发展、全体人民共同富裕是社会主义的本质要求。胡锦涛同志在北京奥运会、残奥会总结表彰大会上提出，“我们要坚持以增强人民体质、提高全民族身体素质和生活质量为目标，高度重视并充分发挥体育在促进人的全面发展、促进经济社会发展中的重要作用，实现竞技体育和群众体育协调发展，进一步推动我国由体育大国向体育强国迈进”，这一历史论断从社会主义现代化进程、城乡统筹发展、共同富裕的高度科学定位了我国体育事业贯彻落实科学发展观、面向未来的发展目标，为新时期的中国体育指明了前进的方向。2010年《政府工作报告》中第一次指出：“大力发展公共体育事业，广泛开展全民健身运动，提高人民的身体素质”，充分发挥政府在发展体育事业中提供基本体育服务的责任和职能，以满足广大人民群众日益增长的体育需求，从国家战略角度对我国体育事业的发展进行了顶层设计和全局规划，成了后奥运时代中国体育发展的现实坐标，由此拉开了体育强国、体育民生保障工程建设的大幕。

邓小平理论关于社会主义本质的科学论断指出，“社会主义的本质，是解放生产力，发展生产力，消灭剥削，消除两极分化，最终达到共同富裕”，创造性地对“什么是社会主义，怎样建设社会主义”进行了理论概括，深化了对社会主义的认识，也建立了万物运行的机理和发展框架。胡锦涛同志在北京奥运会、残奥会表彰大会上的讲话以及2010年政府工作报告站在历史的高度，立足中国现实，继承创新，是邓小平理论在当代的延续和真实体现，向我们传达了契合时代主流的两个关键主题：第一，体育强国；第二，公共体育事业。那么什么是体育强国，怎样建设体育强国？什么是公共体育事业？怎样建设公共体育事业呢？这也成了后奥运时代我国体育事业发展的方向和工作重心，预示着新时期中国体育事业无论是发展理念、发展模式，还是发展策略层面都将经历重大的战略转型，与经济社会发展方式转变相一致的新的体育发展方式正在萌生、成长。

从人类发展的普遍规律来看，发展战略总是受制于一定的社会实践条件和预期目标。时代不同，社会环境迥异，发展目标多元，必然有与之相对应的发展战略，呈现出阶段性和特殊性。面对我国作为体育大国而非体育强国的现实，我们在科学、正确地认识当前我国体育的基础上，将体育强国作为奋斗的目标，对我国体育事业的健康、可持续发展具有重大的指导意义。明确了我国体育事业所处的发展阶段，表明了社会主义和谐社会建设中体育事业所处的重要地位，指明了未来体育事业发展的道路与方向。同时，体育兼具政治、经济、社会、文化等多重功能，在增强人民体质、丰富社会文化生活、促进人的全面发展、促进社会和谐等多方面发挥着重要作用，这是公共体育事业的主旨所在，其与教育、文化、卫生等公共事业一样，都是保障和改善民生的重要组成部分。体育事业应明确目标，围绕我国整体强国战略，实现从提高民族凝聚力的金牌体育向保障和改善民生的日常体育角色的转变，圆中国体育强国之梦。

体育强国战略作为国家战略的一部分，必然要服从于国家的整体战略。改革是永恒的主题，传统的粗放式的发展方式必须得到理论、制度和技术的创新；规模扩大、数量扩张必须与质量建设、内涵建设协同共生；体育价值、体育精神、体育文化必须来源于实践并作用于实践，不断凝结和提炼中华民族优秀的品质，引导和促进体育强国的建设。从哲学的观点来看，特定历史时期的事物存在主要矛盾和次要矛盾，表现出发展的不均衡，当所处环境和条件发生变化时，事物就会回到协调发展上来，这是共有的规律。群众体育、竞技体育、学校体育是体育事业的三个重要组成部分，不存在孰重孰轻，也不应厚此薄彼，均在体育事业的母体中相互依存，共同发展。从保障民权、强国富民的视角出发，在我国体育事业的科学、系统、可持续性发展进程中，群众体育承担着金字塔基的重要作用，维系着体育系统的正常运行。群众体育面向的是全体人民，而非少数群体，在体育事业特别是公共体育事业中扮演了重要的角色，国民体质的增强、社会心理稳定性的提升、体育文化的推进均着眼于整个社会和全体民众，是构建面向大众的全民健身服务体系的重要内容，是确保竞技篮球发展的重要支柱，更是从体育大国向体育强国迈进，回归体育固有本质的核心。突出质量、改革、创新、效率、效益、典范等内涵建设的体育强国，倡导以人为本、均等、和谐等内涵建设的篮球公共服务，将全面提升中国体育综合实力，逐步确定顶层的中国体育发展战略格局。

一、体育强国的概念界定

一个命题只有获得持续不断的动力给养，并将其转变为时代的强音和大众自觉的行动，才能在长期积淀的基础上被历史的需求和人民的诉求所验证。近代以来，中国历史的主题呼唤体育强国，实现体育强国也是中国人民的情感和利益诉求，在历史话语、政治话语向现实话语和人民话语的转换过程中，践行体育强国的历史探求，不仅具有历史意义，而且具有现实价值。

根据马克思主义哲学的质量互变规律，事物发展变化的两种基本形式是量变和质变，二者在事物发展过程中是相互依存、相互渗透的紧密关系。量变是质变的前提和条件，质变是量变的必然结果。量变中伴随着局部性和阶段性的质变，质变中存在量的扩张。体育大国和体育强国在体育事业的发展过程中既有区别又有联系。顾名思义，“大”的意思是广阔、众多，超过所比较的对象或通常的情况，主要用于数量、容量、面积、体积等量的方面，与“小”相对；“强”的意思是坚强、优越、力量大、程度高，侧重于质的方面，跟“弱”相对。强的表现突出整体，综合体现结构合理、运转高效的各个子系统组成的大系统，可以是一种绝对强的理想状态，也可以是相对强的综合比较状态，还可以是不断发展与优化的过程强状态。国力强大的国家是“强国”的名词释义，强国作为动词，意指使国家强大，在相关领域奋斗目标的表达中，体现于实力关系的考量的“强大”的相对比较义较为常见。

体育强国和体育大国，就是质量互变规律应用在体育事业中的两种形式，即“强”和“大”在体育领域的真实体现。体育大国强调体育设施的普及、体育意识的增强、体育理念的更新，而体育强国突出体育产品供应充足、体育产业兴盛和体育事业发达，是体育事业发展在不同阶段、不同层次、不同时期的概念表述。体育大国是体育强国的前提和基础，而体育强国则是体育大国的必然结果。同时要看到，数量与质量之间不具有完全的、必然的联系，数量多并不代表着质量好，质量好也并不意味着数量多，大而不强与强而不大都是不完美的。盛极而衰、否极泰来。遍查世界体育的发展历史，从马克思主义发展理论与过程学来分析，体育强国不是固定不变的模式，而是一个动态的发展过程。体育强国并非意味着体育事业的每个组成部分或各个体育项目都强，也并非永远强，而是一种非绝对均衡发展状态基础上的整体强势。那么，到底什么才是真正的体育强国呢？

当中国在北京奥运会上金牌数登顶全球时，举国同庆之余，我国传统文化的“居安思危”观念在潜意识中鞭策着国人，奥运会后我们怎么办、我国体育该如何向前发展等一系列问题顿时摆在面前，国家在期待，人民在期待！“中国要从体育大国向体育强国迈进”的奋斗目标一经提出，我国体育事业又望到了“山外山”的顶尖，国内迅速掀起了关于体育强国的大讨论，国家体育总局专门召开了体育强国的专题研讨会和学术沙龙，任海、徐本力、肖焕禹、熊晓正、黄亚玲、许立群、常建平、鲍明晓等都相继提出了各自的看法，可谓仁者见仁，智者见智。有些学者认为，体育强国指某个国家体育发展的总体水平非常高，综合实力明显领先于其他国家。群众体育的发展水平和竞技体育的国际竞争力是判别和衡量体育强国的两项基本标准，支撑体育强国的系统包括体育法制、体育科教、体育管理、体育交往、体育产业、体育传播等子系统，体育威望、体育精神、国际体育话语权等是体育强国的软实力表现。有些学者认为，体育强国是体育事业中竞技体育、大众体育、体育教育、体育科技、体育产业、体育文化等领域的总体发展水平在世界上处于一流和前列的国家，其中竞技体育是先导，社会体育是基础。还有些学者认为，体育强国就是由基础实力和核心表现所构成的体育综合实力和国际影响力名列前茅的国家。基础实力包括经常参加体育活动的人数，以及体育教育、体育科技、体育文化、体育基础设施、体育人才、体育市场和体育消费等内容，核心表现有国际重大比赛中的竞赛成绩、品牌赛事、品牌俱乐部、享有国际声誉的体育明星、具有话语权的体育媒体、国际体育组织中的影响力等。可以看出，众多学者虽然对体育强国的概念争论得异常激烈，但还是有一个共识，那就是体育强国的判断标准包括群众体育、竞技体育、体育文化等主要内容。

体育强国作为我国体育事业发展的目标，其特征描述和评价标准目前仍然处于质性的叙说阶段，但综合起来还是给出了一个关于体育强国的较为完整的定义，体育强国是一个多维的综合体，是以增强国民体质为本质，以体育法制为保障，以群众体育和学校体育为基础，以竞技体育为先导的，体育科技、体育文化、体育场地、体育产业等方面协调发展的，体育事业总体发展水平在世界上处于一流和前列的国家。在迈向体育强国的过程中，做到以人为本，增强人民体质、促进人的全面发展，提高全民族身体素质和生活质量，促进群众体育与竞技体育、学校体育，体育事业与体育产业，地区体育与城乡体育，乃至经济与社会的协调可持续发展。

二、体育强国的内涵演进

唯物辩证法认为，世界是永恒运动、变化和发展的。对于既定的时代和条件来说，任何事物都有其必要的、合理的存在理由。否定之否定是永远不变的规律。随着时间的推移和环境的变化，肯定的事物都会失去自己存在的必要性，失去自己存在的合理性，原有的肯定会被否定，富有生命力的否定会代替被否定了的肯定，新的否定会成为肯定。因此，我们对一个事物的判断，应站在历史的角度对其进行审视。

体育作为上层建筑，是为经济基础服务的，具有阶级性和阶段性。不同的历史时期、不同的社会背景，体育强国都有着不同的内涵。中华人民共和国成立后，体育一直是中华民族伟大复兴情结的集中反映，体育强国的含义也是指在奥运会上排名靠前的国家。随着党的十一届三中全会改革开放方针的确立，1979年2月召开了全国体育工作会议，丰富和发展了体育强国的内涵，奥运奖牌数不是唯一内容，而是扩展到了群众体育、体育设施、体育科研等方面。1983年3月，《关于进一步开创体育新局面的请示》第一次提出了要在20世纪末把我国建设成为世界体育强国的目标。1984年10月5日，中国已开始全面登上世界体育舞台，踏上了建设体育强国的新里程被写入了《关于进一步发展体育运动的通知》，成了体育强国建设的指导性文件。1985年8月，第一届全国体育发展战略讨论会研讨和论证了《2000年中国的体育》的构想，在我国体育发展规划中将实现体育强国的目标上升到了战略的高度，提出：青少年体质增强，经常锻炼的人口达到5亿人，奥运成绩名列前茅，产生一大批具领先水平的科技成果，培养又红又专的体育人才队伍，建成高水平的体育社会，以其强劲的时代节奏，激励着人们迈向体育强国的伟大征程。

体育强国从提出到确立再到战略推进，与竞技体育是密不可分的。应该说没有金牌体育、没有竞技体育，就没有初始的体育强国，这种早期的体育强国就是竞技体育强国。在1979—1980年和1984年洛杉矶奥运会前后，体育强国的提法格外强烈也归因于此。1979年，中国重返国际奥委会，成为奥林匹克大家庭中的一员；而后的20世纪80年代，中国的竞技体育迎来了一度的空前大发展，战绩辉煌，喜报频传，世界惊羡。1984年第23届奥运会，中国运动员首次参赛便夺得15金、8银、9铜，金牌总数位列第4的骄人战绩，五星红旗频频升起在全球赛场，获得了运动成绩和精神文明的双丰收，国人为之振奋，世界为之振奋；经过了1988年汉城（今韩国首尔）奥运会短暂的曲线前进之路后，中国在悉尼奥运会上的金牌数跃入了第一集团，国人对体育强国的认识更加深入、更加全面、更加成熟，并以体育大国荣耀自居。

在历经6届奥运会的顽强拼搏之后，2008年奥运会在北京成功举办，我国以51金21银28铜的历史最好成绩稳坐第一集团，中国达到了竞技水平的巅峰之列，圆满地完成了20世纪竞技体育从派人参加到组团参加，再到举办奥运会的三大历史任务。2008年法国汉威士世界体育强国排行榜也以155金88银83铜326分的总成绩将我国列入世界体育强国第二位。中华民族的强国梦想在竞技体育成绩中得到了充分体现，世界各国的认可和赞誉更加激发了我们建设体育强国的愿望、信心和力量。但在胜利的同时，我们早已清醒地认识到，衡量体育强国的标准不是唯有奥运金牌，真正的体育强国只能说是我们的宏伟蓝图。我国体育发展的众多薄弱环节依然存在，仅竞技体育领域内部，项目发展的不均衡也将所谓的竞技体育强国定位在了金牌体育强国，基础薄弱的群众体育、建设滞后的体育法制，与世界体育强国相比还有较大差距的体育科技、体育文化、体育产业等，整体不足的现状决定了我国要想成为真正的体育强国还有相当长的一段路要走。2008年9月29日，奥运会残奥会表彰大会明确指出，要进一步推动我国由体育大国向体育强国迈进，重新审视体育强国的内涵。实际上这是非常明确地确立了我国体育的现实坐标和未来指向，即中国现在是体育大国，未来的发展目标是体育强国。以保障人权为主题的强国内容自此也被显性化，2009年4月，《国家人权行动计划（2009—2010年）》第一次从健康权利和文化权利两方面进行规划，纳入了全民健身体系完善和公共体育服务体系构建两项内容。相应地，我国第一部针对全民健身立法的《全民健身条例》出台，将公共体育事业的科学化、规范化和法治化真正地落到了实处。

很显然，从系统理论来看，体育是否强盛，既取决于自身结构和运行状态，也受到体育与外部环境之间协调关系的影响。体育自身、体育与外部环境的结构是否足够优化，体育资源是否高效地整合、利用和转化为体育、社会效益是构成体育强国的充分条件。要保持体育体系的整体强盛，实现体育的目标，不但需要体育所处的政治、经济、文化、社会环境在资源供给、保障促进时能够协调、耦合，各个子系统良性运行、优势互补的保证也是重中之重。我国之所以尚属体育大国，还非体育强国，其根本就在于两部分结构不合理，从而造成了体育资源利用率不高、发展不平衡乃至运行的整体态势不强。强国建设，制度先行。所以，要想实现体育资源的高效率和高效益，关键在于形成一个结构优良、运行高效的体育资源整合机制，调整与优化体育发展的自身结构、支撑结构与区域结构，协调体育关系，转变体育发展方式，维护体育的良性发展，从而实现建设体育强国的目的。因此，从本质而言，体育强国必然是一个良性运行的体育体系的客观结果。

三、体育强国的指导思想

《高举中国特色社会主义伟大旗帜为夺取全面建设小康社会新胜利而奋斗》中提出，科学发展观的第一要义是发展，核心是以人为本，基本要求是全面协调可持续性，根本方法是统筹兼顾。该报告明确了科学发展观是指导经济社会发展的根本指导思想，标志着马克思主义的中国化进入了新的历史阶段，中国共产党对于社会发展规律、共产党执政规律、社会主义建设规律的认识达到了新的高度。在由体育大国迈向体育强国的过程中，必须要有一种指导思想来指导我们工作。以一种全新的战略思维来考虑体育事业的发展，制订战略计划，实施战略行动，使体育事业在其内外部动力的作用下得到良好的发展，为建设体育强国服务，为中华民族伟大复兴服务。

习近平总书记强调，体育承载着国家强盛、民族振兴的梦想，体育强则中国强，国运兴则体育兴。国家强大，体育进步；国民康强，体育振兴。推进中国现代化进程，实现中华民族伟大复兴，体育事业责无旁贷。

体育强国是新时期我国体育工作改革和发展的目标与任务，我国要力争实现体育大国向体育强国的转变。为进一步明确体育强国建设的目标、任务及措施，充分发挥体育在全面建设社会主义现代化国家新征程中的重要作用，2019年9月2日，国务院办公厅印发《国务院办公厅关于印发体育强国建设纲要的通知》（国办发〔2019〕40号），部署、推动体育强国建设，《纲要》提出：到2035年，参加体育锻炼人数达到45%以上，人均体育场地面积达到2.5平方米，《国民体质测定标准》合格率超过92%。到2050年，全面建成社会主义现代化体育强国，人民身体素养和健康水平、体育综合实力和国际影响力居于世界前列，体育成为中华民族伟大复兴的标志性事业。

四、体育强国的民生诉求

民生是有关国民的生计与生活问题。人类社会的发展，就是不断解决民生问题，不断改善民生问题的过程，解决民生问题的第一阶段是获得基本生活资料，第二阶段是满足国民精神文化生活需求。群众体育公共服务应归属第二阶段。

现代奥运会创始人顾拜旦曾说过："体育应该服务于民众。"民众广泛地参与体育活动，不仅是奥林匹克运动的精神和内涵，还是衡量体育强国的重要标准。体育强国目标下，创建服务型政府的体育行政部门就是以提供公共体育服务为主要职责，以民主法治为保障，以满足国民的公共体育需求为导向的民生型政府。改革开放以来，在效率和公平的指导思想下，党的十四届三中全会、十六届六中全会、十七大相继提出了"效率优先、兼顾公平"，"经济发展基础上更加注重社会公平"，"初次分配和再分配中的效率和公平"，国家层面始终明确，实现共同富裕是改革开放历史进程中我国经济社会发展的最终目的，改革发展成果由全体人民共享。效率与公平并不是对立的，而是辩证统一的，能否合理处理效率和公平问题也是群众体育公共服务供给的关键。这一归属民生第二阶段的服务，政府应统筹发展城乡体育，促进社会公平正义的原则，更加关注弱势群体的体育权益，在体育资源分配中矫正和弥补市场机制的偏差，缩小区域体育的发展差距，实现体育事业的整体进步。党的十九大提出"加快推进体育强国建设"，为体育强国发展指明方向。习近平总书记明确要求：精心谋划，狠抓落实，不断开创我国体育事业发展新局面，加快把我国建设成为体育强国。

体育事业中"富民强国"重要思想的体现就是增强人民体质，提高全民族身体素质和生活质量，这也是体育强国建设与群众体育公共服务的共同目标。从民生层面上来讲，群众体育就是以政府为提供主体，保障人民的体育健身权益，不断满足人民日益增长的体育需求，提供公共体育产品和公共体育服务的体育活动。也就是群众体育的民生视阈所涉及的是体育层面的人民生计，即群众生活中的体育，满足人民群众最迫切的体育需求。这一内涵表述向我们传达了三层信息。第一，政府是公共体育产品和服务等体育资源的提供主体，在群众体育中发挥主导作用。第二，依据民生思想就是要坚持以人为本的原则，一切体育工作都以维护人民的体育权益、增强人民的体质、满足人民的体育需求作为出发点。第三，多层次性和发展性是群众体育的主要特征。不同的社会阶层、不同的人群都存在形式多样的群众体育，享受、发展两个层次是其重要体现，且与时俱进。随着时代的进步，体育活动的目标、内容、形式不断提高，成为人们生活中不可缺少的一部分，应做到体育发展依靠人民、体育发展为了人民、体育发展成果由人民共享。

五、体育强国的人本价值

马克思认为，价值这个普遍的概念是从人们对待满足他们需要的外界事物的关系中产生的，是客体对主体需要的满足，属于哲学范畴。人的价值就是作为价值客体的人对作为价值主体的人的需要的满足。社会和他人在社会生活中对作为人的存在的一种肯定即为自我价值，体现在人的尊严及其物质精神保障条件等方面。社会组织和个人的贡献即为社会价值，这种贡献是在自身对于社会或他人物质、精神发展规律及内在矛盾的自我实践活动中发现并创造的。推而论之，体育的价值是指体育对人和社会所具有的直接的客观效用。体育的自身价值就是指身体活动对人体机能的创造，对人类自身的改善。通过身体活动又给自己所属的社会群体带来利益的行为就成了体育的社会价值。二者之间有着本质的联系，共同承担着社会发展与完善的促进作用，统一于体育的价值体系。

尊重人的价值和人的自由全面发展是唯物史观的最高理论旨趣。尊重人的价值，就是要以作为价值主体的人的切身利益为出发点，在满足价值主体的需要的过程中，要尽可能地创造条件，给予作为价值客体的人的一切权利和创造精神以尊重。但人的价值在生活世界中往往来自对未来美好生活的追求，尊重了人的价值追求，便做到了对人的价值的尊重。人的精神、群体心理和社会心理得到了保障，就能有效促进人的价值的实现，这就是人的价值追求。也正是从主观领域向实践领域过渡的人的价值不断地被人的主观动因所驱动，再加上促使人的价值目的外化为现实的实践，才有了作为价值主体的人对人类未来世界的企盼与追求。

人的自由全面发展是体育发展的根本动力和终极目标。体育强国之路的核心旨趣实际上就在于尊重人的价值，为了作为价值主体的自我、他人、群体和社会需要得到满足，作为价值客体的人将其追求付诸实践。人类对于体育价值的实践也总是伴随着体育运动的参与，促进人们身心健康发展的全社会体育价值目标就是对体育的自身价值和社会价值辩证统一的最好证明。回顾奥运百余年历史，从“梦想”到“现实”再到“超越梦想”的周期性过程如繁星点点，历历在目。追根溯源，人类对现代社会意义的整体思考和体育发展终极价值的追求方是实现这一过程的初始原因。因此，做到了尊重人的价值追求，就做到了尊重人的价值；尊重了人的价值，就能持续人的价值过程以最终达到目标。毛泽东的“发展体育运动，增强人民体质”的号召，不仅直观地传达了一个真理，没有人民体质的增强，就无从谈国家的强盛和社会的进步，还理性地诠释了体育自身的价值，即强身健体的功能和促进社会发展与完善作用的统一。从体育大国向体育强国迈进，需要中国体育的整体实力作支撑，但更要以人民为中心，紧紧围绕广大人民群众的实际需求，建设体育强国。

六、体育强国的篮球运动均等取向研究

篮球运动普及基础上的提高、提高带动下的普及是我国篮球运动中长期发展的认识逻辑，从普及提高到相对独立再到相互取予，二者互相促进、相互制约的关系已经无须争辩，是对竞技篮球运动和群众篮球运动关系的精确描述。强国的内涵发展也以三段划分，单维型体育强国的认识阶段，以竞技体育为主导；协调发展的认识阶段，以竞技体育与群众体育的协调为标志；多维化体育强国的认识阶段，以竞技体育、群众体育、体育科技、体育文化、体育产业、体育法制、体育教育、国际交往为集合。由单维型的认识向多维化的理解转变是一个漫长的过程，最初人们对竞技体育成绩的关注，在特定的历史阶段发挥了重要的作用，提升了国家的形象。第一阶段实践产生理论，理论指导实践。第二阶段竞技体育与群众体育处于同一高度。第三阶段体育强国的多维化对群众体育的发展进行了正确定位，但操作明显滞后，实践成效一直不明显，我国还未达到真正意义上的体育强国标准。

体育是综合国力和社会文明程度的重要体现。体育强国是体育不断适应人类发展和满足人类需求的动态发展过程。我国体育人心中有着强烈的强国梦想，体育强国倡导则是将人们心中的美好愿景给予了描绘和策划，然后有计划、有步骤地实施，其发展策略既依赖于中国综合国力的增长，也有助于国家整体实力的提升。进入21世纪，中国竞技体育在奥运赛场上实现了悉尼—雅典—北京的三级跳，居于奥运会金牌榜榜首，尽管我国优势项多为技能类项目，其影响力较小，而游泳、田径和大球类等基础大项相对薄弱，奖牌分布偏项，但我国初步具备竞技体育强国的特征已基本得到认可。然而，相比竞技体育的强势，大众篮球收效甚微。鉴于客观因素，大众篮球仍是体育事业发展的基础性薄弱环节，当前和今后相当长的一段时间内，我国体育发展过程中的主要矛盾依然是人民群众日益增长的体育需求与社会所能提供的体育资源相对不足的矛盾，这成了体育强国建设的短板，与体育强国中的重要内容，迈向体育强国进程中首要任务的表达相去甚远。

研究表明，一个国家竞技体育发展水平与其经济总量有较高的相关度，而大

众篮球发展程度则与其人均经济实力有着较高的相关度。在创建服务型政府的中国，政府公共服务的内容之一就是群众性体育事业，具有公益性。北京奥运会、残奥会总结表彰大会上的讲话已经表明，政府的基本责任就是提供服务，在体育事业发展过程中，要完善全民健身体系，为人民提供更多更好的公共体育服务。发展体育运动，提高全民族的身体素质，必须站在区域、城乡、人群统筹的高度，以满足人们基本公共体育需求为出发点，全体国民共享均等化的大众篮球服务。体育改革，制度先行；制度改革，意识先行。具体而言，必须强调体育的发展质量，用和谐发展的体育理念取代非均衡发展的体育理念，主导整个体育事业改革。在此基础上，政府应当从战略角度进行规划，加大公共财政在群众体育事业领域的投入，优化公共体育资源配置，建设东、中、西部及城乡全覆盖的大众篮球服务体系。共同富裕的目标在体育领域内以全民族体质的共同提高而得到强化，制度保障全民健身体系的完善，做到大众篮球与社会事业的协调发展，教育、卫生、文化、科技事业的协同并进，逐步实现大众篮球服务的均等化，建设体育强国。

群众体育强，体育就强；体育强，群众体育必定强。群众体育发展的规模大、范围广只能称为群众体育大国，而群众体育强国则是指群众体育综合发展实力的人均比例高，全民参与、共同享受。篮球是以身体练习为主要形式的活动，只有服务于广大民众，让每个公民身体力行，沿着生活化、休闲化、终身化的发展道路前行，才可能实现可持续发展。篮球服务体系作为体育强国的基础，是一种社会的再分配，社会公平的一种实现途径。弱势群体的公共体育需求能否得到保障，公共体育服务体系是否完善，显示出一个国家的体育发展水平及其对于社会建设的贡献，是体育强国的基础性指标。进一步推动我国由体育大国向体育强国迈进的目标提出以后，国务院、国家体育总局已经做出部署，要求体育系统要积极落实全民健身新举措，切实加强公共体育服务体系建设，推进体育强国的建设进程。

总之，中国特色的体育强国之路独特、优越、完善和全面，推动体育事业高质量发展，必须以习近平新时代中国特色社会主义思想为指导，应立足长远、强化内涵、注重质量、打造特色，用人民的幸福感和满意度来铸就，做到体育生活的实至名归。体育强国建设刻不容缓，要从我国的国情出发，以人民群众多元化的体育需求为导向，不断改革，锐意创新，科学发展，探索公共体育服务体制和机制，让人民群众切实享受体育改革和发展的成果，努力促进中国特色社会主义体育事业的形成，推动我国由体育大国向体育强国迈进。

那些取得了优异执教成绩的高校篮球教练员，往往比常人更懂得如何灵活地运用种种沟通技巧，在最恰当的时间、用最恰当的方式影响及培养自己的运动员。

从非运动员到运动员，从普通运动员到优秀运动员，从大学生到再就业，到新的岗位，高校教练员经历了由依赖到独立的过程。在这个过程中，教练员的角色不断发生着变化，由最初的一束光，到献出一束光，再到反射一束光，最后站在光圈之外。只有理解了这种角色变化，高校篮球教练员才能更好地把握自己在运动员成长过程中可能发挥的作用，并根据运动员的成长调整自己的心态。

第二节　高校篮球教练员的知识、能力与素养

一、高校篮球教练员的知识结构

知识是人的各种素质形成的基础，是进行创造性劳动所必需的。由于训练活动在本质上是高校篮球教练员对运动员进行长期的生物学、心理学和社会学改造过程，因此，高校篮球教练员的劳动是创造性的脑力、体能和技能相结合的复杂劳动。高校篮球教练员的知识结构，对于高校篮球教练员综合素质的提升有着非常重要的作用。

（一）专业知识

专业知识与高校篮球教练员职业紧密相关，是完成教练员职责和任务应该具备的，与运动训练和参赛直接相关的相对稳定的系统化的知识，包括运动专项的知识、运动员的知识、运动科学知识以及工具知识等。

（二）人际知识

人际知识与教练员职业紧密相关，是完成教练员职责和任务应该具备的，与人际关系处理相关的相对稳定的系统化知识，包括处理社会关系知识、处理运动队关系知识、执教方法知识等。

（三）个人内省知识

个人内省知识与教练员职业紧密相关，是完成教练员职责和任务应该具备的，与教练员个人成长相关的相对稳定的系统化的知识，包括执教理念、终身学习等。

二、高校篮球教练员的能力结构

能力是指顺利完成某一活动所必需的主观条件。教练员的经历不同，经验不同，知识水平不同，在完成训练和比赛活动中表现出来的能力也就有所不同。教练员的能力不同，其成就也就不同，能力越大，成就就会越大。

（一）战略思维能力

战略思维能力是高校篮球教练员对运动队建设中具全局性、决定运动队发展全局的重大事情进行愿景创新和战略规划的思想方法和工作能力，包括把握全局、预测需求、确定愿景、形成任务、提出方针、制定措施、反馈调整、创新战略的能力。

（二）环境适应能力

环境适应能力是高校篮球教练员为满足运动队发展的需要而与环境发生调节作用的能力。在计划经济时代，运动队的一切都是由“组织”决定的，高校篮球教练员环境适应能力的大小一般不会对高校篮球教练员的发展产生多大影响。但市场经济条件下，教练员的环境适应能力往往决定着一支运动队的前途和命运。高校篮球教练员的环境适应能力包括制订行动计划、组织保障、选拔队员、选拔员工、配置相关资源的能力等。

（三）训练比赛指导能力

训练比赛指导能力是高校篮球教练员指导训练和比赛的能力，包括训练方法设计、动作示范讲解、运动创伤预防、运动疲劳消除、训练积极性调动、比赛选择与安排、比赛能力提高、比赛作风培养、比赛情绪调控等能力。

（四）赛场应变能力

赛场应变能力是高校篮球教练员面对赛场内外意外事件等压力，迅速地做出判断与反应，并寻求合适的方法，使事件得以妥善解决的能力，通俗地说就是赛场内外应对变化的能力，包括观察与发现问题、调整与解决问题、果断决策、突发事件应对、记录和评价等能力。

（五）学习总结能力

学习总结能力是教练员不断自我完善、反馈与学习的能力，包括赛后总结、科学研究与评价、自我反思和自我监督、终身学习、职业发展、创新的能力。

（六）关系处理能力

关系处理能力是高校篮球教练员觉察他人情绪意向、有效理解他人和善于同他人交际的能力，亦即社会交往的能力，包括领导和影响、团队管理、沟通与交流、说服教育能力等。

三、高校篮球教练员的素养结构

素质是在人的先天生理基础上经过后天教育和社会环境的影响，由知识内化而形成的相对稳定的心理品质，有三层含义：

首先，作为心理品质，这里所讲的“素质”有别于人的生理素质，不是先天的、生来就有的，它是通过教育和社会环境的影响逐步形成和发展的，是可以培养、造就和提高的。

其次，素质是知识内化和升华的结果，单纯具有知识不等于具备一定的素质，知识只是素质形成或提高的基础。没有知识作基础，素质的养成和提高便不具有必然性和目标性，但只具有丰富的知识并不等于具有较高的素质。

最后，素质是一种相对稳定的心理品质，由于它是知识积淀、内化的结果，因而它具有理性的特征。同时，它又是潜在的，是通过外在形态（人的言行）来体现的，因此，素质相对持久地影响和左右着人对待外界和自身的态度。

从运动训练的角度来看，高校篮球教练员的素质结构应包括思想道德素质、文化素质、业务素质、身体心理素质。其中思想道德素质是根本，文化素质是基础，业务素质是关键，身心素质是保障。

（一）思想道德素养

众所周知，竞技体育人才培养是有规律性、有周期性的，而且一般周期还比较长，一天两天、一年两年可能都看不到成果。高校篮球教练工作非常艰苦，工作量大，从早上开始带运动员出操一直到晚上熄灯都属于工作时间，没有节假日，常常还会遇到挫折。运动员大赛之前出点儿伤病，几年的心血就可能付之东流。拿不到奖牌，高校篮球教练员就可能没有工作业绩。由此，高校篮球教练员必须有为祖国体育事业献身的精神，具有把国家利益、运动员的权利和需要置于个人利益之上的思想道德素质，能对党和国家的体育方针政策有正确的认识和理解，明确社会主义市场经济条件下的竞技体育功能，具有坚定的政治信仰，热爱祖国，热爱人民，热爱教练工作，具有终身为社会主义体育事业服务和献身的良好道德品质。它包括以下几方面：

忠，在公共场合和私生活中都维护国家尊严和职业尊严。

孝，在与所有人员相处中应当严谨公正、体贴关心。

诚，对待自己、对待同事和运动员要正直诚实，实事求是。

信，有工作责任感，不仅对运动员，而且对同事负责。

礼，遵守法律、规则和各项规章制度，文明礼貌待人。

义，热爱体育运动，献身体育事业，全力以赴把自己该做的事做好。

廉，在工作中力求以高标准要求自己，以身作则，为人师表。

耻，以运动员的权利与尊严得不到应有的尊重与保障为耻。

（二）文化素养

高校篮球教练员的文化素养是指教练员所具有的文化修养和知识容量的结构和体系。良好的文化素养是形成良好的思想道德素质和业务素质的重要基础，它体现一个人的文化涵养，有利于高校篮球教练员开阔视野、活跃思维、升华人格、陶冶精神，为他们的发展和更好地从事运动训练提供广博的文化底蕴。高校篮球教练员文化素养的好坏，关系着能否培养出高智能的、高水平的运动员。

（三）业务素养

由于训练活动在本质上是高校篮球教练员对运动员进行长期的生物学、心理学和社会学改造的过程，因此，高校篮球教练员的劳动是创造性的脑力、体能和技能相结合的复杂劳动。因而，高校篮球教练员的业务素质对于运动训练的成功有着非常重要的作用。而业务素质的外在表现是高校篮球教练员具有的业务能力。值得注意的是，训练是科学与艺术的结合。运动训练在任何情况下都要符合科学，这表现在运动训练都是有规律可循的，有一套科学的训练理论、方法和工具。运动训练的艺术性表现在运动训练、比赛的实践性和创造性上。高水平的运动训练，训练的艺术性更为重要，它要求教练员在特定的环境和条件下，创造性地运用运动训练的理论，恰到好处地把握训练，有效激励队员的训练热情，调整好周期安排，理顺队内队际关系等，这些训练艺术是高水平教练员应力争把握的，也是教练员业务素质的一项重要内容。

四、身心素质

运动训练过程是一个长期的、动态变化的过程，这期间会经常遇到挫折、困难、挑战、压力；运动训练是一种富有挑战性、创造性的活动，教练员经常面对训练场和竞赛场上发生的各种突发事件和意外事件，这些都会对教练员的心理和行为产生影响。由此，良好的身心素质是教练员其他素质得以发挥的保障。它包括具有健康的体魄，能够精力旺盛地投入工作；具有敏捷的观察能力，善于发现问题；具有丰富的想象力和思维能力，能够及时找出解决问题的有效办法；善于控制自己的情绪，能客观、理智、沉着、冷静、迅速而恰当地处理问题；有坚强的意志、坚韧不拔的精神，勇于面对各种挫折和挑战，经得起困难和失败的考验，充满信心，坚持不懈。

第三节　高校篮球教练员的执教理念与执教目标研究

一、执教理念与意义

（一）需要执教理念

理念是人们的意识活动，往往如水中月、镜中花，看得见，摸不着。但下面的故事说明了人们为什么需要理念。

在高校篮球比赛中，竞争双方的较量、比赛环境的多变，导致比赛经常出现戏剧性的变化，高校篮球教练员面临许多困难决策和两难选择。而关于项目特点、制胜规律、训练原则、比赛风格、行为规范、队伍前景、短期与长期目标，以及训练和比赛等会有各种各样的理论和说法，这些理论和说法具有很大的不确定性。没有良好的理念，就会缺乏方向，很容易屈从于外部的压力。这里，高校篮球教练员具有的理念比其所具有的体育知识更能使其免于“丢失自己的驴子”。只有持有一种理念才会消除各种不确定性，在众多的理论与说法之中找到适合自己的东西。只有建立良好的理念，才有助于高校篮球教练员在困难的情景中做出决策并更加成功地执教。

如果高校篮球教练员能像获取运动技术知识一样，为建立自己的理念而拿出同样的时间，那么，就等于他在变幻莫测的执教过程中为自己建立了一个判断与抉择事物的坐标系，从而就能在有限的时间内实现更高收益，成为一个更高效的教练员。

（二）什么是执教理念

理念是人们的意识活动，是人们对所从事工作的一种基本信念和明确的基本认识，是人们取得事业成功的最基本条件。

执教理念就是高校篮球教练员在执教过程中建立的理念，它是指教练员对运动训练本质及其影响运动训练的多种因素的理解，是教练员对运动队“目标”“使命”以及“训练方法”等所具有的明确的基本认识，是指导运动训练的“思想”，包括主要目标和有助于达到目标的信念和原则。这些信念和原则帮助教练员处理无数的训练和比赛问题，伴随着教练员的成长而形成和发展，受到教练员经验的影响而日臻完善。

理念又往往是独到而不受他人和环境左右的。许多著名高校篮球教练员都以其独特的执教理念而为人称道，他们不会计较别人是否同意他们独特的执教理念，他们坚定自己的理念并往往获得他人意想不到的成功。

二、执教目标与功能

执教目标是高校篮球教练员在执教实践中的预定任务、指标和预期效果的统一，可以进行数量、质量、时间和空间等层面的具体结构解析。简单说，执教目标就是教练员在一定时期内所要达到的预期的具体成果。

执教目标对于执教进程具有定性与定向、规范与控制、励志与激发、评价与检测等方面的重大功能，即它能明确训练发展方向、提示训练计划要点、提供训练比赛经验方法和确定训练比赛评价基础等。可见，执教目标能够为训练和比赛指明方向，支配执教实践活动，指导高校篮球教练员训练计划的编制，具有激励作用、凝聚效果，是对高校篮球教练员执教工作进行考核的依据。

执教目标的上述功能在训练和比赛时间中随处可见。

三、执教目标的设定

执教目标不仅仅是获胜目标，还往往是一种成长目标。（见图1–1）金牌与荣誉固然是对成绩和能力的肯定，但卓越的教练员绝不仅仅满足于此。

1994年人事部、国家体委颁布实施的《体育教练员职务等级标准》明确规定，“体育教练员的基本职责是完成训练教学任务，提高运动技术水平；全面关心运动员的成长，做好运动队的管理工作。”由此，我们可以将教练员执教目标大体分为在比赛中获胜和帮助运动员成长两类。运动员的成长包括在身体上，通过运动训练，增强体质，形成良好的健康习惯，提高运动技术水平；在心理上，通过运动训练，磨炼意志品质，学会控制自己的情绪，发展自我价值观；在社会性上，通过竞争情境中的合作，建立恰当的行为标准。

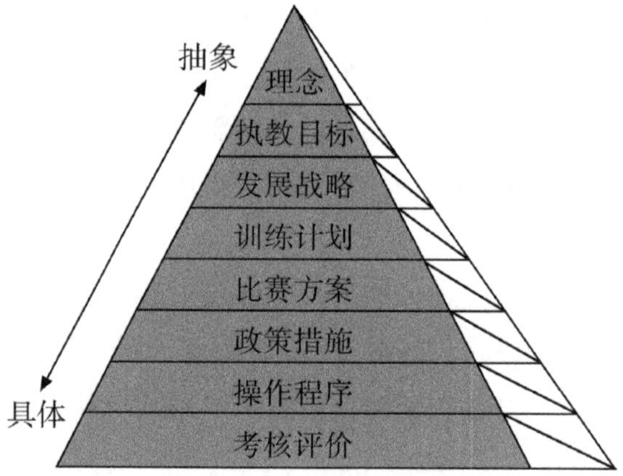

图1–1　执教目标的功能

上述目标当中，对教练员而言哪些是重要的？是取胜？是帮助运动员成长？可能有的教练员认为这两个方面都重要。但它们同等重要吗？如果必须从它们之中选择，作为教练员，你会选哪个？在追求胜利时，教练员往往必须决定是否要损害运动员的幸福或长期发展。那么你的首选会是什么？

（一）获胜的目标

1994年人事部、国家体委颁布，至今仍在执行的《体育教练员职务等级标准》中，明确规定了各级教练员的任职条件。现以优秀运动队国家级教练员的任职条件为例：

具有体育院、系本科以上学历，并经过国家级教练研讨班学习，担任高级教练工作五年以上；有两篇发表过的高水平论文，或具有国际水平的反映本项目训练成果的学术文章，或多次进行国际国内讲学和学术交流；掌握一门外语，能阅读和翻译本专业外文技术资料，进行技术交流；训练两年以上的运动员或培训两年以上的运动员输送后四年内取得下列运动成绩之一：

（1）奥运会前三名。

（2）奥运会四至六名并世界锦标赛或世界杯赛前两名。

（3）世界锦标赛或世界杯赛三人次冠军。

（4）亚运会二人次冠军并亚洲锦标赛或亚洲杯赛二人次冠军。

（5）向国家队输送三名以上运动员或有三名以上运动员代表国家参加亚运会、世界锦标赛、世界杯或奥运会比赛，并取得五次全国最高水平比赛冠军或二人次亚运会（亚运会比赛项目亚洲锦标赛或亚洲杯赛）冠军。

（6）集体项目奥运会前十名。

（7）集体项目世界锦标赛或世界杯赛两次前两名。

（8）集体项目亚运会冠军并亚洲锦标赛或亚洲杯赛冠军。

（9）集体项目向国家队输送五名以上运动员或有五名以上运动员代表国家参加亚运会、世界锦标赛、世界杯或奥运会比赛，并取得亚运会（亚运会比赛项目亚洲锦标赛或亚洲杯赛）冠军或两次全国最高水平比赛冠军。

从上述国家对教练员的任职条件标准我们可以看到，教练员所带运动员在比赛中所取得的成绩，是检验教练员工作成果的重要标准。换言之，教练员的工作成果，需要通过运动员的比赛并在比赛中表现出优异的运动成绩才能得到社会的认可，才能体现出现实的价值。这是教练员获得社会地位、声望、物质和精神利益的主要表达方式。运动员获取了优异的运动成绩，教练员才能够利用成绩资本获得政治、经济、文化等方面的各种价值（钟秉枢，2007），如得到和运动员相当报酬丰厚的奖金等。一旦成绩不理想，教练员就可能被解聘，即便不被解聘，也会影响其待遇。

不仅任职条件与运动成绩直接相关，地方体育行政部门和管理部门、训练单位和教练员接受年度考核与周期考核时，所用到的最直接、最鲜明的指标，正是相关运动员参加上一级比赛，特别是综合性运动会中所取得的成绩。由于这些成绩常常与单位和教练员的切身利益，如奖金、住房、职称、晋升等密切相关，这在客观上就要求教练员必须培养出具有竞争力的运动员，亦即意味着教练员不得不把获胜放在重要的位置。

（二）成长的目标

在美国，《年轻运动员权利法案》的理念基础和美国运动教育计划的座右铭是运动员第一，获胜第二。它的意思是教练员做出每项决定和展示每种行动时，首先要判断是否对运动员最好，其次才是提高运动员或球队的获胜机会。他们认为，归根结底，重要的不是赢得多少比赛，而是有多少年轻人在教练员的帮助下变成生活的胜者。

欧盟教练理事会对教练员的有效执教提出了如下定义：教练员灵活运用体育相关知识、人际关系知识和内省相关知识，在运动员成长的不同阶段，都能发展运动员的运动能力，提升其自信心、沟通能力和品格。在这里，能力、自信、沟通、品格是教练员帮助运动员的最重要的产出。

不论是美国的“运动员第一，获胜第二”，还是欧盟的“发展运动员的能力、自信、沟通和品格”，并不意味着获胜不重要。任何比赛直接的短期目标都是获胜。在比赛规则允许的前提下努力争取胜利，应该是每一位运动员和教练员的目标。成长目标所强调的是，带来运动快乐的不是目标本身，而是达到目标的梦想，是对胜利的追求，是在追求胜利过程中帮助运动员获得身体、心理和社会层面的发展。这就需要教练员把运动员的成长作为执教的首要目标，进而在为实现这一长期目标而奋斗的过程中，达到次要的和短期的目标，即获胜。在北京奥运会、残奥会总结表彰大会上，胡锦涛同志就号召全社会，特别是体育界，要关心运动员的长远利益和全面发展。

同样一件事情，两种不同的评价，值得我们深思。

由此我们应该看到，高校篮球教练员需要把握和弄清的是，由于赢得比赛胜利的回报迅速，反响巨大，因此努力争取在比赛中获胜成为竞技体育的重要目标，但它绝不是最重要的目标。帮助运动员健康成长和发展比获胜更为重要，即所谓的“教书育人”和“夺标育人”。只有将夺标与育人相结合，以长远观点看胜负，才能培养出敢于追求卓越、勇于冒着失败的风险去学习和创造、能够体验到体育快乐、与赞扬和批评共同成长的运动员。因此，作为一名追求卓越的高校篮球教练员，应该经常问一问自己：我能不能一直坚持那些长期目标？不仅在训练时，而且在比赛白热化时；不仅当获胜时，而且当失败时；不仅当领导支持时，而且当领导给予压力要求获胜时，都能持之以恒，不偏不倚地实践我的执教目标，从而赢得从业的荣誉和尊重。

四、执教理念的建立

如果将社会发展的历史规律引入高校篮球教练员执业的微观领域，寓意不言自明，即要想成为优秀的高校篮球教练员，必须突破旧观念的束缚，打破思想的牢笼，建立起符合成功规律（绝非单纯取胜）的优秀高校篮球教练员的执教理念。

其实，无论是生活还是执教，我们每个人都有着自己的理念。理念在我们的意识中可能已经形成，也可能还形成得不好。对于理念我们可能主动意识到它的存在，也可能仅是一种无意识的感觉。当教练员在许多训练问题上做选择的时候，高校篮球教练员的执教理念便受到了检验。一旦做出选择，高校篮球教练员就会根据自己的原则来评价选择的后果。有利的评价强化你的原则，不利的评价，尤其是重复的不利评价，可能表明你需要寻求不同的原则。

理念不能从任何一种渠道获得，它来自一个人所有的经历。一个人的生活理念通常会影响他的执教理念。建立有益的理念包含两个主要任务：更好地了解自己和设定个人执教的目标。

（一）更好地了解自己

一名高校篮球教练员执教成功与否与自己对自己的认知有着密切联系。因此，了解自己和使自己生存的能力，决定了一个人能否将当前无效的行为方式转化为有效方式，自我意识便是其中的第一步。如果你希望帮助运动员了解他们自己，就必须首先了解自己。只有你目标明确并积极投入时，运动员才可能做出相对一致的反应。

运动员的行为可能更依赖于教练员所树立的榜样。一位高校篮球教练员有没有威信，说的东西运动员听不听，他尊重不尊重你，就是看你自己做得怎么样。凡是要求运动员做到的，高校篮球教练员必须首先做到。因为运动员更可能变得像你这样而不是你希望的那样。高校篮球教练员只有清楚自己的个人价值，才能更好地帮助运动员解决冲突和疑惑，才能为运动员提供持续积极的指导。

通过反思自己的信念和设想，通过寻求别人的反馈——他们怎样看你，他们怎样待你，可以增强教练员的自我意识。

准确地认识自己需要内省或客观审视自己的能力。没有人能完全客观地做到这一点，但有些人比其他人能够更为准确地认识自己。

通过对自己的审视和自我意识的建立，高校篮球教练员可以建立指导行动的原则，发展自己的执教理念。

（二）设定个人执教目标

为什么要当教练？这样的问题教练员们一定问过自己。但换一种问法，作为一名教练员，你希望在执教中得到什么？这样的问题，高校篮球教练员们恐怕就很少仔细考虑了。教练员在建立执教理念时，需要考虑的不仅是执教目标，还要考虑个人目标。为什么要成为一名高校篮球教练员？是希望通过运动训练培养大众，夺标育人？是因为对体育运动的热爱？是为了享受运动训练和比赛带来的快乐？是利用自己的运动特长，更好地谋生？是为了获得更多的人脉？是为了扬名？是为了旅行和周游世界？如此等等，所有这些目标和许多其他目标，都是高校篮球教练员合理执教的个人原因。每个人做任何工作都需要达到一些自己的目标，高校篮球教练员也不例外。在为了运动员、为了获胜、为了祖国、为了集体这些利他性目标之外，在执教中高校篮球教练员有自己的个人目标也是完全合理的，只要在达到这些目标时，没有损害运动员的利益和集体的利益。

教练员执教的个人原因和帮助运动员成长的目标之间不能存在冲突，以避免将扬名或获得权力等个人目标凌驾于运动员的利益之上，避免追求自己的个人目标而损害运动员的利益。教练员必须了解比赛目标、运动员成长目标以及个人目标之间的差别；必须努力争取赢得每一场比赛，但又不是单纯地为了取胜。只有在不损害运动员利益的情况下，才能努力争取达到自己的个人目标。

第四节　高校篮球教练员领导力的提升研究

一、高校篮球教练员执教行为特征

教练员的执教过程就是教练员与运动员之间领导与被领导的过程，我们每天都处于领导与被领导之中。但是，与我们脑海中的固有概念不同，高校篮球教练员的执教行为不仅是吆喝、不仅是授权、不仅是管理，还有着自身的特征。

（一）面对面地领导

高校篮球教练员的执教就是教练员把具有不同背景、天赋、经历和兴趣的运动员聚合在一起，率领和鼓励他们承担责任、持续创造成绩、达到目标。在这一过程中，高校篮球教练员对运动员进行着面对面的领导，把运动员当作全方位的合作伙伴和贡献者。

（二）关注人

通常当我们问一位高校篮球教练员是教什么的时候，得到的回答会是教篮球。基于这样的回答，高校篮球教练员考虑的往往是运动项目的制胜规律，忽略了是人在打篮球。高校篮球教练员既然是面对面地领导，其执教就不能只关注运动项目的发展，只是懂得技术或者设计完美的比赛计划，他更需要关注人。只有当教练员将教篮球变为“教人打篮球”时，观念才能发生变化，才能将人放在第一位，才能带领运动员取得优异成绩。

（三）管理的全才

高校篮球教练员不是按章工作的劳动力，不是按照既定的设计与规定进行工作的纯粹的执行者，而是要根据运动员的特点，根据运动项目的特征，根据比赛的特定需求来制定自己的任务、方法与进度，每一个人都必须具有创造性及探索欲，而不只是简单地执行上级制订的计划。高校篮球教练员不仅需要在各自不同的岗位上埋头工作，更需要通过团队合作，进行深层次的互动来完成工作。高校篮球教练员，尤其是主教练，不能只做某方面的专家，而要融合团队教练的专业技术，贡献自己的想法，成为运动队管理的全才。

二、领导力与领导行为

（一）领导与领导力

传统观念认为，所谓领导，是指上级组织赋予领导者一定职位与权力，领导者通过运用这些职位权力，带领下属完成组织任务，实现组织目标，其核心是强调领导者的权力因素。现代管理理论，特别是组织行为学理论则赋予领导一种全新概念，认为领导是指激励、引导和影响个人或组织，在一定条件下，实现组织目标的行动过程，强调责任和激励，强调领导力是存在于领导者和被领导者之间一种互动的积极影响力。

对于领导力的高低，《道德经》第十七章有这样的定义："太上，不知有之；其次，亲而誉之；其次，畏之；其次，侮之。信不足焉，有不信焉。悠兮，其贵言。功成事遂，百姓皆谓'我自然'。"翻译过来就是：最好的统治者，人民并不知道他的存在；其次的统治者，人民亲近他并且称赞他；再次的统治者，人民畏惧他；更次的统治者，人民轻蔑他。统治者的诚信不足，人民才不相信他，最好的统治者是多么悠闲。他很少发号施令，事情办成功了，老百姓说是"我们自己做到的"。也就是说，最好的领导人让每一个团队成员都能完全发挥自己的潜力。

（二）领导权力的来源

根据社会心理学家法兰西和雷温等人的研究，领导权力有5种来源：法定性权力、奖赏性权力、惩罚性权力、感召性权力、专长性权力。

法定性权力是指一个人在正式层级组织中由于占据某一职位所相应得到的一种权力，由个人在组织中的职位决定，这种权力具有命令权和指挥权。一旦有了正式的任命，个人就具有了法定性的权力。法定性权力会影响人们对于职位权力的接收和认可，没有这种法定作为基础，往往就会名不正言不顺。

奖赏性权力是通过报酬、晋升、工作表彰、提供满意的工作环境、安排他人做更感兴趣的工作等奖赏手段对他人施加的一种权力，是个人控制着对方所重视的资源而对其施加影响的能力。领导可以通过奖励的方式来吸引下属，让下属重视自己，从而愿意服从领导者的指挥。

惩罚性权力是领导通过惩罚、处分、批评等强制性的手段影响他人的能力。

感召性权力是指一个人所拥有的独特智谋或个人品质对他人产生的一种独特影响力，由于领导者具有感召力的个性、品德、作风而使人们自愿地追随和服从他，并能够使他人产生一种深刻的倾慕和认同心理。拥有这种权力的人往往被称为具有领袖魅力的人，他们的一举一动都可能会对他人产生很大的影响力，特别是对其上级、同事及下级的工作会产生直接的影响。

专长性权力又可称为知识的权力，是指通过个人专长、特殊技能或知识获取的一种影响力，是人在某一领域所特有的专长而影响他人的能力。随着知识经济的到来，专长性越来越成为组织中一种有效权力。当组织中的工作变得更加专门化、知识化、复杂化之后，管理部门越来越需要更多专家来实现其组织目标。

从权力的来源我们可以看到，从被任命起，高校篮球教练员就具有了发出指令和指挥的授权，有了奖赏和惩罚运动员的授权，但这并不能使高校篮球教练员成为好的领导者。因为当教练员使用法定性、奖赏性以及惩罚性权力时，它带给运动员的都是一些短期性的变化。运动员可能会因为教练员对他的奖赏或惩罚，而尽力克服困难去完成训练和比赛任务，但这样的力量是短暂的。一位优秀的高校篮球教练员，好的领导者，其领导力应是一种具感召性和专长性的影响力。只有当运动员和团队其他成员认可你的授权时，你才能成为团队真正的领导者；只有赢得团队的尊重，你才能拥有达到卓越所需的权力。这就是榜样和专长的力量，这是一种长期性的变化。一旦运动员信任教练员，就愿意服从其领导，这样的认可意味着教练员和运动员之间产生了某种长期的内在变化，其效果也将更加深远。

总之，现代领导行为的一个突出特点，就是领导作用的发挥正在由刚性转向柔性，由显性转向隐性。柔性化、隐性化领导力的实施需要高校篮球教练员提供方向、建立团队文化、灌输价值观、激励对目标的追求、解决冲突、善于沟通；需要高校篮球教练员通过自身人格魅力、道德素养、智力能力、业务专长和领导艺术来展示才能；需要通过教练员的智慧、乐观、进取、正直、公平、宽容、爱心等个性和人品来施加影响；需要通过教练员明确的投入、无私的奉献来赢得信誉。通过这条途径实施的隐性领导是一种“不知有之”的领导，优秀的教练员在其领导行为中，可以为团队带来明确的愿景，并顺利将这种愿景转化为现实。

（三）领导行为

高校篮球教练员通过自己的活动对运动员施加影响并实现某种目标的过程中所表现出来的各种行为，称为领导行为。高校篮球教练员的有效领导有助于提高运动员和运动队的成就动机状态，因为在运动训练过程中，运动员依赖教练员的专门知识和技术，努力训练，并适时得到来自教练的鼓励、赞美和恰当的支持，从而实现其个人目标，满足内在的成就动机。

高校篮球教练员、运动员、运动成绩（环境）的变化，使得教练员的领导行为也应随之变化。运动员的能力表现（活动绩效）和心理上的满足感（满意程度）与高校篮球教练员的3种领导行为特征有很大关系：一是情境要求教练员必须做的领导行为；二是高校篮球教练员实际的领导行为；三是运动员偏爱的领导行为影响高校篮球教练员领导行为的先决条件有情境特征（所处环境的特点、运动队的目标、运动队的成绩、组织结构、项目特点、社会规范、文化价值等）、领导者特征（领导者的个性、能力和经验等）、运动员的特征（成就需要、认知结构和活动能力等）。当教练员的实际行为和情境所要求的行为相符合，同时是运动员所偏爱的行为时，团队成绩就会越来越好，运动员满意度也会更高。

三、执教风格

执教风格指的是高校篮球教练员面对执教对象时所呈现出的特点，包括如何处理执教关系并以何种方式实现执教目标。

（一）命令式——家长型

命令式——家长型风格可视为“暴风骤雨”型。这种风格的高校篮球教练员在执教中以取胜为中心，以完成任务为目标，做出自己所有的决策、指示、评价。运动员的角色是对教练员的命令做出反应，从属于教练员。运动员的成绩归功于教练员。沟通方式是教练员做指示，富有挑衅性，经常附带威胁性的身体语言，命令运动员做任何事情。他们只顾自己说，几乎不听他人说，常常打断他人的话、冲他人大吼以及攻击他人。

事实上，好的运动队需要强有力的组织管理，民主参与不可能高效运转，运动队不可能投票决定需要制定的每个决策。因此，只要获胜是高校篮球教练员的主要目标，是运动员的主要动机，那么，命令式——家长型风格就会很有效。但随着运动员的成长，运动员越来越多地要求参与决策，要求与高校篮球教练员共同讨论问题，不再只是单纯地比赛，而需要享受体育。命令式——家长型风格的执教方式可能压制运动员的动机，阻碍运动员的成长，降低与运动员发展有关的运动员的自我满足，难以使运动员产生最佳表现，最终将疏远极富天赋的运动员。

教练员采取命令式——家长型领导风格有不同的原因，具体如下：

有些是因为在他们当运动员时，自己的教练员采用的就是这种模式。

有些是因为它帮助教练员掩盖了自身能力的不足。只要教练员不允许运动员发问，他们就不需要解释自己为什么用这种方法执教，那么他们的不足就不会被运动员发现。

有些是因为这些教练员认为，教练员有知识有经验，教练员的角色就是告诉运动员做什么；运动员的角色就是去听，去吸收，去服从。

（二）合作式——民主型

合作式——民主型风格可视为“春风化雨”型。这种风格的高校篮球教练员以运动员为中心，以提高运动员社交本领并完成任务为目标，包括通过体育运动帮助运动员在身体、心理和社会层面的成长，帮助运动员学习决策，帮助运动员变得独立。他们善于倾听，设法理解他人的想法，提倡双向沟通；他们在运动员的参与下做出决定，与运动员共同决策，对运动员进行实实在在的鼓励；他们提供框架与规范，帮助运动员学习设定自己的目标，并为这些目标而努力奋斗。运动员独立于高校篮球教练员，在高校篮球教练员的帮助下对训练比赛成效进行自我评价。

作为运动员，只具备运动技能是远远不够的，要取得优异的运动成绩，还必须能够处理压力，迅速适应变化的情境，以长远的眼光看待比赛，遵守纪律、保持专注，具有牺牲精神、奉献精神。而合作式——民主型教练，由于信任运动员，增强了与运动员的沟通和激励，对运动员自我意识的形成、自我满足的实现具有积极效应，在日常训练中无形地帮助运动员培养了这些品质。

合作式——民主型风格的挑战在于，教练员在指导运动员和让运动员自己指导自己之间，如何取得恰当的平衡？在什么时候发出命令和给予指导？又在什么时候让运动员自己做出决策和承担责任？需要多少规范才能为运动员创造最佳的发展氛围？由于选择很少会是绝对正确或错误的，因此这种风格要求教练员具有更多的技巧。

（三）放任式——随意型

放任式——随意型风格可视为“和风细雨”型。采用这种风格的高校篮球教练员对一切都无所谓，他们宁愿制定尽可能少的决策，很少提供指导，只在绝对必要时才解决训练问题。与人沟通时，他们很少表达自己的观点，倾向发表同意的意见。他们遇事不果断，说话软弱无力，常会使用一些诸如“也许、可能、但愿”一类的词，缺乏判断力和决断力。这种风格的高校篮球教练员往往缺乏提供指导的能力，或者过于懒惰，不能满足执教责任的要求，抑或没有树立正确的执教理念。这种风格的高校篮球教练员不具备真正的执教能力，实际上无疑是丢弃了作为一名高校篮球教练员的职责。

四、执教中的情景领导

一名优秀的高校篮球教练员，往往不仅知道如何得心应手地运用“春风化雨”的方式，通过合作、民主实现执教效果，还知道何时对执教对象适当地来一些“暴风骤雨”，下达命令，实现家长化的管理，以及“和风细雨”，恰到好处地放任运动员。这一切取决于身处何种情景，这就是执教中情景领导所要表达的重点。

在高校篮球训练和比赛实践中，不同类型执教风格的教练员都有取得成功的案例。然而，要做好教练工作，教练员采用的执教风格应与运动员的成长阶段相一致，高校篮球教练员的领导行为应随着运动员的变化和情景的变化而变换。

今天的高校篮球教练员不仅是竞技场上的严师，而且应该根据运动员不同的发展阶段处理好其与运动员的关系，成为运动员的良师益友。那种普遍适用、一成不变、最佳的领导方式或行为是不存在的。同一领导方式或行为适用于各种情况的观点，必须让位于因地制宜，因材施教，根据情况运用不同的领导方式或行为。

五、高校篮球教练员领导力提高的五个步骤

（一）清晰的愿景

愿景就是高校篮球教练员对运动队和运动员长远发展和终极目标的规划和描述。

“冠军来自他们深层的东西——希望、梦想和愿景。”缺乏愿景指引的团队会在风险和挑战面前畏缩不前，他们对自己所从事的事业不可能拥有坚定的、持久的信心，也不可能在复杂的情况下，从大局、从长远出发，果断决策，从容应对。为运动队制定明确的、振奋人心的、可实现的愿景，设定清晰明确的目的、目标，对于运动队的长远发展十分重要。处于成长和发展阶段的青少年运动员，可能会将更多精力放在训练、比赛、出成绩等方面，但高校篮球教练员不能轻视愿景对于凝聚人心和指引方向的重要性。对于已经取得一定成绩的优秀运动员，是否拥有一个美好的愿景，是该运动员能否从优秀迈向卓越的重中之重。

（二）敏感环境变化

在高校篮球运动训练和竞技比赛中，影响胜败的因素太多了，对同一问题，人们往往具有不同的意见、看法和观点。面对复杂的决策，高校篮球教练员要对

环境变化敏感。在认知和解决问题时，要学会对复杂现象的梳理、把握，不是只有“对”与“错”；在对问题做出决策回应时，要学会多种方法，包括策略的对比、替代、选择，不是只有“可”与“否”；对于纷争、冲突的解决，要学会对话、交流、沟通、协商、谈判、斡旋、调停，不是只有争斗后的“胜”与“败”；要学会接受别人和自己的不同，接纳和尊重不同的观点。

（三）敏感成员需求

作为高校篮球教练员，要懂得团队成员往往通过你的外貌、言行、作为，或仅仅通过一些不起眼的小事，来判断你和你带的球队。就像美国前总统乔治·华盛顿所言：“做得像个领导。领导力和外表之间具有关联。”由此，高校篮球教练员必须做得职业一些，通过沟通，让团队成员更好地理解你的想法，了解该想法的目的，以及该想法对训练比赛的积极作用，让团队成员更好地理解你的想法后按照对应的思路去做事。而对团队成员的需求敏感，多站在成员的立场去想，多关心成员训练之外的事，对于心与心之间的沟通显得尤为重要，它可以拉近与成员之间的距离，化解一些尴尬或矛盾，更好地协作处理训练中遇到的问题，避免高校篮球教练员未能敏感地注意到运动员的需求而造成的不幸。

（四）敢于冒险

在高校篮球运动训练和比赛中，高校篮球教练员每时每刻都面临着选择。面对自己有限的时间、信息、权力、经费，面对运动员有限的青春、运动寿命、最佳竞技状态，教练员只能厘清思路，加快速度，敢于冒险，做出决策。而所谓的“最佳决策”，常常是举棋不定、犹豫不决，轻则贻误战机、被动挨打，重则损兵折将、功亏一篑。

（五）打破常规

作为高校篮球教练员，面对复杂多变的训练和比赛情况，他需要做出的决策往往是没有一定套路的非程序性决策。要做出这样的决策，必须突破思维障碍，克服思维方式上的封闭性和趋同性，打开思维空间，立体思维。正如埃及前总统萨达特说的：“不能改变思维的人，永远也没有能力改变现实，也就永远不会有什么进步。”

第二章

高校篮球教练员的专业素养

第一节　高校体育教师任篮球教练员的角色转换

在高校体育领域中，体育教师的中心工作是体育教学，此外还有运动训练、课外活动、早操等工作。随着高水平运动员的培养，体育教师的工作范围也在不断扩大，与社会活动产生一定的联系，这是发展的必然。就运动训练而言，高校领导和体育教师普遍认为，运动训练成绩的优劣代表着一个学校的“门面”。单纯从高校篮球的角度来讲，高校体育是我国高校篮球的基础，这是毫无疑问的。中华人民共和国成立70年来，高校篮球所取得的巨大成就离不开学校体育这个基础。据不完全统计，目前，体育传统项目学校已发展到32000所，培养体育后备人才试点学校289所，拥有高校高水平运动队的学校达200所，少年业余体校2000多所，每年为国家培养大批体育人才和体育后备人才。其中体育教师——教练员的劳动是非常重要的。我们通过高校篮球和运动训练等问题来探讨体育教师在其中所扮演的角色及其所起的作用。

一、体育教师就是高校篮球教练员

在我国，高校实施运动训练工作的通常是体育教师，也有称教练员的。从训练学的角度来看，高校篮球运动训练是一个实践性、专业性和技术性很强的工作，在训练过程中，作为运动训练的策划者和组组者的教练员起着主导作用，高校篮球教练员的训练水平直接关系着运动员训练水平的提高，没有高水平的高校篮球教练员就不可能培养出高水平的运动员。

目前，我国各级学校的教练员大致分为三种形式。

（1）体育教师——教练员，亦教亦训，教训兼顾。

（2）体育教师——教练员，教、训分离，在高校中占主体。

（3）外聘专职教练员。体校、体工队等招聘专业教练员，只搞专项训练工作，在高校中占少数。像清华大学采用联办、直接聘任的形式，较好地解决了教练员问题。

但是多数学校因受观念、财力、条件等方面的限制，还做不到这一点，因而训练水平也受到一定影响。目前高校篮球教练员队伍仍然以体育教师为主体，而且要持续相当一段时间。那么，体育教师与教练员在工作性质、执行任务、培养目标等方面究竟有哪些主要区别呢？如表2–1所示。

表2–1　体育教师与教练员的比较

体育教师	教练员
体育教学的组织者和实施者	运动训练的组织者和指导者
教学能力突出；理论知识和实践教学经验丰富	训练能力突出；运动员经历，实战经验丰富
投入运动训练的精力有限	有充沛的精力投入运动训练
面向全体学生，目标是健康第一	面向少数体育尖子，目标是锦标第一
训练水平有限	对体育教学工作不熟悉

差别是显而易见的：现实要求从事高校篮球运动训练工作的体育教师，在思想上要转变观念，由教学型向训练型转变；在行动上要狠抓运动成绩，多出人才、出好人才。

高校高水平运动队教练员大多为体育师范院校毕业，具有较高的学历水平和较完整的专业理论知识，并且精力充沛。据统计，1999年第二届全国大学生篮球联赛共32支队伍，其中有4支球队的主教练为外聘教练，整个教练员平均年龄为37.8岁，具有教师高级职称、中级职称和初级职称的分别占31.3%、62.5%和6.2%。在上述32名教练员中只有18人曾参加过专业训练，2人援外。但是，高校篮球队教练员多为从事业余训练的体育教师，缺乏高水平专项训练实践和长时间指导高水平训练的工作经历，缺少学习和深造的机会。其他项目也同样存在着类似的问题。

二、高校篮球运动训练系统的控制

依据系统论的观点，任何一个事件和行动过程都可以看成一个系统。运动训练就是一个完整的系统，高校篮球教练员是运动训练的控制部分，运动员是被控制部分，高校篮球教练员主要控制运动员的选材、训练和管理。科学选材、科学训练和科学管理是运动员创造优异成绩的保障。

“高校篮球选材是根据运动项目的特点和要求，以科学的方法进行测试和预测，并经过一定时间的考察从众多的少年儿童中，准确地选拔出那些各方面条件优越，适合于某一运动项目需要的人才……”“选材成功就意味着训练成功了一半”，这是广大高校篮球教练员所认同的道理。高校篮球教练员在选材时主要考虑三个因素，即运动员发展潜能、文化课学习成绩和运动员现实成绩。潜能代表了运动员的运动天赋，即可挖掘和训练的空间，是判断运动员是否具有培养价值的重要依据；学习成绩反映运动员的知识结构、思维方式，与学校的培养目标是一致的；运动成绩代表了运动员现实的运动水平，是预测未来成绩的依据。高校同样采用这种方法，与试点中学挂钩，直接接收对口学校的体育后备人才。另外就是采用联办、收购的办法，解决选材的问题。

高校篮球训练是一个循序渐进的过程，在这个过程中，高校篮球教练员担负着繁重的劳动，诸如收集体育情报、制订训练计划、实施训练计划（身体训练、技战术训练、智力心理训练）、调整训练计划等。在身体训练、技战术训练、智力心理训练过程中，其方法、强度、密度和运动负荷是否合理，直接影响训练效果。在这个过程中既有教练员的体力劳动，又有脑力劳动，表现出极强的专业性和复杂性，并不是所有体育教师都能胜任的。

高校篮球训练是一个不断积累的过程，它与训练次数、训练时间和训练方式有关。据调查，所有试点中学和高校高水平运动队都能保证系统训练，而且与世界体育强国学校训练情况相似（见表2-2）。

表2-2　中国学校与美国学校运动训练情况比较

地区	每周训练次数	每次训练时间	寒暑假训练
中国试点中学	5~7次	70~120分钟	全天训练
美国中学	2~5次	90~150分钟	半天训练
中国高校	6~7次	120~180分钟	全天训练
美国高校	8~10次	160~180分钟	全天训练

目前，高校的篮球运动员训练频率以天天训练为主，以隔日训练为辅，寒暑

假全天训练，与美国学校训练频率基本一致。美国高校的周训练时间高于中国高校，与中国专业队相一致。另外。美国高校在遇到重大赛事时，运动员往往要休学一年，专心地备战，学校给予大力支持。

科学管理是保证训练及训练成果的必备条件，主要包括常规管理、党团组织管理、专业文化课学习管理、营养与医务监督管理、训练和竞赛管理。其中训练和竞赛管理由教练员负责，如训练要求、个人行为、集体荣誉感、团队精神、作风培养和建设等。

三、高校篮球教练员作风影响训练效果

高校篮球教练员除了抓好常规的训练外，必须抓好高校篮球队伍的作风建设。高校篮球教练员在抓队伍作风建设之前首先自己的作风要过硬，所谓“打铁先要自身硬”。高校篮球教练员作风是指教练员在从事某一专项运动训练时，在思想、工作、生活等各方面表现出来的态度和行为，是经过锻炼和培养逐渐形成的一种较为稳定的精神状态。高校篮球教练员的作风对运动员的发展和创造优异成绩有十分重要的影响。相关方面的研究证明：不同职称、不同层次的高校篮球教练员对影响教练员作风的因素认识基本一致，排在前三位的是思想品德、管理才能和气质类型。另外，影响高校篮球教练员训练效果的主要作风是训练作风、思想作风和管理作风。训练作风主要包括高标准、严要求，接受挑战、善于拼搏、敢于争先、勇于创新等。思想作风主要包括观念新、思路宽，认真求实、谦虚谨慎、不骄不躁、积极进取、沉着冷静、敢打硬仗、乐观向上等。管理作风主要包括身教重于言教，严于律己，具表率作用，正直宽大，讲究民主，平易近人，严而不死、活而不乱等，且教练员能潜移默化地影响运动员。正是这种过硬的作风，才使得他们在国内外同类比赛中不断创造佳绩，而且形成了一个良性循环。

运动训练的目的就是培养体育后备人才、创造优异成绩、攀登竞技体育高峰，高校篮球教练员应正确反馈运动员的训练和运动成绩，这对激励运动员主动地学习和训练是非常重要的。在高校篮球训练中教练员要尽可能地多给运动员提供积极的反馈而不是消极的反馈。如利用非语言的沟通方式向运动员表示赞赏、满意、承认、关心、接受等积极性情感，失败时避免用讽刺、侮辱性的语言，建立成功与失败的恰当标准，增加高校篮球运动员成功的体验。成功是一个相对的标准，对于不同的人应有不同的标准，高校篮球教练员要尽量创造机会，使运动

员通过自己的努力而获得成功的体验，以增强其自信心。高校篮球教练员应尽量少用外部归因来解释比赛成绩不佳和没有达到预期目标的事实，要多强调个人的努力。对运动员的评价要用具体的、可操作的方法，不要简单地类比，防止其产生失落感和羞愧感。

我们做了体教结合方面的调查，被调查的高校篮球教练员、学校领导和专家一致认为：体教结合有利于培养多面发展的有体育特长的、高素质的体育后备人才；扩大了后备人才的选拔范围；拓宽了高校篮球后备人才的培养途径；有利于带动学校体育的普及和提高；有利于丰富校园的文化生活；有利于学校对外的交流与合作；扩大了学校的知名度；有利于学校素质教育的实施；有利于学校场地设施的综合利用；有利于高校篮球运动员获得文化知识，解决就业问题。可见，“体教结合”所带来的好处是多方面的。我们坚信，体教结合是学校运动训练可持续发展的必由之路。

四、输送人才与快出成绩的矛盾问题

输送人才和出成绩都是高校篮球运动训练的目标，但究竟是要成绩，还是以培养、输送人才为主，这是一个值得思考的问题。出成绩是高校篮球教练员和学校领导所期望的，然而，仅有成绩是远远不够的，高校首要的任务应当是发现和培养高校篮球后备人才，只有定位在这一目标上，高校篮球运动训练的路子才能越走越宽。一些高校的体育教师有这样的感觉，许多中小学校只顾要成绩，忽视培养和输送，使得高校高水平运动队的选材面越来越窄。

高校有另一种倾向，片面地理解“高水平”就是在国际比赛中获得优异成绩，只重视竞技型的高水平，而忽视群众型的高水平。一些高校篮球教练员为了快出成绩，急功近利，在“联办”思想的引导下，采用“借鸡下蛋”“拿来主义”的方法，把精力用在如何从体工队招高水平运动员上，忽视对本校运动员的培养。久而久之，高校高水平运动队还会高吗？另外，在竞赛中冒名顶替、虚报年龄、以大打小等现象屡禁不止，这是与教练员有关的。

要解决上述问题，必须先为高校篮球运动训练定位，定位在为国家培养人才和创造优异成绩上，才能更好地捋顺和解决各种矛盾。

五、关于“一条龙”高校篮球学训结合体系的问题

所谓“一条龙”学训结合体系，是指从小学、中学、大学不间断的，由低级

到高级的高校篮球训练衔接体系。它是一种较为理想的学训结合体系。多少年来，局校和体委为之而努力，今天已基本形成了小学—中学—大学的“一条龙”学训结合体系，这种体系以高校为龙头，以中小学校为基础，学习和训练同步进行。培养目标是德、智、体全面发展的，基础知识扎实，具有较高运动水平的小、中、大学生。目前，我国一些高校都有附小和附中，它们是率先形成“一条龙”学训结合体系的。高校从选材、科研、训练等方面扶持、指导中小学，而中小学则源源不断地为高校输送高校篮球人才，三者之间形成了一个纵向的发展趋势（见图2–1）。

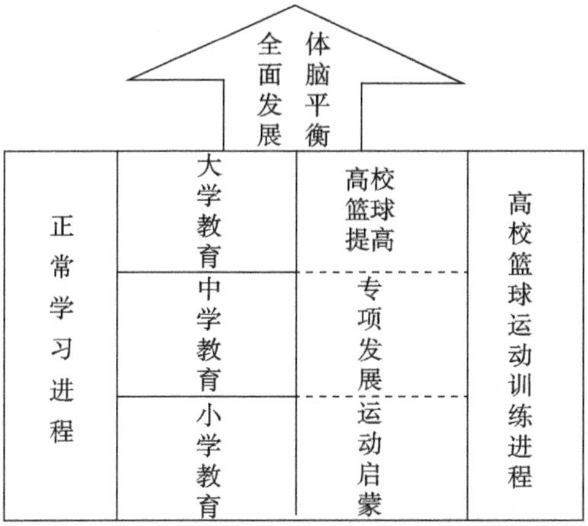

图2–1　“一条龙”高校篮球学训结合体系

学习与高校篮球训练协调；知识积累与高校篮球竞技提高同步；竞赛安排与课程调整合理。经过几年的试验取得了可喜的成绩。它们的成功经验是领导重视、思想统一、目标明确、措施有效、管理体制健全；遵循教学、训练规律，结合各自特点选择方向、大胆改革、不断创新、有所突破。

高校“一条龙”篮球学训结合体系将纳入国家整个训练体系中，逐步发挥其独特的作用。

总而言之，体育教师—高校篮球教练员在高校篮球运动训练中起着主导作用，为了更好地集中精力搞好高校篮球训练，培养体育后备人才，创造优异成绩，体育教师与高校篮球教练员的分离是一种必然，而大学生与运动员的结合也是一种必然。两种“必然”会给学校体育、高校篮球注入新的活力。

第二节　高校篮球教练员专业素养标准

教练员专业素养是指教练员在长期的专业发展过程中所形成的素质和人格修养，是从事篮球训练工作所必须具备的素养。本节从高校篮球专业品性、特征和教育效果角度来阐述高校篮球的专业标准或素养，再从高校篮球的教育理念、精神品质来论述教练员形之于外的专业素养。

一、优秀篮球教练员的专业品性

（一）德行

高校篮球教练员应是人类良知与正义的化身和示范者，是人类心灵世界最后一块净土的守望者，具有高尚的品行、高洁的志趣、高雅的修养，远离庸俗、猥琐、卑劣，具有人类普遍意义上的公平、正义和仁爱情怀，光明磊落、心胸坦荡、待人真诚，无势利世俗之气，有清雅淡然之风。在这个功利的社会中，教练员仍要保持一颗纯洁的赤子之心，时刻想着学生，尊重、了解学生，经常和学生交流，总是设身处地地为学生着想，用自己的爱去感化学生，产生凝聚力和感召力，使学生“亲其师而信其道”。

（二）学识、才华和人生智慧

教练员除了具有专门、精深的学科知识之外，还应具有广泛、渊博的学识，见多识广，同时才华横溢，上知天文，下知地理，具有多种特长、才艺和技能。身居三尺讲台，有海纳百川之气概，润物无声之魅力。洞察世事，对人生世事看得通透明白而又不消极厌世，有丰富的人生阅历和感悟、体验，能及时为学生解疑释难，提供人生指导。

（三）篮球训练风格与艺术

训练场上最受学生欢迎的教练，或谈笑风生，挥洒自如；或居高临下，玉树临风；或旁征博引，审慎周密，游刃有余；或汪洋恣肆，一泻千里；或条分缕析，丝丝入扣；或出神入化，绘声绘色；或深入浅出，循循善诱，使人举一反三，蓦然回首，才悟出其立意高远、语藏珠玑；或引喻取譬，针砭弊端，重锤敲击，深深震撼学生心灵。他的课堂使人不知疲倦，有如沐春风、久旱逢甘霖的感觉，真是“听君一席话，胜读十年书”，让学生觉得课堂是知识的天堂、精神的境界、心灵的自由场，充满生趣，熠熠生辉。

（四）善于激励和帮助学生

高校篮球教练员不应仅是“经师”，更重要的是要善为“人师”。教练员要具有同理心和亲和力，善于洞察学生的内心世界，把握学生思想感情变化的轨迹，开启学生的心扉，启迪学生的心智，引导学生不断提升人生境界；同时要能敏锐地关注学生的细微变化，在他们遇到困难、困惑时给予帮助、指导，在他们浮躁时给予抚慰，在他们忧伤、失望时给予宽慰、鼓励。

二、优秀高校篮球教练员的专业特征

（一）从追求上看，具有坚定的教育信念和崇高的教育理想

首先，立志从事教育这一人类最崇高的职业的人，应真正把它作为一种事业来奋斗，而不是作为一种谋生的手段，甘愿为培养高素质的未来一代奉献出毕生的精力，有“为伊消得人憔悴，衣带渐宽终不悔”的求索精神，痴迷于自己所从事的创造性工作。其次，教师应具有高度的自信心、坚强的意志和饱满的激情，在追求教育成功和专业发展时充满自信，坚韧不拔、百折不挠、锲而不舍地解决自己所面临的教育问题，充满激情地去尝试、探索。最后，教育者应确信教师职业的存在是为了学生的发展，确信高校篮球教练员的高明在于使学生超越自己，而不是复制自己。

（二）从生命特征上看，能不断超越自我，实现专业自主发展

专业自主发展型高校篮球教练员在本质上是创新型教练员，其主要特征是具有持续强劲的内在发展动力，不断反思、探索、批判，在志趣、能力和心向上具有高强度的活性；具有强烈的好奇心、旺盛的求知欲、探索欲和创造欲，具有敏锐的洞察力、丰富的想象力和深刻灵活的思维力；在社会的急剧变化和教育变革发展的潮流中，具有高度的自信心、进取心和责任心；善于学习、选择和行动，具有坚韧不拔地追求教育成功和事业辉煌的韧性，具有不断进行自我反思、自我再生、自我完善的超越性品质，永不满足现状。

（三）从教育行为上看，善于激励和交往

教练员激励学生的行为，主要体现在尊重、信任、理解、宽容学生，保护和

培养学生的自信心和自尊心，这是赠给学生的最珍贵的人生礼物，体现了教练员对学生的最高层次的爱；善于激发学生的好奇心、求知欲，鼓励学生独辟蹊径，勤于探索；善于催生学生的理想、信念和志向，提高学生的抱负水准，这是促进学生“可持续发展”的强劲动力；引导学生不断地发现、分析和解决自己所面临的问题，学会创造完全属于自己的空间，不断追求学习的成功和人生的辉煌，这是最理想的教育追求。

在篮球运动训练过程中，高校篮球训练员最重要的教育教学行为技能是交往。交往不是一种单向度的知识传授，而是一种行为互动和心理的相通相融，是师生间的沟通、交流、协商、对话、分享、合作、体察、关注和理解，是师生一起切磋琢磨、尝试探究，相互启迪勉励，“奇文共欣赏，疑义相分析”，一起体会生活酸甜苦辣、审视社会千姿百态、分享学习成败得失、品味人生是非荣辱，从而达到师生视野相通、经验共享、情感共融、心灵碰撞、思维共振。

（四）从篮球运动训练风格上看，具有丰富多彩的健康个性尤其是强劲的思考力

优秀高校篮球教练员应具有独立的人格、独特的思想、独创的品质，在此基础上形成个性化的教育风格。因此，教练员首先应是一个思考者，具有强劲的思考力。思考，是高校篮球教练员存在的前提和方式。高校篮球教练员要通过思考，引领学生走向无限广阔的未知世界，引领学生去憧憬、想象、设计、创造美好的未来；要超越历史与现实，面向未来，还学生以自由的思维空间，让他们能够在无拘无束中自由自主地思考、尝试、猜测、运作、展示、表达。其次，教练员应致力于引领学生用自己的眼睛去观察，用自己的心灵去感悟，用自己的大脑去判别，用自己的语言去表达，使之成为他自己，成为一个不可替代的、立于天地之间的大写的人。没有思考力的高校篮球教练员，必然会成为思想的侏儒、盲目的行动者、仰人鼻息的可怜虫，他只会用现成的知识、思想、价值向学生灌输，一味地用固定的模式将学生套在牢笼里，让他像拉磨的驴一样围着自己或别人转圈，成为他人思想的囚徒，以致放开他以后，连直路也不会走了，成了以被动接受、适应、服从、执行他人思想与意志为基本生存方式的人。

三、优秀高校篮球教练员的教育效果

成为真正优秀的高校篮球教练员不仅仅在于其投入了大量时间、精力，付出

了辛勤的劳动，也不仅仅在于其教给学生多少知识，学生考试获得了多少分数，而主要是看学生是否得到良性发展。

学生良性发展指的是学生通过训练学习获得了生动活泼、充分自由、全面而独特的发展，获得了支持其终身持续发展的最有价值的知识、能力、智慧和素质，实现了个人潜能的最大限度开发，个人价值实现了最大化，个性与品质得到了最适合其自身的发展。正如马斯洛所说："教育的目的在根本上是人的'自我实现'，是丰满人性的形成，是人种能够达到或个人能达到的最高度的发展。说得浅显些，就是帮助人达到他能够达到的最佳状态。"学生良性发展的具体内容是：学生的篮球潜能与价值得到了整体开发，实现了认知、情感、态度、技能等方面的均衡、和谐、全面的发展；学生的主动性得到充分发挥，实现了自由、自主、生动、活泼的发展；学生的独特性得到彰显，实现了个性、潜质、特长的独立、充分发展；学生锻炼的习惯得以形成，学习能力得到培养，实现了终身可持续发展。从结果上看，学生的良性发展主要表现为在学习过程中获得了具有个人价值的经历经验、思想观念、情感态度和知识结论，成为自己的学习、生活乃至人生问题的解决者，拥有了自己的理想、希望和憧憬，形成了自尊、自信、自立、自强的人生信念。

第三节 高校篮球教练员专业素养提升

一、高校篮球教练员的社会地位

（一）影响高校篮球教师社会地位的因素及历史原因

教师这个职业具有悠久的历史，但高校篮球教练员出现的时间不长。在我国，当其他课程的老师在"传道、授业、解惑"的时候，还没有篮球这一说。与篮球多少有点瓜葛的恐怕就是民间的习武和军队的操练了，那时候教授徒弟的人叫做"师父"，军队的教官叫做"教头"。随着学校教育的发展，体育开始进入教育体系的时候，我国正大力推行军国民教育，学校体育的主要形式为兵式体操，主要内容就是练习枯燥乏味、机械的动作，并没有多少篮球价值。直到20世纪20年代，经过长期的奋争，兵式体操才逐步被废除。但由于当时国内还没有形成篮球师资的培养体制，合格的篮球教师奇缺，因而高校篮球教练员大多由退伍军人担任，这些人与其他课程的教师比，学历、资历、教育素养无疑会有明显的差距，当时的篮球教师在人们心目中的地位就可想而知了。后来，虽然师范体育专业逐渐发展，正规篮球师资源源不断地补充到了学校，学校篮球教育质量迅速得到提高，但由于高校篮球教练员本身的特点和历史的渊源，篮球教师职业仍不能得到应有的尊重。

（二）社会的偏见

高校篮球教练员的社会地位不高，从客观上讲有其历史根源，也有认识上的原因，这两个方面是相互联系、相互影响的。社会偏见的主要表现有以下几种类型。

第一，人们片面地认为篮球教练员从事的是简单劳动。因为体育是身体教育，它常常要表现出身体活动这一本质特征，因此人们就错误地将篮球教练归属为体力劳动之列。以此类推，篮球教师是体力劳动者，不能与其他课程教师相提并论。

第二，许多人体育知识贫乏，以偏概全，认为体育就是打篮球、跑步，任何一个体育项目就是体育，只要在一个项目上稍有一点知识、技术、技能的人就可以当体育教师，或根本就不知道体育到底是怎么回事，又偏偏不懂装懂，认为谁都可以当体育教师。

第三，一些人甚至包括教育行政部门和学校的一些领导，对体育的功能缺乏应有的认识，不重视篮球训练。人们不难发现，在一些学校最容易受到冲击的便是篮球训练，随意挤占、挪作他用等现象时有发生。他们可能还不理解体育教学在促进学生社会化的进程中所具有的积极作用，更没有认识到体育在促进学生的身心全面发展中，除了有与其他课程相同的功能外，还具有其他课程无法替代的功能。虽然这些偏见不能代表整个社会对篮球教师的态度，但确实对篮球教练员的社会地位产生了很大的负面影响。

二、要提高高校篮球教练员的自身素养

高校篮球教练员的地位与许多因素有关，其中高校篮球教练员的作为也是一个重要方面。高校篮球教练员队伍中不乏优秀人才，高校篮球教练员在学校教学中发挥了无可替代的作用，这是毋庸置疑的。但社会在不断地发展，时代赋予教育的要求越来越高，作为教育的一个组成部分，篮球训练的改革也正在向纵深发展。高校篮球教练员必须不断提高自身素质以适应时代的发展是大势所趋，这也

是提高自身地位的需要。

（一）高校篮球教练员要不断更新自己的知识结构，提高现代教学意识

现代化教学手段日益增多，很多传统教学手段都受到挑战，篮球训练的现代化程度的日益提高也使高校篮球教练员学习新的知识刻不容缓。随着信息化时代的来临，通过各种信息渠道，学生的视野已经变得更为宽阔，他们可以尽情地吸纳和观赏各种新的体育知识、高水平的赛事，这显著地提高了他们的体育文化知识，他们对高校篮球教练员的要求无疑也会随之提高，高校篮球教练员不学习必然就满足不了学生的要求。因此，高校篮球教练员的知识结构不论是在现代教育思想、现代篮球训练手段，还是在整体的知识面上，都必须不断地更新，以提高自身素质，树立现代教学意识，切实履行好高校篮球教练员的职责。

（二）高校篮球教练员要提高专业素养，树立自身威信

高校篮球教练员的威信与教学效果具有高度的一致性。高校篮球教练员威信越高，师生间的心理距离就越短，对学生的影响也越大，高校篮球教练员也就容易在教学中充分发挥主导作用，从而卓有成效地组织教学。对于高校篮球教练员来说，威信主要包括道德威信和职业威信两个方面。通俗地说，高校篮球教练员既要为人师表，处处起表率作用，又要在教学方面具有令学生信服的能力。高校篮球教练员对学生具有强大的吸引力和向心力，也就是对学生具有强大的影响力是树立高校篮球教练员威信的根本所在。

影响力是指一个人在和他人的交往中，影响和改变他人心理与行为的能力。影响力按性质可以分为强制性影响力和自然性影响力。强制性影响力又叫做权力性影响力。强制性影响力是由高校篮球教练员本身的职责所赋予的，它具有强迫性和不可抗拒性。例如，高校篮球教练员在训练场上要求学生按指令进行练习、课后要完成一定的练习等，学生必须遵照执行。自然性影响力又称为非权力性影响力，它来源于高校篮球教练员的自身素质。它对学生产生的心理和行为影响是建立在信服的基础上，以变为内驱力的形式来起作用的，在心理上学生没有被迫感，而是通过一个自然的、潜移默化的过程来进行的，在行为上则表现为自愿、主动，能充分调动学生的主观能力性，从而形成积极的学习气氛并获得良好的教学效果。毋庸置疑，高校篮球教练员在教学中如何充分发挥自己的自然性影响力是一个值得重视的问题，也是树立高校篮球教练员威信的关键。

1. 高校篮球教练员要努力提高知识水平

高校篮球教练员要不断完善自己的知识结构，努力提高业务水平，这是提高自然性影响力的重要基础。实践经验表明，学生总是希望自己有一个好教师。他们对知识渊博、教学能力强或者在某些方面表现出杰出才能的教师容易表现出尊敬和服从，反之则会削弱教练员的自然性影响力，出现离散现象。因此，高校篮球教练员必须努力掌握丰富的专业知识并具备进行准确而优美的示范的能力。这样，在训练过程中，如果高校篮球教练员讲解起来准确流畅、风趣生动，示范动作潇洒优美，学生就会由于自己的愿望得到满足而产生佩服感，形成一种激励效应，他们就乐于接受教师的要求，主动模仿教练员的动作，学习教练员讲话的表达方式，寻找自己与教练员之间的差距，努力向教练员看齐。这样，高校篮球教练员就可以得心应手地组织训练，充分发挥自己的主导作用，按照教育规律科学地引导他们合理地掌握完整的知识体系。

2. 高校篮球教练员要把握好学生的心理特点

高校篮球教练员要熟悉学生的心理特点，把教育心理规律与教学艺术结合起来，扩大自然影响力。在训练中，学生有一个共同的心理，就是希望能引起教练员的注意并得到教练员的肯定。教练员的注意对于学生来说意味着对他们的重视和肯定，说明教练员发现了他们的优点，这就有利于触及他们的心灵和情感，容易架起教练员和学生之间的感情桥梁，对于学生的学习就是一个莫大的鼓舞。学生就更加容易去接受教练员的教诲，能按照高校篮球教练员提出的目标主动去学习。反之，如果一个学生长期受到教练员的忽视，教练员不能发现他的长处，就等于抹杀了他的优点，否定了他的成绩，这就降低了师生间心理上的相容性，会使学生难以接受，甚至产生逆反心理，出现敌对情绪。因此，在教学过程中，篮球教练员必须对每个学生都倾注热情，并予以密切的关注，多多进行双向交流，使每个学生都感觉到教练员在关心自己的进步。特别是对于比较落后的学生，教练员更要及时发现他们身上的某些闪光点，给予充分的表扬，使他们意识到自己的价值，树立起奋起直追的信心，这是一种能有效地使学生趋向于高校篮球教练员，提高高校篮球教练员自然性影响力的教学艺术。高校篮球教练员的肯定是一种激励性因素，可以使学生产生一种满意的情感体验，有时甚至能产生增力情绪，提高教学效果。在篮球训练中，动作技术的掌握是一个循序渐进的过程。这个过程往往不是一帆风顺的，有时会出现反复错误和停滞不前的现象，至于达不到自己所期望的进度，那就更为普遍了。这时，学生很容易出现沮丧情绪，严重影响学习的积极性，高校篮球教练员在这种情况下应该充分肯定学生的进步，使学生了解自己的进步并从中受到鼓舞，改善不良的心境。高校篮球教练员在此基础上，再明确指出学生应该注意的东西，这样学生就乐于认同教师给予的评价，并能够认真考虑高校篮球教练员指出的问题，从而达到改进技术、提高教学效果的目的。

具体到一堂课来说，也会有上述相似的情况发生。学生在学习上受到挫折时，容易心灰意懒；到后半堂课，学生的体力消耗较大，练习的积极性也会下降。这时高校篮球教练员的鼓励就显得更为重要了。当学生练习时，如前所述，教师可以用“不错”“有进步”“好”等简短的口令来予以肯定，再以“如果在……方面再注意一下就更好了”等具体的指令予以指导。由于有前面的肯定性口头评价，教练的指导就明显地具有了激励性的色彩，学生就会产生良好的情绪体验，萌生改进技术和再次进行练习的欲望。尽管这些肯定性的口令有时与实际情况不一定相符，从技术的角度而言甚至可能毫无意义，但它所产生的激励效果却具有不可低估的影响。

3.要加强高校篮球教练员自身的品质修养

高校篮球教练员自身的品质也是决定其自然性影响力、树立教练员威信的一个重要方面。高校篮球教练员在教学中要非常注意自己的行为规范，要求学生做到的自己要首先做到；高校篮球教练员在讲解时，要注意内容的思想性，把教书与育人结合起来；高校篮球教练员在示范时，如果要求学生不怕脏，教师首先要带头不怕脏；在场地进行器材布置时，高校篮球教练员也要积极动手，用自己的行动来带动学生。也就是说，高校篮球教练员要处处起表率作用，这样的高校篮球教练员，学生不但愿意接近，而且会由衷地产生敬佩之情，从而主动地甚至创造性地去实现高校篮球教练员的愿望，高校篮球教练员在学生心目中也就具有了较高的威信。

高校篮球教练员威信树立的过程也是一个提高高校篮球教练员影响力的过程，二者是同步的。在体育教学过程中，高校篮球教练员不断改善自身的素质，研究提高影响力的有效方法，将权力性影响力和自然性影响力有机地结合起来，是树立高校篮球教练员威信、提高训练效果的良好途径。

三、知识更新是高校篮球教练员取得劳动成果的先决条件

学校篮球的不断发展，对高校篮球教练员的专业知识水平要求越来越高，只

凭职前的专业教育显然是不够的。体育科技正以惊人的速度向前跃进，新的科技成果不断涌现，知识的陈旧率空前加速。新知识的大量增加，要求教育内容不断更新，缩小教育与现代科技成果之间的距离。对高校篮球教练员来说，自身的科技文化水平对培养现代化体育人才至关重要，这就需要高校篮球教练员必须不断地了解新事物、学习新知识，并有极强的自学能力。

第一，教练员要迅速更新个人的知识、技术和技能，既要有出色的“一专”知识，又要有多能的本事，拓宽横向知识面，使个人知识结构呈现“金字塔”形。

第二，教练员要形成一个现代化的知识体系，具有解剖、生理等生物学科的基础，如运动生理、运动学、急救和应急处理、评价技术、生理学科基本实验技术等知识。

第三，教练员要有一个能适应体育事业发展的知识结构，既有多学科的综合知识，又有职业技术教育的专业知识。高校篮球教练员不仅具备知识并能够运用知识，而且必须是一定社会文化价值的代表。因此，当代高校篮球教练员应该意识到自己肩负着用人类最丰富的知识去培养现代化人才的任务。

四、开拓创新是高校篮球教练员勇于进取的心理反应

现代篮球运动正向着多元化的方向发展，其突出的特点是培养创造型人才或现代化人才。无论是创造型人才还是现代化人才，都必须具备下列基本条件：强壮的体魄以适应现代社会快节奏的生活与高信息负荷的压力；合理的知识结构以便随时接受社会的改革和变化；用灵活的思维方式去观察和思考问题；以强烈的竞争意识去开拓与进取；良好的心理品质。

这些条件都可以通过训练来实现。因此，在基础教育阶段有意识地培养学生的创造意识、创造性思维方法和从事创造活动的能力是十分重要的。教练员培养学生的创新精神，首先要创造良好的创新氛围，其次要激发学生的创新热情、激励其创新意识，最后要使教学具有艺术性。高校篮球教练员应该意识到，机械刻板的活动会抑制学生的创造意识，同时高校篮球教练员必须具备强烈的时代感、效能感，积极进取，不受固有观念和模式的约束，将机械刻板的活动变得生动有趣，敢于标新立异，勇于发现、开拓新领域，在创新中求生存，在开拓中求发展，进行创造性劳动。这种劳动的前提是高校篮球教练员必须具备创新的能力。根据我国学者的最新研究成果，创新能力主要包括发现问题的能力、创新设计能力、获得和利用信息的能力、积极实践的能力和总结经验的能力。这些能力的正

常发挥，可激发人们解决问题的求异性、新颖性和高效性。

五、乐于奉献是高校篮球教练员职业道德的具体体现

高校篮球教练员无私奉献的前提是“热爱”和“敬业”，即热爱学生和热爱本职工作。研究者曾对优秀高校篮球教练员做过专题研究，结果发现：他们的共同特点是不求索取、只讲奉献，将自己的奋斗目标与国家的利益紧密联系在一起，具体表现在忠诚于党的教育事业，热爱本职工作，对体育事业有高度的自豪感和责任心，将“奉献”寓于自己的行动之中。他们对待工作勤勤恳恳、兢兢业业、讲求实效，以自己的实际行动赢得多方的理解和支持，这体现了“以实干为本”的特点。“以创业为荣”是另一大特点，许多优秀的高校篮球教练员一跨入体育的大门，就立志为之奋斗终生，建立起“不必只追寻理想的结果，艰难的求索未必不是乐”的苦乐观，不为名利，只为学生的体质、为中华民族的整体素质的提高而服务。随着社会的不断发展，人们对体育的需求更加迫切，导致对高校篮球教练员的要求更高，其社会地位将发生更深刻的变化。

第四节　怎样做有素养的高校专业篮球教练员

一、高校篮球教练员必须有自己的篮球指导思想

（1）教练员要教育和培养运动员对待比赛，不打则已，一打就要赢球。我们过去指导的球队，遇到的比赛对手再强，也要求运动员赢球，思想上不能服输。当然不是不择手段。篮球比赛，目的就是要争取胜利。篮球比赛必然有输有赢，作为教练员，就是要教育自己的运动员只要一上场比赛，就想着赢球。

（2）教练员培养运动员要懂得控制比赛节奏。篮球比赛时的速度是相对的，要能快则快，能稳则稳，使对方按照我们的速度来打。一般规律是谁能控制速度，谁就能取胜；即使不能取胜，也由于你控制了速度和节奏，而使对方难以应付。

（3）教练员要特别重视防守，让运动员从对方篮下就要开始防守。不能在全场紧逼，就撤回本方篮下坚守，不给对方随便投篮的机会；宁肯让对方在外围投篮，也决不让他随便跑到篮下投。

（4）教练员要培养、训练运动员积极顽强抢篮板球的习惯，要让运动员敢抢、会抢“里线”，把对方挡在外面。抢防守篮板时，教练员应要求运动员争取

抢到75%，并能及时把对方挡在自己的外面。

（5）教练员要教会运动员各种各样的紧逼防守方法。比赛有时需要采用一下紧逼防守打法，特别是比分落后时，紧逼一下就可能抢回几分；如果本队运动员个子小而速度快，更要训练他们掌握紧逼防守。运动员可采用全场紧逼防守方法，也可采用半场紧逼防守。

（6）教练员要使运动员懂得不要无故犯规，特别是不要笨拙地犯规。教练员要控制全队在每场比赛中犯规不超过15次。因为犯规的代价是高昂的，过多犯规可能把你最好的运动员罚出场。教练员要让运动员用合法的手段防投篮，但在抢失掉控制的自由球时，即使犯规也要抢。

（7）高校篮球教练员要善于让运动员充分发挥他们的特长和积极性。千万不要低估运动员的潜力。对运动员的潜力估计不足的教练员，往往是要吃亏的。

二、教练员应有的品质和特点

（1）高校篮球教练员应该是一个鼓动者，这是最重要的。对待篮球事业，他首先要把自己鼓动起来，然后把运动员鼓动起来，把与本队有关的人员都鼓动起来，发挥他们的能力。教练员要高瞻远瞩，具有洞察新手的能力，要像陶瓷工艺师塑造工艺品那样训练新手。要把自己的篮球哲学、自己的篮球设想灌输到运动员的头脑里，使他们兴奋起来，永远保持积极性。当他发现运动员有新成就时，要真心实意地鼓励他们。

（2）高校篮球教练员应该是一个很好的领导者，不仅在技术上领导，而且全面地领导整个队。教练员要爱护运动员，关心他们，要使他们热爱篮球运动、刻苦训练和充满信心。除语言之外，教练员还应想很多办法调动运动员的积极性和提高他们的兴奋度。一个好教练员，要尊重运动员并善于谆谆诱导。

（3）高校篮球教练员要努力而艰苦地工作。很多教练员在这方面是失败的。例如制订训练计划和比赛战术，都需要他们付出时间和精力，不能坚持刻苦工作，只能败退下来。

（4）高校篮球教练员要有充分的信心，不要骄傲，要用自己的言行来表现自己的信心。教练员采用新的理论和方法时，只要自己认为是对的，就要充满信心，相信自己能成功。

（5）高校篮球教练员要有极大的耐心和同情心。当你在教青少年时，你会发现自己不只是在教篮球，而且是在教人，教他们怎样去生活。因此，你必须有耐心并充满同情心。当他们摔倒了，要把他们扶起来；当他们失败时，要给予同情和鼓励。对没有经验、身材高大而较笨拙的运动员，教练员更要耐心地给予帮助。

（6）教练员不要怕犯错误，怕犯错误就会在困难面前失掉信心，就不能前进，就不能成为胜利者。当有错误时，教练员要敢于承认和改正。

（7）教练员要精通篮球业务，要深入研究，永远谦虚地学习。

（8）教练员要忠诚于自己的事业，忠诚于自己的诺言，忠诚于运动员，忠诚于所有支持你的事业的人。教练员要坚持原则地忠诚，遇到困难，也不能放弃事业。

（9）教练员要永远争取做胜利者，对运动员也这样要求。教练员的思想和行动应永远保持胜利者的姿态。赛前准备会上，教练员应该教育运动员用高标准要求自己，去争取胜利。

（10）教练员应该是一个待人诚实、办事公正的人。教练员对自己，对别人都要诚实，对运动员要公平；在挑选运动员、使用运动员时，更要公平。

三、高校篮球教练员的训练哲学素养

（1）运动员要争取一切机会发动快攻，每场比赛最少要争取8~12次以上快攻。但我们的观点是如果不是“以多打少”，就不要急于投篮。

（2）运动员快攻应该采用连续进攻的方法。教练员要训练运动员想尽一切办法，通过连续的战术配合，创造顺利投篮的机会。

（3）运动员有了投篮机会就要大胆投，并且争取投中；有良好的长传偷袭机会就要争取得分。

（4）运动员要加强罚球训练，保证每罚必中。因为罚球在比赛中占有重要地位，罚球得分往往可占全场得分的20%~30%。

（5）篮球比赛时传球比运球更重要。当然，运球也很重要，但我们的训练哲学是传球更重要。因为篮球运动是集体的运动，可以说是传球的比赛，对运球的使用要加以限制，只是在对付紧逼防守或特别需要、不得已时才可以运球。

（6）教练员要特别强调精练各种跳投。因为跳投是近、中距离得分的主要手段。

（7）一个优秀的篮球教练，他的训练哲学必须是重视防守！防守好是一个球队力量平衡的表现。防守好能弥补球队进攻方面的不足，防守好往往能帮助球队反败为胜。教练员在防守方面应该不断创新。

四、高校篮球教练员的工作原则和方法

下面这些原则和要点是我们多年从事教练工作的亲身感受和其他教练员的经验总结。我们认为它们是行之有效的。

（1）教练员要提纲挈领地确定一个长远目标，并且将其具体化，使它成为每天的训练程序。譬如，最近一两年球队争取达到的目标是什么，在未来的赛季中怎样实现，这就要预先做好思想准备，特别重要的是要牢牢记住整个计划的进度。

（2）教练员要尽最大努力去实现既定的长远目标。

（3）高校篮球教练员要有修养，待人接物、一言一行都要讲道德、讲礼貌，表现良好的体育道德和文化教养。这在各种情况下都应引起教练员的注意。

（4）在任何情况下教练员都要进行训练统计和比赛统计工作，并把这些资料保存起来，这会有利于运动员训练。

（5）教练员要慎重地选择那些确实能够按照你的设想进行训练、在身体素质上能够适应你的训练方法的运动员参加本队。

（6）教练员要尽量简化攻、防战术，以便于运动员掌握。

（7）教练员必须使本队的运动员达到必要的身体训练水平。运动员身体训练水平差，主要是教练员的责任。身体训练在训练课外也要进行。

（8）训练课的时间不要过长，课的组织要紧凑、质量高。

（9）技术训练的方法和手段必须同全队的攻、防战术紧密结合。

（10）如果你发现所确定的战术不适宜运动员的条件，应果断改变。但如果是个别运动员不执行你的战术要求，是不允许的。

（11）教练员不要把一些不恰当的训练内容和方法纳入计划。

（12）教练员在比赛中切不可把注意力放在裁判方面。

（13）教练员发现运动员在比赛中表现失常，不要埋怨、指责，要尽量鼓励，对表现好的运动员更要鼓励。

（14）教练员必须把精力集中于自己的工作，不要因其他爱好而分散自己的精力。

（15）教练员选择自己的助手或副教练时要十分慎重，要选择忠于自己的训练原则和观点的人担任。

（16）我们认为教练员是一个球队能否取得胜利的关键。所以，教练员必须掌握篮球运动的知识，经常参加训练班、听讲学，或从书本、电影、电视中获得

广泛的知识，并经常与同事讨论问题，丰富自己的经验，提高自己的水平。

（17）一个好的篮球教练员，应该是一个好的教师。他应当教给运动员详尽的篮球知识和健康的生活知识，这对球队取得胜利是必不可少的。

（18）教练员必须以身作则，要求运动员做到的，首先自己要做到，并且要和运动员成为知心朋友，还要同球队周围的群众及其他教练员建立良好关系。

（19）在赛季开始之前，教练员要做好充分准备，不能疏忽。教练员应时刻想到比赛时要做什么和可能出现的问题，要确定好主力队员和替补队员。

（20）高校篮球教练员必须比别人更加努力、工作时间更长，比别人更辛苦；要用自己的行动使运动员尊重你，自觉地听从你的指挥，更好地发挥技术。教练员要比运动员早些来到训练场，这样，运动员会感到你非常认真，这对他们是一种鞭策。

（21）高校篮球教练员对运动员要采取实事求是的态度，对运动员在比赛或训练时出现的缺点和问题要坦率地指出，不要有顾虑，在表扬的同时，应提出要求和希望。教练员同运动员的关系要平等、融洽，要有幽默感，这样才能增进感情，团结一致。

（22）每个阶段、每周训练之后，甚至每次训练、每场比赛之后，教练员应明确肯定下一步该怎么办，不能含糊。如果运动员很肯定地知道教练员要干什么，他们就会自觉地付诸行动。

（23）一个高校篮球教练员应当有自己的“个性”，有自己的独特风格。例如，你绝不能抄袭别人的办法来训练自己的球队，而应该按照自己的办法来训练，一定要有自己的特点和个性。

（24）高校篮球教练员要随时留意、赞赏运动员在训练和比赛场上所做的一切努力。有时可按你自己的习惯，拍拍运动员的肩膀，或用亲切的话语表示鼓励。因为你应随时想到：如果没有运动员的努力，也就没有你的球队。

五、向运动员提出训练思想与行为标准

在初建队和新选手入队时，教练员即应明确提出，希望运动员做一个什么样的选手，对他们的期待是什么，说明什么是应该做的，什么是不应有的行为和态度等。例如：

（1）运动员在任何时候都应是一个有教养的人。

（2）运动员在任何时候都必须把自己看成集体的一个成员。

（3）运动员必须严守训练时间。

（4）运动员要努力学习所有课程，不要只打篮球。

（5）运动员要热心、勤奋、可靠、忠实、协作。

（6）运动员要学会保持自我身体上、精神上、道德上的最好状态。

（7）运动员要培养自己做事时的自豪感和自信心。

（8）运动员要学会控制感情，任何情况下都不要丧失斗志和进取心。

（9）运动员要培养自己永不间断的向上情绪，永不自满。

（10）运动员要使自己成为一个和善、好相处的人。

（11）运动员批评同队伙伴时，不要否定一切，不指责、不刺激他人。

（12）运动员答应做的事，就要全力实现诺言，决不失约和失信。

（13）运动员在和同伴相处中，不自私、不嫉妒、不任性。

（14）运动员在和教练员及球队领导接触中，不要期望受偏袒。

（15）运动员要珍惜光阴，决不浪费时间。

（16）自己有了过失，不找任何借口替自己辩解；对别人的过失要谅解，不反复批评。

（17）运动员对自己、球队集体、教练和同伴，决不失掉信心和耐心。

（18）运动员不谋求表现自己，不生气，不傲慢，不涣散，不拖拉。

六、怎样培养运动员的优良品质和作风

高校篮球教练员必须清楚地懂得，运动员的优良品质不是天生的，是靠教练员花心血培养形成的。

（1）教练员要努力培养和提高运动员的积极性和兴奋性。在每次训练、每场比赛中你都要注意这一点，都要鼓励和培养运动员尽全力打球的品质。在训练中教练员不仅要经常提醒和要求运动员注意这一点，还要设置许多困难来锻炼运动员这一点。教练员教运动员打篮球的目的，就是赢球、争取胜利。赢球是最大的快乐，是训练的结果，是靠全队全力以赴，绝不是轻而易举、靠兴趣、靠某个人的天赋得来的，培养和训练运动员具有良好的意志品质是很重要的，从某种意义上讲，这是教练事业的最终目的。因为只有运动员在每次打球时都全力以赴地去表演，才能发挥他的最高水平，才能获得最大幸福和快乐。

（2）每次训练、每个练习，教练员都要要求运动员像正式比赛一样认真对待，设法让他们保持兴奋，累了可以停下来休息，但绝不准放松要求和偷懒。

（3）教练员要强调团结合作，强调一人为大家，大家为一人，包括教练员在内的每个人都要全力以赴，用行动带动全队。

（4）教练员在训练中切记要一视同仁。教练员对好的投篮手要表扬，但对好的助攻传球、好的防守和协防、积极拼抢篮板球的运动员，更要及时表扬和鼓励。

（5）教练员应设置各种困难条件对运动员进行心理训练。例如训练运动员冷静地打球和正确对待对方犯规，教练员设置三个人在篮下包围防守他，还可以推他、拉他，而要求他不急躁、不畏惧，照样进攻、投篮、抢篮板球。

第三章

高校篮球教练员人文精神素养

第一节　高校篮球竞技化倾向与人文精神失落的表征及原因分析

大学教育是以培养人才为天职，对人个性的解放、人格的完善、素质的发展的关怀是现代大学的本质。大学之所以为大学，主要在于“大”字，它不仅以一种客观物质形式而存在，更是一种精神与灵魂的存在，这种大学精神最重要的内涵就是其人文精神。大学精神包括人文精神和科学精神，而人文精神作为做人的精神，在大学精神中比科学精神处于更优先的地位。

要对当前中国大学教育的改革和发展提出合理而正确的建议，切实推进中国大学人文教育与科学教育相融合，培养社会所需的既具有某一学术领域的系统知识，又有较高人文素养与人文精神的高级专门人才，即既有知识又有丰满人性的人才，其前提是必须对中国大学教育中人文教育与科学教育关系的历史、现状做出充分的分析。

因此，对于体育来说，真正的大学精神应当是以体育人文精神为核心、为主导的精神，真正的高校篮球文化也应当是以体育人文精神为核心的导向性文化。

高校篮球发展的整个潮流将朝着技术知识的教育方面发展，国家对大学体育的指标要求也充满了计量化特征，虽然体育技术、技能、运动水平得到了显著的发展，也被大学教育所肯定，但人文素质的欠缺所造成的必然后果却很少有人去思考，高校篮球将面临一场人文危机。高校篮球人文精神失落同样会对高校、社会、经济以及文化影响甚大。一切教育的方式是以“关注人的自由而全面发展”为前提的。我们将人性贯串于高校篮球教育的全部过程，使整个体育人性化，加强自由与责任的教育，将自由与责任视为现代伦理生活的核心价值来审视高校篮球的现实时，就会遗憾地发现，当前高校篮球实践中对“人”的忽略。

大学体育人文精神在大学校园中的失落主要体现在大学体育竞技（大学高水平运动队）、大学体育课程实施（体育教师——体育课程教学的实施者、大学生——体育课程教学的受动者）以及大学体育科研三个方面。

中国大学篮球竞技运动起始于1986年，在大学篮球的人文精神建设中起着推动作用。大学篮球竞技（高水平运动队建设）由各大学的体育部门负责管理，由教育部负责审批和评估工作，由中国大学生体育协会负责竞赛体系的管理组织工作。中国大学体育竞技运动由于发展历程较短，其体现的人文精神与中国传统文化和传统体育价值观念相悖，出现篮球“竞技化”倾向。因此，大学篮球竞技没有得到良好的发展，没有发挥大学篮球培养高水平运动员的现实功能，也无法实现大学篮球的人文精神在大学体育发展中应有的功能。大学篮球竞技目前缺乏文化底蕴和人文精神内核，还需要历史的积淀与价值观念的转变。

一、竞技含义的理解

国内认为竞技是以竞赛为主要特征，通过发掘人的体能潜力，以夺取运动锦标为目的的活动。从人性角度分析，竞技是人类攻击性本能的宣泄、重复和升华的游戏。由于人类攻击的本能是先天具有的，它根植于物种之间和种族之间的生存竞争法则和保护种族的自私本能。国外认为竞技指的是所有具有以下特征的行为。第一，主要是身体运动，目标是追求运动的成绩；第二，明确把身体肌肉运动的控制作为要素，并使之成为人们能够学习和实践的技能；第三，狭义地理解（在行业、艺术和科学等范围内），它不制造产品（价值），不产生税收；第四，根据特定的有社会限制的模式在某个运动项目中发生。德国汉堡大学体育学院Tiedemann教授认为，竞技是一个文化活动领域，在其中人们自愿并且有意识地进入到与他人真实或想象的关系中，来发展他们的特别是在运动艺术领域的技巧和能力，在不伤害（精神和物质、身体和心理）自己和他人的愿望下根据自己制定的或者继承的规则与他人进行比较。Tiedemann教授采用“现实定义法”在日常生活中揭示“竞技”这一概念，重点强调“文化活动领域”“自愿有意识的”“人与人关系”等要素，以“运动文化”来表示体育总概念。所谓“运动文化”是人们为了经历和体验对其非常重要的个人或共同的益处和享受，在其深入研究周围的自然与环境，同时有意识地发展、塑造和表现他们特别是身体上的技巧和能力的一个活动领域。

二、大学篮球竞技运动——大学高水平运动队建设的背景意义

竞技篮球进入学校体育领域，是当代世界体育的一大特点。竞技篮球已正式成为教育的内容，并列为学校体育的主要内容。1986年原国家教委和国家体委联合颁发了《关于开展课余体育训练、提高学校体育运动技术水平的规划》，提出课余训练与竞赛的主要任务是学校必须形成关心体育、重视体育的风气，带动全体师生参与身体锻炼，进行体育活动，培养学生的运动兴趣与体育爱好，养成科学锻炼身体的习惯，不断提高学生的身心素质和健康水平，提高学校体育竞技水平，要培养“四有”人才和较高体育运动技术水平的优秀人才；参加国内外体育活动和竞赛，促进校际和国际学校体育交流。

1986年原国家教委批准了清华大学等51所委属高校为第一批全国高水平运动队试办学校，这一决定促使大学体育竞技运动走向专业化发展道路，也预示着中国大学办高水平运动队，培养高水平竞技体育人才的开始。2004年，教育部和国家体育总局在颁发的《关于进一步加强普通高等学校高水平运动队建设的意见》中指出：“普通高等学校高水平运动队建设是高等教育的有机组成部分，是高等学校创办高水平大学的重要方面，同时也是我国竞技体育健康、持续发展的重要途径。”2010年教育部又启动了高水平运动队建设学校的申请工作，预示着高水平运动队建设高校的数量将又一次增加。目前，竞技运动（高水平运动队建设）在大学体育中具有以下几种意义。

第一，丰富大学校园文化生活。高水平运动员精湛的技艺、出色的表演既是篮球活动也是一种艺术，观看他们的比赛和训练可以使自己的心情变得舒畅，获得审美享受，他们的存在为大学校园体育文化生活增添了一道亮丽的风景线。

第二，促进大学精神文明建设。经常性地开展校际、校内的篮球竞赛活动能倡导一种顽强拼搏、奋发图强、团结互助的体育人文精神。篮球本身也具有丰富的精神文化内涵，大学体育人文精神包含大学文化精神品格，通过大学校内外高水平篮球运动竞赛能够深深根植于学生的思想观念之中。

第三，提高学校知名度、构筑学校品牌。在国际上，运动员通过世界大学生运动会、各项目锦标赛，还有很多建有高水平运动队的大学结成体育联盟进行交流，校际、校内比赛如火如荼、精彩纷呈。中国大学生篮球联赛的举办，预示着中国现代大学开始尝试性地通过篮球竞技（高水平运动队的建设）来提高大学的名望，进而构筑大学的品牌。

第四，培养大学生的自豪感，增强学校的凝聚力。大学高水平篮球运动队在比赛中获胜能够培养大学生对学校的自豪感，增强学校的凝聚力。这是由篮球自身的特点决定的，我们总是为自己所属地域的球队取得的成绩而兴奋不已，尤其是当这些球队与自己有着某种联系的时候，这种荣誉感更加突出。

三、大学篮球竞技化的实质与特点

（一）大学篮球竞技化的实质

“竞技化”通常指竞技的异化（所谓异化就是指主体在一定发展阶段分裂出的对立面，变成外在的异己力量，其实质是物化的加深），就是指参与竞技的人——竞技的主体（包括教练员、裁判员、运动员、管理员等）在训练和比赛中过分追求技能、成绩、报酬等物化层面的东西，却忽略了人的全面发展的一种“重物轻人”的倾向。人们原本追求自身的发展，反过来自身却被对象化了，被运动成绩和物质奖励占有了，即异化（失我表现）。在竞技中，若仅将提高运动技能和报酬视为目的，那么必然会促使人（运动员）成为竞技的手段，人也必将被对象化。另外，当大学生长期进行超负荷、超强度的训练和比赛，身体难免会产生一定的副作用，这也难免打破人的生理平衡，破坏人的身心健康，违背人的健康发展的自然规律。如果大学篮球竞技对大学生的道德品质同时产生副作用，那么，篮球竞技的实质由“拜人”变成了“拜物”，其对人的关怀度大打折扣。

所谓大学篮球的“竞技化”就是指在大学篮球的竞技中人们只求达到直接功利目标的“夺冠”“争金”，而不顾更长远、更全局性的目标（培养健康、全面发展的人），无视人（大学生、大学体育教师、体育管理者）被物质、功利对象化的过程。大学篮球“竞技化”倾向忽略了对大学篮球竞技的主体——人（大学生）的探索，以致中国大学篮球及其教育时常出现主体迷失、人性失落的现象。这一现象也是大学篮球竞技中的科学与人文分裂的表现，这将伴随着“物”的地位的提升和“人”的主体地位的下降，甚至被剥夺。

（二）大学篮球竞技化的特点

目前，受国际、国内体育竞技物化的冲击与影响，中国的大学篮球过于偏重竞技性而忽略育人性，导致大学篮球价值取向严重偏离了正确的轨迹，即只注重大学生身体素质与竞技能力，忽略了他们的心理和精神的全面发展；注重比赛成绩和名次，忽略教育过程和参与的积极性；注重社会的需要，忽略人的价值需要；注重《奥运争光计划》，忽略《全民健身计划纲要》。其价值取向已偏向社会本位的“工具论”思想，还没有真正领会到大学篮球的精神层面——大学的人文精神核心思想。这种竞技化使得大学篮球竞技——高水平运动队的建设在大学篮球价值的实现中出现了一些误区。这些误区具有以下几种特点。

第一，大学篮球的竞技化使得大学篮球竞技，即大学高水平运动队建设占用了大学篮球的优势资源，与其在大学篮球人文精神建设中所应发挥的积极作用并不相符。当前各所大学在篮球竞技方面的建设中都投入了相对稳定的资源，而高水平篮球运动队建设本来就是高消费，它不仅占用学校较多的篮球资源和运动训练场所，加之竞技的“物化与异化”，将直接造成管理重心的转移，导致学校对其他体育建设的忽视，这对于大学篮球人文精神建设犹如“雪上加霜”。所以，大学篮球竞技（高水平运动队建设）在大学篮球的发展与人文精神的建设中并没有发挥出应有的积极促进与推动作用，也没有达到预期的效果。此外，由于学校体育资源的紧缺，该部分学生不仅占用了学校大量的体育资源，还隐藏着对一般学生体育资源拥有权的掠夺倾向，无形之中派生出了一种特权阶级。

第二，大学篮球竞技化使大学相关领导过度注重高水平运动队建设在提升大学声望与排名中的作用，忽视大学篮球的育人功能，尤其不重视投入较大、建设周期长的大学篮球的人文精神建设。调查统计表明，50%的学校领导把提高大学的影响力和知名度放在培养目标的第一位；仅有13.3%的领导把锻炼身体、养成习惯、激励精神、培养品质放在第一位；6.7%的领导把营造良好的校园文化气氛放在第一位。这是由当前中国高等教育体制所决定的，大学同样存在“政绩工程”的说法，大学主管体育的领导在这种意念的驱使下，往往希望在任期内让体育工作取得质的突破，最快捷、最显著的途径就是通过大学篮球竞技来取得大学体育成绩的突破。所以，我们也就不难想象为什么当前很多体育管理者的重心偏向高水平运动队的建设，而对于大学篮球文化、人文素养和大学篮球极为重要的人文精神建设却表现出忽视和冷落。

第三，大学篮球竞技化使大学篮球竞技（高水平运动队建设）目前出现“高而不高”的尴尬和娱乐、媚俗、物化等不良倾向。目前中国优秀高水平篮球竞技人才培养的主要渠道仍为专业队，虽然国家希望借鉴国外大学培养优秀竞技篮球人才的模式，但由于培养途径在培养体制、培养方法、竞赛体制等方面大相径庭，中国大学篮球竞技出现了“高而不高”的尴尬局面。这种尴尬导致人们很难给出关于高水平运动员的准确定义——“何为高水平”？大学高水平篮球运动队很难与专业队达到资源共享，实现“竞、训、学、练”一体化与“体教结合，夺标育人”。由此，人文内涵丰富的大学篮球竞技道路任重而道远。

第四，大学篮球竞技化中出现“重物轻人，舍本逐末”的现象。目前，我国大学有相当一部分体育教师、篮球教练员和管理人员在培养大学生高水平运动员的过程中只注重抓大学生的体能、竞训成绩，关注比赛的物质奖励和“硬件”建设。虽然这些硬件是竞技必不可少的因素，但在大学生培养过程中忽略对“人格”与“灵魂”的培养，即“软件”的构建，难免要产生重物轻人、舍本逐末的倾向。这一现象的实质是教育者忽略了“育人”之根本，也就是忽略了培养大学生做人和敬业的精神。实践证明，过于单一的体能训练，用“造物”的训练方法来代替“育人”的修炼手段，就好比舍弃小树之“根”，求其枝繁叶茂的空想一样，试想，小树若根不牢，能枝繁叶茂吗？为什么中国大学有许多“明星”高水平运动员却如昙花一现，他们既不能像布勃卡那样“常跳”，也不能像刘易斯那样“常跑”，更不能像瓦尔德内尔那样“常打”，道理就在于此。所以，大学体育因竞技化导致的重物轻人、舍本逐末的误区在大学体育人文精神建设中是不可忽视的问题。

第五，大学篮球竞技化导致“重训轻教，主体迷失”现象。大学高水平运动员和其他普通大学生一样，享有同等的大学生的基本责任、权利和义务。但当前，各试点大学在招收和训练高水平运动员时，过于强调竞技的重要性，只注重比赛结果，急功近利，或者单纯地只通过延长运动训练的时间、增加运动负荷来提高大学生竞技水平，致使他们把大量的时间与精力都投入到提高运动技能上，严重耽误了文化知识的学习与人文素养的提升。并且许多大学体育教师还认为这就是“科学的训练”。技能训练固然重要，但辩证来看，人与动物是有区别的。或更有甚者，将功利性的“锦标主义”与“为校争光”歪曲理解，导致在招生、竞赛中弄虚作假等不良现象的出现，这都极大地影响了大学体育的健康成长。表面上看这是运动训练水平的问题，实质上是人文精神在大学体育实践中的贯彻问题，是大学体育能否坚定信念，有足够的力量抵抗来自各界压力和外来诱惑的问题。

大学篮球不仅要重视对学生技能和体能等的训练，还要加强对大学生的人格培养与人文素养的提升，实质就是“人物双修”，它与单纯“炼物”“夺标”的锦标主义是有区别的。单纯进行技术和体能的物化训练，忽略人的心理、精神和社会层面的修炼，那么，很可能会使大学篮球竞技成为一种“造物”不“塑人”的物化夺标过程。这样的竞技，只会强化人的生物性，使人的社会性不断弱化，最终造成主体（人性）的迷失。这种训练在当今崇尚人文与科技并举的时代是不可取的。这里主体迷失的实质就是大学篮球教练员与运动员人文精神的缺失。例如，有些篮球运动员在比赛中表现出不道德、不文明的行为，可以说这在很大程度上与教练员执教的态度取向有关。

四、大学篮球竞技化的危害

大学篮球本应作为使人“在游戏中成为人”的审美教育和全面发展的身体教育，却在片面追求“成绩达标、技术测试、心率指数”等科学化、物理化、生物化指标的过程中，把大学生作为“单向度的生物人”进行技术训练和机能改造，导致大学篮球的竞技化，由此引发出人们对大学篮球究竟是“育人还是制器”的质疑。在这样的体育环境中成长起来的学生，很难体会到篮球带给他们的自由和审美体验。

我们应该清醒地意识到，大学篮球竞技化具有较大的危害性，它给我们大学篮球竞技、体育事业的发展，以及大学体育教育带来许多负面影响，它的蔓延将对我国大学体育的健康发展产生极大的阻碍。

（一）阻碍大学篮球竞技的和谐发展

体育作为社会文化活动的一个重要方面，非常显著地作用于社会风气，因为体育队伍作为一个引人注目的群体，知名度高、实践性强、影响力大，其一举一动、一言一行都对社会各个方面特别是青少年有着深刻的影响。在大学篮球竞技比赛中，如果裁判员秉公执法、不徇私情，运动员尊重对手、尊重裁判、尊重规则并发扬顽强拼搏、团结合作的精神，会大大鼓舞每一位观众，大力促进社会精神文明的发展。

相反，如果篮球运动员、教练员、裁判员在利益的引诱下弄虚作假、营私舞弊，对明确规定的竞赛法律法规视而不见，便会严重影响体育人文精神的健康发展，玷污公平竞争的奥林匹克精神，败坏社会风气。邓小平曾指出：风气如果坏下去，经济搞成功又有什么意义？会在另一方面变质，反过来影响整个经济形势，发展下去会形成贪污、偷盗、贿赂横行的世界。由此我们可以推断：大学篮球竞赛风气如果继续败坏下去，即使我们在重大比赛中获得再多的金牌也毫无价值，反过来会影响体育事业的健康发展，并败坏了社会风气。

体育人文精神是精神文明的一个有机组成部分，如果说精神文明是一个庞大的系统工程，体育人文精神就是其中的一个子系统。从体育人文精神和其他精神文明建设的关系来看，体育人文精神和其他精神文明建设具有目标上的一致性。

然而，就现阶段大学体育人文精神而言，人们的价值观念和价值取向发生了扭曲，思想道德水准出现滑坡，赛风问题层出不穷。例如，有些大学在篮球比赛中为了取得名次，隐瞒运动员的身份和实际年龄；有的在赛场上辱骂对手和裁判，甚至大打出手；还有人们高度关注的兴奋剂问题等。这已经严重破坏了体育竞技在观众心目中应有的公平、公正，破坏了大学体育竞技事业的平衡发展，严重地阻碍了社会主义精神文明建设顺利进行。我们发展大学体育事业，既要不断提高竞技水平，又必须加强对体育人文精神的建设，特别是思想道德建设，端正篮球训练比赛的目标和方向，牢固树立爱国主义、集体主义和团结互助的精神，树立刻苦训练、公平竞争的体育人文观念。

（二）影响大学体育事业的正常运行与健康发展

大学篮球竞技化倾向与人文精神失落的现象是对公平竞争机制的破坏和扭曲，这直接影响竞技体育的正常运行秩序与可持续发展。第一，不公平竞争产生泡沫和虚假成绩，反映不出我国大学竞技体育的真实水平。如一些运动员在全国大学生篮球比赛中“创造”了一些好的成绩，可一旦面临世界大赛或借故不参加，或参加时成绩一落千丈。第二，不公平竞争影响和打击了那些在工作中兢兢业业、扎实肯干、遵守法规的运动员、教练员、体育工作者们的积极性与创造性，造成教练员、运动员等人才竞争的逆淘汰和人才资源的浪费，使优秀的人才受到压制，得不到进一步的发展。第三，在训练过程中的急功近利、拔苗助长，只图眼前的成绩与利益，而违背训练规律与训练原则情况，使得一些很有潜力的后备人才遭到扼杀，给竞技体育人才队伍的培养造成一定的危害。

我们的体育事业是社会主义现代化建设事业的重要组成部分，党和政府不仅要从形式上高度重视对大学体育人文精神的培养，更要从政策上高度重视对大学体育人文素质的提升。但是，一些人由于受到利益的驱使，对自身认识和要求不严，以及受各种不良习气的影响，在大学体育教学、竞赛、科学研究等中，营私舞弊，破坏公平竞争，做出一些不良行为，这些都是与体育人文精神背道而驰的，都会对我们的体育事业造成严重的伤害。虽然这些问题和不足只是极少数的行为，但它对我们造成的影响是巨大的，因此，我们要正视现实并高度重视，更要清醒地认识到目前我们大学体育的人文精神建构中存在的问题及其对我们体育形象的影响，特别是对大学体育事业的危害。每一个大学体育教师、体育工作者、管理者、大学生都必须从思想上高度重视这个问题，严格自律、加强自身修养，从自我做起，从小事做起。如果我们真正在思想上重视、行为上自律、措施得力，并不断健全和完善相关法规制度，我们大学体育人文精神的培养一定会有更新、更多的收获，从而促进大学体育事业取得更大的发展与进步。

（三）导致大学篮球“物化”与主体中的人性迷失

大学篮球竞技化的倾向对学生及教师的体育思想和体育行为造成的影响是极大的。人的体育思想优劣，决定着大学体育培养人才品质的高低，决定着我们能否代表先进体育文化的发展方向。法国哲学家帕斯卡尔曾把人比喻为“芦苇”，另一位哲人拉美特利在更广泛的意义上把人比作“植物”。这种比喻的道理在于：正如植物必须扎根于土壤一样，竞技及其体育思想是竞技人的根基，是竞技人的家园。竞技人一旦失去了自己的精神家园，就成了无根的浮萍。当然，我们研究现实中篮球竞技化给人们思想和社会带来的问题，绝不是全盘否定它，而是让我们这些从事大学体育教育的人，真正成为先进的体育文化理念的最后的“守门员”，从而启发人们去寻找大学体育的精神家园。

目前，国内相关运动理论认为篮球是以运动竞赛为特征，通过挖掘人的身体潜力，以争取第一、夺取金牌为目的的社会群体性活动。竞技的本质就是“夺标”，这是它区别于其他一切事物的特有属性。然而，大学篮球的竞技化让单纯的“锦标主义”变成了大学体育的本质，作为大学篮球主体的“人”必然会迷失方向，人性变为物性。事实证明，物化具有明显的流动性、易变性和易逝性特征，如果大学篮球只强调对人的运动技能和成绩进行提高，就是一种“物化”现象。

所谓大学篮球的物化是指运动者在训练和比赛中过分对物化层面进行追求（包括体能、成绩和报酬等），却忽略了人的全面发展与价值体现的一种“重物轻人”的倾向。因为在大学体育实践中，我们若仅将提高运动技能和报酬等视为目的，那么必然会促使人（运动员）成为竞技的手段（人被对象化了）。如果我们仅把“功利主义”或“锦标主义”作为大学体育唯一的本质，那么，必然使大学生成为运动的手段，而收获运动成绩却成了目的。大学生在现实的体育实践中，伴随着其对奖牌和奖金的追求不断升级，其主体地位也必然会日趋下降，主体中的人性便迷失在了物质与功利之中。

第二节　高校篮球教练员文化思想素养

一、高校篮球教练员文化思想理性问题

文化之于大学犹如灵魂之于人，大学文化是大学最不能也最不应该忽视的关乎大学组织属性及其使命坚守的理性精神。我们致力于高校篮球教练员文化的研究，认为对高校篮球教练员的认识需要从文化这个研究视角出发，观察和分析高校篮球教练员的成功和不足，亦即我们需要用一种既针对大学组织个性特征又不失大学之普遍性的观察视角和分析框架来认识大学及其办学治校育人的活动。这是因为文化不仅附着在大学组织机体的表面，而且植根于大学内在精神的深层，可谓无所不包、无所不在且无所不能。文化绝非仅仅是大学组织构成及其活动的一般要素，它还极大地影响并统领着大学办学治校育人过程中的价值选择、思维模式、制度安排、行为建构、活动方式以及环境营造。不仅如此，大学文化还是大学及其成员存在和生活的方式。失去了文化的参与及支撑，大学就会成为一个没有灵魂的躯壳。作为培育和传播人类社会文明的土壤和播种机，大学的形成、发展、成熟及其外溢和对社会的影响均源于大学文化并以大学文化为载体。

人类的社会实践大致可以概括为两大类：第一，由“行”至“知”，人类文明早期的社会实践均脱离不了此种模式；第二，由“知”至“行”，这是人类文明进步到一定阶段后社会实践的一种巨变，即人类进入了以理论指导实践的理性社会。这是针对整个人类社会文明发展规律而言的总结，但对特殊的、具体的时空社会背景下的组织或个人的实践活动而言，由“行”至“知”，再由“知”至“行”的认知和实践规律依然成立。就改革开放以来我国大学文化建设的实践而言，就经历了由“行”至“知”再由“知”至“行”的发展历程。随着大学校园体育文化的日益丰富及其育人作用的日益突出，大学的办学治校者及研究人员开始对校园体育文化活动尤其是校园体育文化育人的成功经验予以关注并加以研究和总结，从而实现了大学校园体育文化活动从自发的“行”向理性的“知”的转化。在这一转化过程中，人们对大学校园体育文化的本质和价值及其活动规律的认识日益深化。由此引起大学不仅自觉参与校园体育文化理论的研究，还以此指导大学校园体育文化的建设。

（一）文化与大学文化概念

文化这一概念古来有之。《易·贲卦·象传》就有“刚柔交错，天文也；文明以止，人文也。观乎天文，以察时变；观乎人文，以化成天下”之说。故后人考证并称我国之“文化”概念是由“人文化成”而来，即所谓“文化”之基本含义指对人施以文治教化，把不懂事理之人培养成为有教养的人。西方的culture（文化）一词是南拉丁语cultura演变而来的，culture早期指“培养或照料某些东西，诸如作物和牲口”。从16世纪早期起，这一原来的意思从畜牧领域扩展到人类发展进程，从培育作物发展到培育心灵。不过，有文献称，古罗马著名思想家西塞罗就用cultura mentis（培养智慧）界定文化。所以，西方的文化概念是由对植物的耕耘、对动物的照料发展为对人类内心世界的培育、改造和完善的。这样文化就与人类文明有了必然的联系。18世纪至19世纪，德国哲学家与历史学家在关于文化的讨论中主张文化“一般指智力或精神发展的过程”，如此界定的文化概念就不能包含人类文明的全部，因此也就不能等同于文明。然而，随着人类文明的不断发展和丰富，人们赋予了文化更多的新意甚至无所不包的内涵，比如“文化是人类的全部生活方式”，“文化是人类创造的物质财富和精神财富的总和”，“文化是由共同的价值观、符号、形象等交织而成的系统”，“文化是人们在社会生活中形成的共同认识、理念和思想，所遵循的一定规则、规范和秩序”，“文化是一种社会现象，是人们长期创造形成的产物，同时又是一种历史现象，是社会历史的积淀物”，等等。由于太过宽泛的文化界定似乎并没有很好地反映文化概念与它的专属性，于是拥有英国文化主将之称、大名鼎鼎的英国批评家马修·阿诺德把文化理解为“通过阅读、观察、思考等手段，得到当前世界上所能了解的最优秀的知识和思想，使我们能做到尽最大的可能接近事物之坚实的可知的规律，从而……达到比现在更全面的完美境界”，而康德则把文化抽象为“有理性的实体为了一定的目的而进行的能力之创造”。两位思想大师显然想把文化上升到知识、思想及理性的能力层面加以理解。

上述对文化的不同界定，导致文化成为无所不包、似是而非、边界模糊且很难确定的概念。关于文化概念的确切表述，学术界有过长时期的争论，据称有个关于文化的国际研讨会讨论了很多天，最后还是未能达成对“文化”概念的统一认识。有人统计关于“文化”的定义，目前有数百种甚至更多。因此，对当代马克思主义和文化研究具有极为重要影响、被誉为20世纪文化研究的重要奠基人之一的雷蒙德·威廉斯对此多少有些无奈地说：文化乃是“英语中最复杂的两三个词语之一”。

事实亦然，当人们试图寻求对文化概念边界更为清晰的表述时，首先遇到的就是无法准确提炼文化内涵这一困难，于是人们只好借助逻辑学允许的用概念涉及的外延即概念包含的要素来界定概念。这种定义概念的方法确实也有助于人们直观、形象、具体地理解文化概念，这样就有了萨姆瓦的定义：“文化是一种积淀物，是知识、经验、信仰、价值观、处世态度、社会阶层的结构、宗教、时间观念、社会角色、空间关系、宇宙观及物质财富的积淀。”牛津大学人类学教授E.B.泰勒认为文化“是一个复杂的整体，它包括知识、信仰、艺术、道德、法律、风俗，以及人类作为社会一分子所具有的任何其他能力与习惯……是研究人类思想与行动的规律的适当主题”，以及“文化是社会规范或社会行为的整体，包括思想、语言、行动和成果，以及依赖人类学习和传递知识留存给后代的模式”。随着文化研究的不断深入，人们对文化本质及其特征的认识似乎逐渐达成了如下的共识：文化是人类的创造物，主要由符号、价值和意义、社会规范及物理环境营造等构成，文化的内隐部分为价值观和意义系统，其外显形态为各种符号，这些符号主要体现为物质实体和行为方式；文化创造的基础来自文化的积淀、借鉴与启发，由此决定了文化传承与发展的关系，即文化既有传承性又有创造性；文化是共有的，它是一系列共有的概念、价值观和行为准则，它是使个人行为能力为集体所接受的共同标准；文化与社会是密切相关的，没有社会就无所谓文化，文化由社会而生并依附于社会；文化随着人类群体的范围划分不同而体现出差异，在同一社会内部，文化既有一致性也具有非一致性。

综合人们对文化研究获得的认识成果，我们给文化一个比较完整的定义：文化是人类创造的一切财富，人类赖以生存的环境，人类社会生活的方式之总和，是人类为满足和维持社会文明进步、组织有序运行以及丰富人们生活需要而创造的一切精神的、规制的和物质的产品，它们彼此关联并以不同的形态影响人类社会及人们的思维和生活方式，决定人们的思维和生活的质量。这个定义不仅涵盖了精神和物质两种文明的文化领域及其认识成果，更重要的是该定义明确了文化的本质是人类创造的赖以生存并受其影响的生存环境和生活方式。这种认识要求人们把文化的自觉、自律作为必需的理性。

文化概念明确之后，关于其下位概念的大学文化的界定相对而言就简单一些。大学文化拥有文化的一般形态和属性，而不同之处就在于它是隶属于大学组织的一种社会亚文化即具有独特性的文化系统。在早前的研究中，笔者曾对大学文化有如下的认识：大学文化是相对于所有社会成员必须参与其间的普遍文化而言的一种主要由大学成员参与的特殊文化，是针对大学特殊群体而言的区域文化。大学文化含有文化概念应有的内涵，但它又是对社会文化反复选择加以吸收并融入大学自身意志和个性的文化类型，是大学经历史积淀、选择、提炼、发展而成的，是高度成熟的并为大学及其组织成员高度认同的以精神为核心的文化结构。对大学文化的上述认识为以下结论提供了理论的支撑：就大学这样一个相对独立的，以人才培养和学术研究为核心使命的社会组织而言，大学本质上就是一种文化的存在和反映，即大学本质上是文化积淀的产物，是具有选择、批判、传承和创造人类文化职能且有强烈文化属性的组织，是优秀文化传承的重要载体和思想文化创新的重要源泉。大学文化是大学区别于其他社会组织的特征，是大学的灵魂、大学的精神。大学文化的意义不仅体现在对内能创设一个积极、奋发、向上，并影响其成员价值选择、思维方式、精神气质、道德情感、行为模式，反映大学价值和理想追求的精神氛围，以引领和决定大学的制度安排及物理环境营造，还体现在大学对外之崇真、向善、求美、担当的社会形象，从而被社会尊为促进人类文明的使者和社会的道德榜样。

关于大学文化概念，我国学者还形成了一些其他的观点，如有学者认为“大学文化就是大学成员之共同价值观及信念之体系”等，但由于其对大学文化的理解过于局限于精神文化层面而未获得普遍的认可。又如袁贵仁教授提出：“在一定意义上可以说，大学即文化。”其理由是高校篮球教练员的训练过程，实质上是一个有目的、有计划的文化过程。所谓教书育人、管理育人、服务育人、环境育人，说到底都是文化育人。大学传统、大学精神，实际上是大学的文化传统、文化精神。所谓校训，不过是一个大学对其文化传统、文化精神的理性抽象表达和认同；所谓校风，不过是一个大学对其传统、精神、校训的文化自觉和习惯……文化是一个大学赖以生存、发展的重要根基和血脉，也是大学间相互区别的重要标志和特征。从大学文化实践的角度来看，以上对大学文化的认识具有“接地气”的特点并切合了指导大学文化建设的现实需要。

（二）大学文化的要素、层次及其特征

如果有必要为大学文化的实践意义找到依据或立足基础的话，那就要把大学文化的要素具体化，亦即把大学文化对学校成员及其活动具有不同现实影响和潜在影响的所有文化要素进行解构，通过对大学文化要素的解析使大学文化及其作

用具象可视，以凸显其对大学办学治校育人的操作意义。从大学文化的客体即外延分析，但凡大学之价值观念、理想信念、思维方式、道德情感、传统风气、生活方式、心理氛围、人际关系、行为规范、学校制度、物质环境等，均属于大学文化的范畴，即它们构成了对大学及其成员产生不同影响的文化要素。

为防止大学文化的碎片化，我们根据这些文化要素的形态及属性对大学文化加以筛选并归为以下三大类：主要由大学价值观、理想追求、思维模式、道德情感等构成的精神文化，主要由大学的组织架构及其运行规则构成的制度文化，以及主要由大学的物理空间、物质设施构成的环境文化（物质文化）。由此构成了大学文化的三大层次。有必要说明的是，文化的层次分类在文化研究的成果上存在分歧，产生了“物质文化和精神文化”两层次说，“物质文化、制度文化、精神文化”三层次说，“物质文化、制度文化、风俗习惯、思想与价值文化”四层次说，“物质文化、关系文化、精神文化、艺术文化、语言符号文化、风俗习惯文化”六层次说等多种理论观点。但两层次说过于笼统、简单，而四层次及其他多层次说又较烦琐，且层次边界亦彼此交叠、不甚清晰，我们取大学文化的三层次分类说，这种分类方法不仅与文化学研究最具代表性的研究成果（根据文化要素的属性结构由“反映人类物质生产活动及其产品的总和”的物质文化，“反映人类在社会实践中建立的各种社会规制和规范构成”的制度文化，以及“人类社会实践和意识活动中经过长期孕育而形成的价值观念、审美情趣、思维方式等构成”的精神文化构成）相吻合，而且三者以精神文化为文化的核心，依次由精神文化、制度文化、环境文化构成一个彼此依赖、互为影响的文化同心圆的动态关系理论，与极具典型意义的大学这一文化组织的属性特征极其吻合。

把大学文化解构为由精神文化、制度文化、环境文化三大不同层次文化的有机结合，使大学的运行机制及其组织秩序获得了很好的解释。大学精神文化、制度文化及环境文化三者之间呈彼此高度相关而非独立存在的结构形态，同样构成以精神文化为核心、制度文化居中、环境文化处外的彼此相互依存、相互补充、相互强化的，共同对大学之办学治校育人产生影响的文化同心圆结构。在这个大学文化同心圆结构中，大学的精神文化为大学文化核心并决定大学制度文化及环境文化。在精神文化的引领和驱动下，大学自觉在制度设计和环境营造方面同精神文化高度吻合，并由此形成稳定的大学秩序及和谐的大学环境，从而对大学的办学治校育人产生积极影响。

由于事物的特征指某一事物区别于其他事物并反映其特殊性质的不变量，因此对事物特征的研究有利于人们认识和把握事物的本质属性。大学文化特征是大学文化本质属性的反映，对大学文化特征加以讨论旨在更好地认识和把握大学的本质属性。在早期的大学文化研究中，笔者曾依据大学知识创新和人才培养的组织特性提出，大学文化具有不同于社会一般文化的诸如理想化、集约化、稳定性、批判性的特征。现在看来这个结论应该反映了大学文化的基本特征，这些独属于大学文化的特征不仅使其以文化方式影响大学办学治校育人，使大学根本区别于具有一般文化属性的其他社会组织，而且为大学本质上就是文化积淀的产物、具有文化属性的组织提供了富有说服力的理论依据。尤其是大学文化中以崇真、向善、求美以及社会担当为要素的理想主义文化特征，凸显了大学作为人类社会科学发展的脊梁、人类社会文明进步的希望、人类社会道德楷模的组织属性。

在这里补充讨论的是，大学文化除了上述独属于自己并被大学本质属性所决定的特征之外，还具有一般文化共有的特征。第一，大学文化具有积淀性。如同文化发展创新的基础来自传统文化的积淀和弘扬，以及对先进文化的借鉴和吸收一样，大学文化及其发展创新亦非无源之水、无本之木，而是大学在自身文化历史积淀基础上，吸纳外来先进文化尤其是高品位大学文化的结果。大学文化的积淀性决定了大学文化传承与发展创新的关系，即大学文化的积淀是大学文化发展创新的基础，是大学文化发展创新不可或缺的。第二，大学文化具有社会性。文化是人类社会发展的衍生物，文化因社会而生并依附社会而存，没有人类社会及其活动就无所谓文化的产生和发展。从这个意义上说，社会决定文化亦即文化与时俱进。由于社会处在一个永无止境的进化过程中，因此文化也处在一个永无止境的进化过程中，文化会适应社会变化并进行自我完善。大学是社会发展进化到一定阶段的产物，社会需要是大学生存和发展的唯一条件，所以大学文化绝不能脱离社会而存在，而且其无时无刻不受到社会文化的影响。正是因为大学文化不是孤立于社会的独立文化，一方面它有必要感知并自觉吸纳社会先进文化以满足大学文化发展进步的需要，另一方面又必须抵制社会不良文化的侵入并通过对社会文化的排异和批判保持自己文化的理想化和高品位，从而担负好引领推进社会文化不断进步的使命与责任。第三，大学文化具有建构性。当人们认识到文化的价值和意义时文化具有建构性，换言之，如果文化理性让人们看清事物的本质，那么文化理性就会帮助人们建构起新的观念秩序继而组织秩序。有学者指出："一旦认清文化并非只是努力地认识和学习神之道，并且还要努力付诸实践，使之通行天下，文化除了被社会结构塑造之外，也能够塑造社会结构。"大学文化作为一种高层次文化即精英文化而存在，其意义和价值较之社会一般文化之所以更为重大，就是因为大学之于社会的重要性决定了大学文化应该具有较社会文化更为自觉的建构性。大学文化的建构性不仅引出了大学文化的培育及其实践的问题，而且反映了大学文化参与办学治校育人的必要性及可行性。对大学文化特征的上述补充讨论，有利于我们更好、更全面地认识和把握大学文化。

（三）大学文化的意义与作用

关于文化的意义和价值，马修·阿诺德有过这样的描述："人类精神的理想在于不断地扩充自身、扩展能力、增长智慧，使自己变得更加美好。要实现这一理想，文化是不可或缺的帮手，这就是文化的真正价值。"韦伯指出："我们把那些从文化意义方面分析生活现象的学科称为'文化学科'。然而，一种文化现象的形式的意义及该意义的主要成分，不可能通过一套分析的术语来获得并使之容易理解——不管这套办法多么完美，因为文化事件的意义必须对这些事件预设价值定位。文化观念是一种价值观念。任何经验事实如果与价值发生了联系，那么其就是一种文化的反映。"大学文化的意义和作用就在于它反映了大学的价值追求并以此影响和决定了大学的办学治校育人，因此大学文化绝非一个空泛或抽象的概念，在大学的办学治校育人中大学文化具有操作的意义与作用。如果说大学文化的意义偏重对大学文化的理性认识，那么大学文化的作用则在于反映大学文化实践的价值，二者属于大学文化的知与行的相互关系、不可分割。根据笔者的研究成果，大学文化的意义和作用可从以下几方面加以讨论提炼。

1. 大学文化为大学办学奠定了不可或缺的大学理性

何为大学理性？即人们从文化的视角对大学及其价值进行全面深刻的认识和把握后，形成的对大学清醒的文化自知、高度的文化自觉、自强不息的文化自信、严于律己的文化自律。大学文化是不以人的意志为转移的一种客观存在，不论其优良与否，凡大学都有附着其身的文化存在。大学之所以经久不衰且成为人类社会最不可或缺、不可替代的组织，就在于大学一直以传承文化、创新文化满足着人们永恒的需要，并以文化影响维持和改善社会秩序，引领和推动着人类社会走上更高水平的文明进程。大学的生机活力源于其体内流动着文化的血液，离开文化，大学就不再有教育；离开文化，大学就不再有思想和学术；离开文化，大学就失去了生命的意义甚至生命力。

何为读大学之理性？大学有其独立于其他组织的属性规律，凡大学办学者必须先知大学之属性规律即形成大学之理性。不知大学为何物、没有大学之办学理念，如何办学？更休谈办好学！大学理性之首要即依据大学存在的意义和价值认识与把握大学的组织属性以获得有大学文化觉醒意义的文化自知。但这并不是大学文化理性的全部，还必须在文化自知的基础上形成有文化省思和文化建构意义的文化自觉，在既认同本土文化又正视其不足的基础上建立起以自强自立为主旋律的文化自信，以及加强在价值追求、组织行为等方面以文化自我要求和自我约束为基础的文化自律。文化自知是大学守持的基本属性，是大学按自身规律办学治校育人的思想基础；文化自觉是大学道德自觉、学术自觉、行动自觉的基础；文化自信是大学的立校之本和大学赖以生存发展的精神支柱；文化自律是学术自由、大学自治对大学提出的前提条件，是大学必须具备的组织修养，是大学理性的最高目标。大学理性绝非只是大学的外衣而是大学的灵魂，它使大学甘于寂寞且不受任何外部的侵扰，守持探索和传播学问的使命。大学文化的首要意义就在于对大学做出文化组织属性及其自身规律的正确判断，并借此建立大学必需的理性认识以影响大学的价值选择及其选择后的坚持。

2.大学文化是大学育人最不可或缺的教育要素

人的社会化过程其实就是文化移入、文化适应及文化习得的过程，归根结底就是文化影响的过程，由此表明文化具有育人的价值。正如《跨文化传播》作者所说：文化教给我们如何在特定的社会环境中生活，离开了文化我们将会是一群孤弱无助的两足动物，游荡在漫无际涯的天地之间。结合人类学及文化学关于“人是环境的产物”而“文化是人的生存环境”的研究结论，“人是文化的产物”的逻辑成立，“文化具有育人的价值”因此得证。其实，马克思的“社会存在决定社会意识”一说已经说明了人的存在不能脱离环境并极大受制于所处环境，揭示了凡人类存在及生活的环境必附着某种或多种文化，剥离了文化及其影响的社会环境根本不存在的事实。大学亦然，作为一种独特的文化存在，其最显著的特征就在于大学常常以文化的形态，即作为一种非强制性教育手段，通过教育环境的营造，以一种不知不觉的、潜移默化的、润物无声的情感陶冶、思想感化、价值认同、行为养成的潜课程方式参与大学教育的全过程，影响和实现教育的目标。大量的事实证明，大学生更多的是通过自己在所处的文化环境中积极主动的思维和感悟来学到东西的，大学文化的价值就在于把具有强制性特征的教育外化为虽带有教育意图却以学生自我教育的形式完成的大学环境，从而达到“入芝兰之室，久而不闻其香”的教育效果。老子曰：圣人处无为之事，行不言之教。大学文化就如“行不言之教”的“圣者”，为大学之不可替代、用劲最小且成效甚伟的教育力量。历史上英国大学注重素质教育对人的培养，德国大学注重科学研究对学者心灵的洗礼，美国大学注重青年人社会责任担当精神的养成，这都是受大学文化理性驱使的选择，上述人才培养目标的达成也是受大学文化的影响。关于大学文化的育人作用必须特别强调的是，大学既是年轻人追求真理的知识殿堂，亦是年轻人涵养信仰和精神的文化教堂，因此对年青一代施以崇真、向善、求美以及社会担当为要素的理想主义影响是大学不能放弃的责任。而唯有形成了浓郁的理想主义文化的大学才有资格且能自觉于使年青一代崇真、向善、求美，并具有一定的社会担当。一个理想主义文化衰微的大学，岂能培养出具有理想主义的社会精英?

3.大学文化是大学建立善治结构不可或缺的基础

改革开放40多年来，大学文化之所以能够以极具挑战性的概念进入大学及其治校者的视野并引起高度重视，就在于大学文化作为大学治理结构中不可或缺的要素使大学治理成为可能。大学的教育及学术属性和其规律决定了大学不是仅仅依靠行政权力进行管控以维持其运行的组织，其以学问探索和知识传播为属性特征及以学科专业为组织构架的逻辑特点，决定了大学更应该是一个具有共同目标认同、以效率优先为原则、注重整体长远利益和顶层设计、强调民主管理和依法治校的治理系统。事实上，为了改变大学传统、单向的管控模式，解决由于缺乏整体综合的顶层设计和制度安排，习惯于人治的急功近利、就事论事的碎片化管理导致的大学管理混乱、效率低下，以及管理不善和力不从心带来的诸多不确定性问题，必须从根本上实现治理体系现代化并提高治理能力。善治作为一种在以人为本的价值前提下，以效率目标为依据、以整体设计为逻辑、以民主管理为手段、以制度规范为保障建立起来的管理框架，与大学治理体系现代化的发展需要相吻合。善治不仅对大学特有的动态性、复杂性、多样性做出了积极的回应，也使大学有效避免了因组织管理不善导致的不确定性和不稳定性。大学文化在大学善治结构的建构过程中的基础性作用主要体现在两个方面：一是大学价值确定赋予了治校者决策和行动的必要理性，与此同时大学的共同价值理性赋予了大学成员使命感、历史感，以及主人感和责任感，从而使大学成员认识到自身角色的意义并努力履行好角色使命，担负好角色责任。大学价值认同有利于大学治校者及大学成员形成具有共同精神追求和目标认同的学术共同体，大学的善治因此就有了大学治校者及所有成员共享管理的思想基础。二是通过制度安排保证大学是一个既有学术自由又井然有序的组织整体，而非由“无政府主义”盛行的“乌合之众”组成。大学智力劳动的特点强调大学个体及其组织必须具有思想和工作上的独立性、灵活性等个性发展所需的权利和空间，但这并不意味着任何个人或学术单位可以无视大学作为一个有机整体的存在所必需的统一性。大学是由目标多样性、权力多元化等诸多要素交织在一起的高度复杂的组织，科学管理是处理大学组织复杂性的唯一选择，科学管理不仅需要有效处理大学内部行政权力与学术权力的关系、治校者及管理者与大学师生的权力关系等民主管理及共享管理问题，还要有效处理大学必要的效率问题，因为大学高层次人才培养及知识创新的使命决定了大学必须是一个强调效率优先的学术组织，否则大学的存在价值将大打折扣，也不能担负好促进社会进步、国家发展的责任。所以，大学的科学管理的另一端即大学的依法治校，亦即大学的制度治校，大学制度作为大学文化的一个重要组成部分对大学的决定性不容忽视。坦诚而言，普通大学与顶尖大学在人才培养质量和知识创新方面的差距虽然不能排除大学历史因素的影响，但在物质资源流动的规模和速度完全发生变化的今天，大学不再是时间的函数，大学制度的优与劣恐怕决定了大学的兴与衰、成与败。由于大学制度设计是受大学文化支配的结果，大学文化对大学制度安排的影响不仅无法避免，而且对制度设计的影响是具体的，即有什么样的大学文化就有什么样的大学制度，而大学制度又决定了大学的治理结构，因此大学制度是构成大学治理体系的基础。大学文化通过大学价值确定及大学制度设计对大学善治结构产生影响，从而使大学文化具有治校的现实可能性和操作意义。

大学的办学治校育人与大学文化的关系是彼此依赖且互相影响的，大学的办学治校育人活动本身就是对大学文化的营造，然而作为有近千年历史、已趋于高度成熟的组织，其行动和发展绝非无意识的自发结果，而是大学文化引领和文化创新导致的变化和进步。由于大学的组织属性决定了其本身是具有文化属性并受文化支配的存在，因此大学文化很大程度上决定了大学的行为选择及社会作为。对大学文化学理性问题的再认识的目的就在于由大学文化应有的理性来引领和推动大学的发展进步。

对高校校园文化思想的形成与发展予以总结提炼，是高校校园文化研究及文化建设循着理性方向提升的必要，其不仅为高校校园文化研究开创了一个新领域，更从高校校园文化思想的深处挖掘大学文化的价值以指导大学文化发展建设的实践。这就是高校校园文化思想研究的意义所在。

二、高校篮球教练员文化育人思想研究

高校篮球最基本的使命是育人和知识创新。认识和守持育人和知识创新的本质、价值和规律是大学基本的理性。二者相较，无疑育人占据首要地位，因此以育人为本或以生为本成为高校篮球的核心理念。解决了育人问题，大学的核心使命方能得到现实的践行。正是受上述大学理性的驱使，历史上英国大学重视通过素质教育培养有教养的人，德国大学注重科学研究对学者的训练，美国大学则注重受教育者社会责任和担当精神的养成。人才培养目标虽有不同，但这些大学利用文化育人的理念具有极大的相通性。正是人才培养的首要性，致使大学及其教育者在大学文化的营造中首先关注的就是高校篮球教练员文化育人的价值。我国高校篮球教练员的发展亦然，无论是校园体育文化还是人文素质教育都是大学文化育人思想的具体化和现实化。

（一）高校校园文化育人的学理性讨论

学校教育存在的理由在于大学生的素质改善、发展、提高不能完全依靠自发完成即自我实现，但学校教育能否产生预期效果不仅取决于教育者的外加影响，更取决于或最终取决于受教育者自身的内心接受，即外来教育的效果取决于受教育者内化过程的质量。高校校园文化正是通过优良文化环境形成或改善学校教育，使受教育者在一种特殊的文化环境中耳濡目染，从而实现自我教育。利用文化的影响达成教育目的，即“不教之教”，是教育的最高境界。高校校园文化育人的作用机制研究表明：高校校园文化育人作用的发生，在于其通过教育环境的营造，以一种不知不觉的、潜移默化的、润物无声的情感陶冶、思想感化、价值认同、行为养成的方式实现教育的目的并决定教育的质量。

在人才培养体系中有诸多要素，如培养目标、知识体系、培养模式、教学制度、施教者等，同时对受教育者施加各自的影响，并不同程度决定着教育的效果。但上述教育要素均属于外在的影响，虽然重要，但我们不能仅仅依靠带有强制性的制度使教师教得更努力、学生学得更刻苦，因此如何依靠师生已经建立起来的人生态度和价值追求唤起他们内心的自觉性，既是学校文化的责任所在，也是学校文化的作用所在。文化育人主要通过营造一种大音希声、大象无形的大学人文生态、文化氛围以及受此影响积淀而形成的思维模式、行为方式，使置身其间的师生在学府浓郁的学术文化气息熏陶中自觉志学，自律修身。如此，文化

育人的学理性清晰后，把高校篮球教练员育人文化纳入人才培养体系就顺理成章了。

文化育人的价值是由人才培养是大学的核心使命内在规定的，因此高校篮球教练员育人文化建构的核心价值亦在育人。回顾改革开放以来我国大学校园文化、人文素质教育的缘起和发展无不体现了文化育人思想的实践，人文素质教育的推行尤其如此。早在1995年9月，时任国家教委高教司司长周远清在全国高校加强大学生文化素质教育试点院校工作会议上的讲话中，特别指出加强文化素质教育有四个根据：一是切中当前社会“急功近利、重智轻德、重理轻文”的时弊；二是符合世界高等教育改革潮流，符合科学教育与人文教育交融的趋势；三是符合党的教育方针，有利于加强德育教育，促进学生全面发展；四是有利于教育思想、教育观念与人才培养模式的探索改革。由此可见，文化素质教育的启动本身就是在文化育人思想引领下的人才培养模式的改革探索。事实上，正是文化素质教育根本改变了我国高校过去“重理轻文”“重专业轻人文”的人才培养观念，从而推进了人才培养模式的改革和日益完善。人文素质教育之所以被大学及其师生所广泛接受并取得显著的成效，是因为它始终为文化育人思想所引领，并贯串在整个人才培养模式改革的过程中。

进入21世纪后，随着大学文化学者对大学文化育人功能的深入探讨，人们对文化育人功能及其重要性的认识亦不断深化。尤其是胡锦涛同志在清华大学百年校庆讲话中特别强调要“积极发挥文化育人作用”。上述关于文化育人的学理性讨论使我们获得如下结论：育人不仅是高校篮球教练员育人文化的基本作用，也是高校篮球教练员育人文化建设的逻辑起点。

（二）高校篮球教练员育人文化思想实践

文化育人有了其形成及存在的学理性支撑，文化育人思想的立足及其对高校篮球教练员育人文化实践的指导就有了合理、合法的理论基础。随之而来的问题是高校篮球教练员育人文化思想实践什么或如何实践，以及高校篮球教练员文化育人思想的意义和价值。

1.培养理性精神

培养理性精神，这是高校篮球教练员文化育人之首要目的。关于理性，梁漱溟先生有两个独特的观点：第一，“中国人理性开发得早”，但“说它开发得早，倒不是称扬颂美的话，而是确指其不合时宜”；第二，“人类所以能明白许多情理，由于理性；人类所以能明白许多物理，由于理智”。梁漱溟先生关于中国人理性早启的观点旨在把西方人擅长理智与我们注重理性加以区别，而并非我们真的比人家更为理性，因为他明确表示中国人的理性与“欧洲大陆的理性主义非一事”。就概念而言，理性是西方率先提出并具有普遍意义的一种关于如何做人继而决定如何做事的价值信仰，是关于“我究竟是一个有头脑、有理性的人，还是一个有欲望、有情感的人”，即“我是谁”以及“怎样的人更伟大”问题的回答。培养理性精神之所以重要，不仅在于理性精神是以真理追求为旨归、以责任担当为道德的价值信仰，还在于大学培养的人才未来大多会成为社会精英。唯有在理性精神的感召下他们才有可能形成并守持信念之真、内心之善、行为之美，具备“国家兴亡匹夫有责”“青年者我不作为谁作为”的理想信念与责任担当。由此高校篮球教练员育人文化中培养理性精神的意义就在于通过高校篮球教练员育人文化的濡染使青年人形成和持守一个知识分子必须永驻内心的崇真、向善、求美的理想主义和社会担当，以及无论何时都应该持有的“知其伪而守其真，知其恶而守其善，知其丑而守其美”的清醒和坚定。置培育理性精神于高校篮球教练员育人文化思想实践的首位，其目的不仅在于通过理性精神的培养使青年知识分子本身绝不堕落为人本主义代表性人物席勒所批评的“为了追求利禄的目的而读大学和从事学术”，“为了满足特定官职的任职条件并希冀官职所带来好处”，“为了改善其物质状况并求得些许虚荣”的“利禄之徒”，或是另一位人文主义的领军人物欧文·白璧德在其《白璧德与中国文化》一书中唾弃的“在估量事物的时候远离了事物的真实、内在价值，而是迷惑于外在的财富、权力和地位带来的利益”的“势利小人”，抑或北京大学钱理群教授严厉批评的“高智商、世俗、老到、善于表演、懂得配合，更善于利用体制达到自己目的”的“精致的利己主义者”，更在于使其以公共知识分子的理性精神去影响和改善理性精神正在逐渐衰微的社会。一个民族的伟大与否以及其未来光明与否很大程度上都取决于这个民族是否是自觉于理性的民族。

大学生是民族未来的希望，其理性精神的养成与否无疑决定着民族的未来。所以习近平总书记在2013年五四青年节与北京大学青年座谈时勉励大学生：“人生的扣子从一开始就要扣好，要勤学，下得苦功夫，求得真学问；要修德，加强道德修养，注重道德实践；要明辨，善于明辨是非，善于决断选择；要笃实，扎扎实实干事，踏踏实实做人。笔者以为，这就是对高校篮球教练员在文化育人中必须培养青年大学生理性精神提出的具体要求。传授大学生以专业知识，通过训练使其获得职业能力仅仅是大学教育责任的一部分，培养他们形成健康人格及有利于社会和人类文明进步的世界观、人生观、价值观及思维方式才是大学教育更为重要的目的所在。

2.营造学习化生态环境

营造和强化大学学习化生态环境，使热衷、努力探索真理和求知向学成为师生共同的生活方式，这是文化育人思想实践之二。何谓生活方式？即人类为满足正常生活需要在自然状态下自发的活动形式。中央电视台记者曾经向美国杰出球星科比·布莱恩特求证关于他常常凌晨4点就到球场练习投篮且每天投篮2000余次的传说是否真实，科比的回答平静而肯定。于是记者又问是什么力量让他这样坚持下来的，科比极为淡然地说："这是我的生活习惯。"事实上，一个好的生活习惯对一个人事业的成功或许比理想、毅力更重要。大学之学习化生态的营造，旨在让大学师生在无须任何外界压力的前提下把学习作为一种生活方式，成为他们生活中的习惯和自然。俄国心理学家巴甫洛夫说"人死于习惯"，那么反过来也可以说"人成就于好的习惯"。大学是以传播知识和发展科学为天职的教育及学术组织，高校篮球教练员育人文化能否营造使其成员敬畏科学、热爱科学、探索科学、忠诚于科学及安于学问的学术生态环境，关系着大学能否在物欲横流的社会诱惑下，放下一张宁静向学的书桌。

大学尤其需要为师生自觉且努力学习营造良好的生态环境以引导青年学生潜心于书卷、沉思于真理、发奋于学问，从而在大学里养成绝不虚度年华的习惯。一言概之，营造大学独有的学习化社会生态环境让师生把自觉于求知向学作为自己生命里的自然和习惯、生活的方式和必需，从而使学习有成效、研究有作为，这即高校篮球教练员育人文化、育人思想实践之重要所在。

3.培育大学理想主义氛围

培育大学理想主义氛围，此为文化育人思想实践目的之三。何谓大学理想主义？笔者的早期研究有心得如下：大学之理想主义即"大学理想的集合，是大学对客观世界、社会生活以及大学自身所持有的观念体系，亦是大学对自己的使命、责任、目标和操守所持有的一种既符合大学规律又有崇高要求的价值认定和信念追求。它不仅是人们寄予大学的一种美好祈望，更是大学之为大学必须固守、薪火相传并不受外界干扰的精神向往和文化灵魂"。文化作为生活环境的存在对人的影响是无法回避的，所以什么样的高校篮球教练员育人文化必然会培养出与该文化吻合的人，但卓绝大学必有其卓绝文化，因其不仅重视高校篮球教练员育人文化，更重视高校篮球教练员育人文化的营造以达成影响人才培养的目的。大学理想主义之崇真、向善、求美、务实（社会担当）的本质使大学理想主义处在大学文化的顶峰，由此决定了理想主义文化氛围对大学及其师生的影响不可替代。有理想主义的大学不仅是自觉于崇真、向善、求美和社会担当的组织，而且是自觉于以崇真、向善、求美及社会担当的文化去影响和塑造大学师生的组织。

“大学的理想主义是一种既追求科学本身又强调科学对人类对国家对社会负责的价值追求。这样一种理想主义要求大学不能放弃自己对社会进步、对国家前途必须负有的责任，更不能把自己的知识使命和国家的前途命运对立起来。”大学自觉于这样一种理想主义在人才培养活动中的文化营造，往往体现在大学培养的既“崇尚科学、追求真理”，又能担当国家和社会责任的知识分子的努力和行动中。如前所述，大学文化之要在育人。育追求真理、崇尚科学，对国家负责、对社会担当的决定国家未来的后继者，唯有让大学生在春风化雨般的大学理想主义文化氛围下受到不教之教的影响，而非用传统的空洞说教、严苛管制等教育方法。如果说营造大学的理想主义文化的目的是培养具有坚定科学信仰、高雅文化修养、高尚道德操守及高度责任担当精神的德才兼备的人才，那么“科学信仰使学生崇真，文化涵养使学生向善，道德教养使学生求美，社会责任使学生务实”，就是大学理想主义在人才培养过程中的文化灵魂和价值追求。

第三节　提升高校篮球教练员综合人文精神素养

高校篮球教练员的教育价值观主导着篮球训练发展的方向，他们既是教育理念的载体，也是推行体育人文精神教育的先锋，是培养大学生体育人文精神的先行者，因此，重塑大学体育人文精神，必须以提升高校篮球教练员的人文综合素养为前提，因为教师内涵、职业素养、业务素质都将直接关系着大学体育改革的成败。将教师的职业素养和体育实践中的道德修养作为评价的一项标准，能够给予优秀高校篮球教练员充分的肯定与鼓励，为他们的成长创造良好的条件，真正实现以体育人文精神为精髓的人本教育观。

一、提升高校篮球教练员素养，形成良好师生互动

现代人本教育观起源于现代西方一种重要的教育思潮——人本主义理论。现代人本教育观奉行的是“全人”教育。“全人”是真正全面发展的人，是具有主

体性并能够自己把握命运的人，与马克思倡导的自由、和谐、全面发展的人是一致的。

全人教育重视人的价值，尊重受教育者的主体地位与权利，倡导把课程的重点从教材转向个人，使运动员的学习与生活建立起直接的关系；它不再仅仅重视运动员的智力发展，而是以实现“人的能力的全域发展”为终极目标；它提出全新的师生关系理念，将运动员个人视为教育的中心。“全人”教育还要求教育者将知识作为一种文化内化于人的心灵，形成丰富的文化积淀和文化素养，形成一种人文的精神和品位。

由此，全人教育也是一种以人文精神为核心的高校篮球教练员教育。以人文精神为核心的人本教育观来提升高校篮球教练员的综合素养，要求他们在体育教育实践层面上着力做好以下三个方面：

第一，要充分尊重运动员的个性。运动员是独立的生命个体，运动员必然存在着差异。每个运动员都有自己的个性特征，而只有表现出独特个性的人，才可能成为真正的主体。因此，高校篮球教练员教育活动中对全域发展的关注，就是要关注运动员个性的发展。应该指出，个性是智力、能力、气质、人格等的综合体，因此，个性的健康发展会使运动员成为和谐的人、完整的人、全域发展的人。高校篮球教练员的教育实践活动的着重点应该放在运动员个性的健康发展上，要鼓励运动员积极、主动、大胆地表现与发展自己的个性。

第二，要建立和谐、民主的师生关系。作为一个充满情感、活力、个性的生命群体，运动员在人格上、地位上与教师是平等的。高校篮球教练员要以学生为中心，树立“一切为了学生，为了学生的一切”的理念。高校篮球教练员一是要对学生做全面的了解，对运动员的发展潜能充满信心；二是要充分尊重运动员的人格、权利、尊严和思维方式；三是要对学生宽容，尊重运动员之间的差异和宽容他们学习与生活过程中的失误；四是要努力形成一种和谐、民主的课堂心理氛围，使学生能意识到自身的存在；五是要鼓励和诱导学生独立思考，让他们懂得反省并学会总结自己的学习成效。

第三，要建构教师与运动员的“感情共同体”。大学时期正是青年学生生理、心理、思维各方面都不断完善的时期。他们心理敏感，不能承受哪怕是一点轻微的伤害；他们自尊心极强，特别需要一种平等、坦诚的交流；他们争强好胜，非常重视自己是否被他人认可。只有在教师与运动员之间形成一种相互尊重的和谐关系，才能实现高校篮球教练员与运动员之间良性的互动，才能真正实现教学目标。教育实践表明，高校篮球教练员只要能诚心地担当起对学生的一份责任，只要能对运动员有一份发自内心深处的爱，就能与运动员形成“感情共同体”。一方面，高校篮球教练员的教学过程伴随着对运动员人格的塑造，高校篮球教练员会从运动员人格的成熟与知识的增进中感受成功，体验快乐，并转化为一种内在的成就感；另一方面，运动员会从高校篮球教练员的言传身教中得到知识上的引导、情感上的共鸣以及心灵上的感应，使运动员在增长知识的过程中，愉快地度过大学这一美好人生的特殊时期，为适应社会打下知识与人格基础。一位具有丰富知识内涵和人格魅力的高校篮球教练员，在大学生人生道路上充当了指路的明灯，是运动员学习的榜样，也为加强高校篮球教练员人文精神的培养起了关键性的作用。

二、培养高校篮球教练员体育人文精神的原则

高校篮球教练员的人文精神生成是一个历史的过程，它既是历史积淀的结果，又在历史发展中不断提升。在当今社会政治、经济、文化条件下，各类思潮涌动，诸种诱惑滋生，这一切都深刻地影响着高校篮球教练员人文精神的生成机制，也凸显出重塑高校篮球教练员人文精神的意义。因此，对高校篮球教练员人文精神的提炼、锻造和培养应遵循以下几个原则。

（一）坚持继承性与创新性相统一原则

文化总是一种历史的生成物，没有历史根基的文化，只能是没有历史感的浅薄的文化。高校篮球教练员的价值就在于对体育文化的传承、文化的启蒙、文化的创新。著名教育家杨叔子也认为，大学不仅仅要选择文化、继承文化、传递文化，还要创造文化、发展文化。

作为高校篮球教练员文化核心的体育人文精神，应该遵循继承性原则，即运动员要从中国乃至世界历史文化宝库中汲取一切体育积极因素，使之形成高校篮球教练员人文精神的厚重底蕴，在高校篮球教练员实践中给运动员强调体育人文精神的育人功能；要从中外大学办学历程中探寻运动员生存的终极意义，重塑高校篮球教练员人文精神的独特品质，实现高校篮球教练员人文精神的价值理想。与此同时，培养高校篮球教练员人文精神还应秉持创新性原则。高校篮球教练员要树立文化启蒙观念，磨炼自身顽强拼搏意志，增强人文关怀自觉意识，积极关注社会现实、参与社会体育实践，正确把握高等教育体育事业发展的最新动态，

了解新时期高校篮球教练员在育人、服务以及自身发展过程中出现的新问题，给当代高校篮球教练员人文精神注入创新的源头活水。

（二）坚持时代性与先进性相统一原则

高校篮球教练员人文精神的时代性即大学体育要从时代文化精神中提取、创新大学精神文化，要随着时代发展向学生充分展现高校篮球教练员人文精神新的内涵与思想。和谐社会建设是我国的主要任务之一，和谐大学体育文化成为大学文化与社会文化的主旋律，因此，和谐体育文化必然是高校篮球教练员人文精神重塑的重要内容。

培养高校篮球教练员人文精神要求他们要有对和谐社会的坚定信念，有天下为公、奉献社会、服务人类的精神品质。同时，还要遵循先进性原则。高校篮球教练员人文精神在大学体育文化精神中处于最高的层次，先进性是体现体育文化建设的必然要求。为了使高校篮球教练员人文精神保持先进性，一方面要在马克思主义理论指导下，遵循高校篮球教练员精神文化的建设规律与发展规律，顺应时代发展的潮流，使高校篮球教练员人文精神的重塑凸显出促进人的全面发展这一大学体育精神文化建设的终极目标；另一方面要立足于大学的实际，通过对大学历史背景、体育文化资源的挖掘整理，不断增强运动员的体育文化底蕴，提高高校篮球教练员精神文化的品位。

（三）坚持层次性与广泛性相统一原则

受地理环境、社会环境、历史背景、个人成长环境以及其他个体因素等方面的影响，每个人在人文素质上所表现的面貌存在事实上的差异。针对这一现实，培养高校篮球教练员人文精神也应区分不同的层次。体育人文精神要求的层次性主要表现为以下两方面。

1.精神层次的划分问题

制定道德规范必须在联系现实的基础上具有适度的理想性。由此，我们既要考虑较低层次，又要考虑较高层次的精神需要，这样不仅能体现先进性与广泛性，还能提升体育人文精神的可操作性。体育人文精神层次由低到高体现为：一是利己不损人层次。这是单纯的为己利己的自利行为，相当于底线伦理，其一端连着法规，几乎等于法规的内容。二是利己又利人层次。是为己利人或利己利人的互利行为。三是损己利人层次。为了利人，为了他人、集体、社会利益，甘愿牺牲自己利益，无私奉献。

2.对不同主体的道德要求问题，即对不同主体有着不同层次的道德要求

首先，从政治面貌来看，共产党员或共青团员理所应当坚信并努力去践履较高和更高层次的道德原则，这既是与共产主义事业相联系的理想，又是共产党员、共青团员要承担的社会责任。其次，从职称或职务来看，一般来说，行政管理人员、科研管理人员、教学管理人员、教授体育教练员、教授体育教师、优秀大学生运动员在全校，乃至更大社会范围内都起着榜样和示范的作用，在社会、公众面前代表了大学体育事业、国家形象和精神风貌，因此，他们也应履行较高层次乃至更高层次的道德行为。最后，对于体育人文素养较差的运动员，可以从较低道德行为要求做起，并适时对他们提出较高的道德要求，使他们向较高道德层次过渡。

（四）坚持共性与个性相统一原则

人文精神的培养要求高校篮球教练员在克服功利主义与个人主义的过程中，继承、弘扬大学共同体经过长期历史积淀而形成的优秀的精神文化，这些大学共有的优秀精神文化凝集了一代代大学人对人类命运思考的结果，承载了大学人美好的希望，记录了大学人的团结进取的光辉历程。

概括起来，高校篮球教练员人文精神应具有以下共性：第一，高校篮球教练员要充分强调把最基本、最普遍的体育知识传授于人，重视受教育者心、智、体的开发；第二，高校篮球教练员要尊重大学体育学术的独立和自由，让大学成为传播主流的人生观与价值观及创造先进体育文化的场所，让大学生成为先进、健康的生活方式的倡导者和传播者；第三，高校篮球教练员要强化自身的文化批判精神和文化创新精神，回归大学体育的本质。

总之，高校篮球教练员人文精神反对对高校篮球教练员理想的消解，崇尚拓展人类知识边界、实现人的全面发展这一高校篮球教练员所共有的价值目标。同时，高校篮球教练员人文精神的培养还需要注重大学独特性精神的塑造。教练员应当从大学的历史传统、学科特点中提炼大学文化精髓，使大学精神文化更具个性化特征，让在这种精神文化浸染下的教练员具有独特的人格和气质。高校篮球教练员精神文化个性品格的形成要求大学立足于自身学校的治学风格、学术思想与学术传统，努力形成一种视野开阔、博大精深、兼收并蓄、富有综合创新能力的个性品质，使学生的理论素养、知识结构、锻炼方式、思维模式既能适应独立

思考，又具有开放与包容的特征。

（五）坚持导向的一元性原则

导向的一元性原则是指高校篮球教练员人文精神培养中价值导向的一致性和明确化。高校篮球教练员人文精神的价值导向，是指高校篮球教练员为实现一定社会发展目的，所形成的总的指导思想和价值指向，它常常体现为高校篮球教练员发展的方向性原则。这是由于高校篮球教练员作为整体运行系统的一部分，总是需要建立和维持一定的秩序，以形成一定的社会共同体。这就需要对高校篮球教练员内在的各种具体的价值观念和行为取向进行必要整合，用一元的价值导向使其达成共识和一致。

然而，对于具体的利益主体来说，其各有自己特殊的需要和利益，以及不同的价值观念和价值目标。一般情况下，社会发展水平越高，人们的价值追求就越多样化，价值目标也越多元化。高校篮球教练员作为实践中的人也存在这种多元化的价值取向，标准的多样性使人们建构自己的行为标准时有更高的自由度。与高校篮球教练员总体价值导向的整体性、根本性和长远性相比，具体主体的价值取向具有分散性、功利性、随机性的特点。现实中，人们的价值取向容易偏离大学体育的发展趋势和要求，这就需要一定的价值导向来规范它，使人们将自己的价值和行为取向与高校篮球教练员发展的价值导向协调一致。

高校篮球教练员人文精神培养的具体实践中，一元化的价值导向常常落实为那些最基本的道德规范，这些具体的道德规范来约束着人们的行为活动。因为一致的道德环境是人们道德社会化以及舆论发生谴责和鼓励作用的前提。当提倡的标准缺乏一致时，人们就会感到难以确定自己该采纳什么样的价值标准。高校篮球教练员只有具备相对一致的价值观和统一的行为规范，人们在进行道德判断和选择时才不至于产生模糊和困惑。因此，与高校篮球教练员人文精神培养价值导向一元性相一致，我们还应建立一套统一的、可供操作实施的道德标准。

（六）坚持思想性与实效性相统一原则

作为大学人文精神存在的反映，高校篮球教练员人文精神应当具有深刻的思想性，以保证大学对社会现实做出深入的理性思考。高校篮球教练员人文精神的这种思想性，一方面表现为高校篮球教练员人文精神的培养必须以社会主义核心价值体系为指导，这是体育人文精神培养保持正确方向的前提；另一方面表现为大学对其主体价值的坚守，即高校篮球教练员要与社会的喧嚣保持一定的距离，以知识分子悲天悯人的情怀，保持对大学教育本质的追问，保持对人类终极问题的关注，重视担当对社会的长远责任，真正“烛照社会之方向”。

高校篮球教练员人文精神培养的实效性原则要求教练员要通过构建覆盖篮球训练课堂教学、课外活动和社会实践的人文精神和科学精神教育体系，不断提升高校篮球教练员的人格、气质、修养等内在品质，引导高校篮球教练员正确处理人与自然、人与社会、人与人之间的关系，最终使高校篮球教练员形成人文关怀的精神品质；同时，大学也要重视重塑高校篮球教练员人文精神各要素之间的关系，要在人文关怀、团结互助、顽强拼搏等理念的指导下，真正实现办学精神、办学理念、办学传统、办学特色、办学指导思想等高校篮球教练员人文精神要素之间的良好互动。

第四节 中美职业篮球联赛教练员与运动员文化素养剖析

对教练员进行文化剖析是对文化内部结构的解析和呈现。不同的研究角度对文化的层面及内部结构有不同的认识。目前在对教练员文化的不同理解中，从文化的内部构成来理解文化的代表性观点是“精神—器物—制度三分法”。这种观点认为，举凡超越人类动物本性的有意识的作用于自然界和社会的一切活动及其成果，均属于文化之范畴，它的横截面有三个同心圆，即文化系统的三个层面，不是机械的组合，而是一个相互制约、相互渗透的运动着的整体。按照文化的这一划分依据，我们将文化分为文化的器物或物质层面、行为制度层面以及精神层面，即学术界较为流行的器物文化、制度文化以及精神文化。

器物文化指的是人类文化的物化形态，包括人的物质性活动及其成果。器物文化是蕴含在人类物质生活中的文化，即服饰、烹饪、器皿、建筑等，这实际上是人类运用物质满足各种需要的形态。

制度文化是指社会生活的制度、体制、规则程序等方面的现实特征，是人借助物质体现的文化，礼仪、风俗、艺术、宗教、法律、制度等都属于这一类。制度是为确定人们的相互关系而人为设定的一种行为规范，这些规范涉及社会、政治及经济行为。制度可以是正规的，如法律、法规、规章等，也可以是非正规的，如习俗、惯例、做法等。制度的主要作用是通过建立一个稳定的结构来减少不确定性，使人与人之间的合作成为可能，实现人们共同利益的最大化。制度是一种行为规范，一项新的制度的制定也就是利益的重新分配的过程，即规定人有所为和有所不为。制度与行为是密切相关的，人们在研究制度时，相应的行为是不能被忽视的。因此，文化的制度层面又被称为文化的行为制度层面。

精神文化则是指人类文化的精神形态，包括人的全部精神生活领域——知识和经验、思想和观念、意志和情感等意识活动的方式和内容特征。精神层面处在文化层面的最底层，是文化的核心所在，指底层文化伦理观念、思想方法和哲学精神等，实际上包括了人对待人与人、人与自然的态度，决定了器物文化和行为制度文化层面。

文化的三个层面形成了一个庞大而严密的体系。在人类的文化创新活动中，表层是最易发生变动的，因为它与人们的日常生活、与社会的物质条件关系最为密切。生产力和生产方式一经变革，人们的衣食住行就要随之变化。中层文化的创新速度仅次于表层，随着时代的变迁、民族文化交融的加深，礼仪、风俗、艺术、宗教、法律、制度等也相应地发生演变。而最底层的精神文化层面则是最为稳定的，因为它是哲学伦理和价值观念的体现。在文化的三个层面中，精神层面是核心层面，而价值观又是精神层面的灵魂，在不同的文化背景里产生的文化，价值观自然也是不同的。价值观又是行为规范的核心，而行为规范是价值观的外在表现。因此决定人类行为的不是文化的器物层面和制度层面，而是其精神层面，是精神层面里的价值观念。

一、中美职业篮球联赛教练员与运动员文化的精神层面解读

中美职业篮球联赛的实体联盟是相似的，因此其层面划分和概念的界定是一致的。中美职业篮球联赛教练员与运动员文化的精神层面可以理解为有利于中美职业篮球联赛文化发展的最深层核心意识形态，主要表现在发展观念和指导思想等方面。

（一）宏观发展理念解读

1.行政化的中国职业篮球联赛教练员与运动员文化解读

中国职业篮球联赛的主要管理部门是国家体育总局篮球管理中心，该部门具有鲜明的行政色彩。行政部门的参与导致联赛本身的发展理念更倾向行政任务，而联赛本身是一种市场行为。例如2006—2007赛季的联赛手册的前言提道：

“为做好2006—2007年中国男子篮球职业联赛各项组织工作，我们坚持服务备战、深化改革、协调发展的联赛主题，以国际化、职业化、规范化为宗旨……促进联赛健康、稳定、有序、高质量的发展。”联赛的首要主题是“服务备战”，即服务于2008年中国男篮的奥运会比赛。联赛本身是服务于国家队的。联赛与国家比赛相比是个体与集体的关系，体现了中国传统文化观念中个人服从集体的传统价值观。同时，其发展宗旨中提到“国际化、职业化、规范化”，表达了管理人的发展理念。事实上联赛的发展必须先规范化，才能实现职业化，实现了职业化才能真正地走向国际化，职业化是从规范化做起的。目前我国CBA联赛规范化还需要进一步提高。比如篮球管理中心多次提出联赛要服务于媒体、球迷和赞助商，尽管已经制定了相关的文字规定，但具体实施上却差强人意。有关记者反映，赛场视线不好，位置不佳，甚至还有些没有设置记者席，还存在场馆对记者证产生怀疑而发生冲突等现象发生等。

围绕当前我国职业篮球俱乐部产权问题的争论已是老生常谈，产权理论认为，产权的明确极为重要，不论资源配置及作为其基础的初始产权配置状态如何，只要产权明晰，市场竞争、自由交换会重新配置权利，从而使配置效率提高。各类级别的赞助企业和商家参与到联赛中来，本身是为了获取更多的商业利润，如果投资多回报少，必然造成赞助商的消极性。篮球管理中心、赞助商家以及俱乐部三家的产权利益关系是当前联赛发展的问题之一。

2.市场化的美国职业篮球联赛文化

美国是一个老牌的资本主义国家，市场经济是其主要的经济模式。美国职业篮球联赛正是在20世纪40年代产生于这样一个经济模式下，经过多年的发展和完善，现在已经形成了较为成熟的商业运作机制。俱乐部的股东拥有俱乐部的产权，并与联盟达成发展观念、利益以及义务的一致性。完全追求利润的最大化成为他们的主要发展观念，在这一观念带动下，大众娱乐和竞技水平也相应地得到了提高和加强，从而实现了商业利润、娱乐、竞技水平的协调发展。同时，美国政府在其联赛的发展过程中所扮演的是宏观调控的角色，并给予积极的帮助和支持。例如，电视转播权的出售问题。包括美国职业篮球联赛在内的美国职业联赛的电视转播权是美国职业体育的主要收入来源之一。目前，美国各大职业体育项目都是由职业联盟集体与电视网进行电视转播交易。因为每支球队都坚持各自对球赛的权利，而如果每支球队单独与电视网进行谈判的话，就会出现因球队的差异性而导致的电视转播收入上的巨大差距。因此，以联盟的形式与电视网谈判并达成协议是最佳方案。通常而言，美国反垄断法禁止此类行为的发生。在这样的背景下，1961年，美国国会批准了职业体育联盟在这个问题上享受“反垄断豁免”，这就保证了职业体育联盟的整体利益。完全的市场行为模式使联赛按照市场的发展规律飞速发展。经过近80年的发展历程，美国职业篮球联赛已经成为全美乃至全球成功的职业体育联盟之一。

中美职业篮球联赛发展理念上的差异性，导致了二者的经营模式不同。国情以及职业竞技体育制度的差异性，使得政府在两个联盟中扮演的角色不同，是二者发展理念存在差异性的原因所在。

（二）关于篮球运动价值认识的解读

随着篮球运动的发展，篮球运动的功能和价值也在不断丰富，比如篮球运动的政治价值、经济价值、文化价值等得以衍生。但是，篮球运动的娱乐健身价值和人文教育价值才是其最根本的价值所在，其他的价值是由此而衍生出来的。比如经济价值是因为其娱乐健身性得到了商业开发而产生的；文化价值则是因为其具备了娱乐健身、人文教育以及政治、经济等社会价值而产生的。因此，发展篮球运动必须要先认识到篮球运动的本质及其原本价值所在，并以篮球运动的游戏本质和娱乐健身价值作为出发点，否则就会导致人们篮球运动发展理念上的歪曲，甚至进入误区。中美职业篮球联赛文化在实体形式上都是篮球运动，二者都是以篮球运动为中心得以创建和发展起来的体育联盟。因此，对篮球运动价值的认识将直接影响二者的发展理念。中国职业篮球联赛文化与美国职业篮球联赛文化的首要差别就表现在对篮球运动价值的认识上。

1.对篮球运动娱乐价值的解读

篮球在本质上是一项游戏，作为一项游戏，其最原始功能和价值在于其娱乐性和健身性。无论世界篮球运动如何演变，篮球运动的本质不会变，篮球运动的娱乐健身功能和价值不会变。因此，人们对篮球运动进行任何改革和发展，都不能忽略这一本质，否则会造成篮球运动的畸形发展。篮球运动产生于美国，美国民众始终把篮球运动当作一项游戏，在游戏的过程中追求娱乐和健身。美国职业篮球联赛的创建和发展将篮球运动的娱乐价值推向了新的高度。由于追求门票收入和商业价值，美国职业篮球联赛经营者除了不断提高竞技水平外，在比赛的娱乐性方面也煞费苦心，通过多种方式和手段进行包装和宣传。比如每个赛季的总决赛、全明星赛等，除了比赛本身以外，他们还会邀请娱乐界的众多明星来烘托捧场，增加丰富多彩的娱乐活动，特别是全明星比赛俨然成了美国人民不可或缺的娱乐大餐，极大地增强了现场的娱乐氛围和观赏性。我国职业篮球联赛创建至今，工作的中心主要放在提高篮球竞技水平上，对篮球的娱乐价值以及由此产生的市场价值重视不足。尽管在近十年的发展历程中，我们也借鉴美国职业篮球联赛的形式，逐步地完善了全明星赛，丰富了比赛间隙的娱乐活动，增加了整个联赛的娱乐性和观赏性，但中国职业篮球联赛的发展宗旨使得其还不可能完全走向美国职业篮球联赛式的娱乐化、产业化的发展道路。与美国职业篮球联赛文化相比，中国职业篮球联赛对于篮球运动的娱乐价值认识还不足，开发还不够。

2.对篮球运动人文教育价值的解读

篮球运动起源于学校，最初是一项学校体育游戏。学校体育的主要功能是教育。因此，篮球运动天生就具有人文教育的价值功能。在整个篮球运动发展过程中，这一价值功能得到更大的发挥和扩展，不仅是学校篮球运动具有这样的价值功能，大众篮球运动、职业篮球运动也具备了人文教育价值功能。人文教育价值已经成为篮球运动的泛化价值。随着篮球运动的发展，篮球运动的经济、政治价值功能的衍生是一种必然的趋势，但在追求经济和政治功能价值的同时，我们要以篮球运动的娱乐健身价值为出发点，同时不能忽视篮球运动的人文教育价值功能。

我国在篮球运动发展过程中，对篮球运动的人文教育价值有所忽略。比如，当前我国竞技篮球运动后备人才的选拔和培养模式，是为了培养竞技体育后备人才而创建的，这种模式忽视了篮球运动的人文教育价值以及“以人为本”的发展观念。过于追求篮球运动竞技水平的提高，必然会增加运动员们的训练和比赛时间，运动员们的文化教育不足。一方面造成运动员们发展的单一性，给运动员毕业后的再就业造成了极大的困难和障碍，从各级体校、专业队退役的大量运动员面临着就业问题。另一方面，缺少文化教育的运动员，其运动成绩的提高也受到限制。篮球运动本身是一项综合运动，对身体素质和技术要求高，运动员心智水平更是不容忽视的一个方面。我国著名学者田麦久教授就曾提到，影响竞技水平提高的因素包括体能、技术、战术、心理、智力。其中，心理和智力水平的提高都是与文化教育密不可分的，并对运动成绩的提高起着重要作用。因此，建设中国职业篮球联赛文化，应首先明确篮球运动的本质及其人文教育价值，才能更好地推动中国职业篮球联赛文化的发展。

篮球运动的人文教育价值在美国职业篮球联赛文化中体现得较为明显一些。

比如，美国职业篮球联赛球员绝大部分都是大学生球员，其对运动员的教育水平提出了较高和较为严格的要求，保证了运动员的全面发展，体现了“以人为本”的发展观念。篮球运动作为一项体育游戏，除了能娱乐身心以外，还能培养人的积极向上、顽强拼搏的精神。这在美国职业篮球联赛的众多黑人球员中体现得尤为充分。黑人的生存与发展一直是美国的社会问题之一，由此而引发的种族冲突问题、社会暴力犯罪问题等屡见不鲜。在美国职业篮球联赛众多球星中，很多人在成名之前家境都十分贫寒，并且深受美国底层社会不良风气的影响。美国职业篮球联赛中众多黑人球星在小时候是因为避免犯罪、暴力、冲突甚至贫穷等问题而从事篮球运动的。同时，由于篮球运动极强的娱乐性，篮球也深受他们的喜爱和欢迎。从小时候的街头篮球，到系统的学校篮球，再到专业化的职业篮球联赛，篮球运动使他们沿着一个良好的人生轨迹发展前行。事实上，篮球运动对他们的人生起了一定的规范、梳理和净化的作用。

中美职业篮球联赛文化在篮球运动人文教育价值认识上的差异性，导致了篮球运动在两国的发展过程中种种制度和行为模式上的差异，比如运动员的培养和选拔制度等。因此，无论是中国职业篮球联赛文化，还是美国职业篮球联赛文化，都不能忽略篮球运动的人文教育价值。

3.对篮球运动经济价值的解读

无论是中国职业篮球联赛文化，还是美国职业篮球联赛文化，都是篮球运动发展到一定阶段的产物，是篮球运动在新的社会环境下的新的表现形式。其中，职业篮球运动的经济价值体现得则更为鲜明一些。

美国职业篮球联赛产生于“二战”后，此时的美国社会政治环境稳定、经济势头在不断上升发展，为包括美国职业篮球联赛在内的诸多职业体育联盟的产生提供了良好的发展大环境。美国职业篮球联赛也正是在这样一种背景环境中得以产生和发展壮大的。同时，由于美国是较为典型的资本主义社会，市场经济的发展模式为其联赛市场发展提供了良好的发展平台，因此，美国职业篮球联赛发展至今已经较为成熟和完善，篮球运动的经济价值体现得淋漓尽致，巨大的商业价值和利润已经成为全世界诸多商家合作的伙伴。同时其高超的竞技水平，也使得美国成为各国优秀篮球运动员梦寐以求的篮球圣殿。如今美国职业篮球联赛已经成为美国四大职业体育联盟之一，成为美国职业体育产业的重要支柱，巨大的利润和收益产生了良好的社会效应，篮球运动的经济价值得到了全面充分的开发和体现。同时，美国职业篮球联赛并没有将提高竞技水平这一发展观念放在一个特别突出的位置，但由于篮球运动的娱乐价值和经济价值，竞技水平的提高符合一个水涨船高的发展态势。因此，美国职业篮球联赛的竞技水平仍是世界最高的。

中国职业篮球联赛发展至今只有20多年的时间。在这20多年的发展过程中，其基本上围绕提高竞技水平、加速产业化两个方面发展。但从近年的发展来看，竞技水平的提高效果并不明显，产业化、市场化的进程也没有从根本上得以转变，篮球运动的经济价值并没有得到很好的开发。目前，中国职业篮球联赛在市场运作行为方面与美国职业篮球联赛（NBA）相比，仍然存在较大差距。这与中国职业篮球联赛文化的发展理念是分不开的。中国职业篮球联赛将竞技水平的提高放在首要位置，并把联赛本身作为提高国家队竞技水平的一个平台和工具，但效果甚微。尤纳斯对中国职业篮球联赛的"九问"，一定程度上暴露出了联赛发展中的不足和缺陷，竞技水平并没有像期望中的那样得以提高，国家队在世界上的排名仍没有得到根本的提升。这就直接导致了人们对篮球运动的娱乐价值和人文教育价值的忽视，而篮球运动的经济价值是其娱乐价值衍生而来的，因此进一步导致了其经济价值的缺失。这是我国职业篮球联赛市场化进程缓慢的原因之一。与之相比，美国职业篮球联赛文化则更注重篮球运动的娱乐健身性和人文教育价值。正是因为人们认识到篮球运动的娱乐价值才使得篮球运动的经济价值得以开发。

二、中美职业篮球教练员与运动员文化物质层面解读

中美职业篮球联赛教练员与运动员文化中的物质层面是指二者文化中直接被感知的具体实物形态的总和。物质层面是教练员与运动员文化的最外层面，是文化的表现层面和基础层面。因此，教练员与运动员文化的物质层面是文化的基本保障。中美职业篮球联赛教练员与运动员文化中的物质层面是二者得以生存和发展的基础保障，是职业篮球开展的最基本的保障，也是篮球竞赛得以进行所必须依赖的最基本的物质条件，如篮球场馆、环境设施，以及球队名称、标志物等具有文化象征意义的物品。美国职业篮球联赛具有强大的造血功能，它通过出卖电视转播费、销售门票、开发商品、公司赞助等，每年的盈利在20多亿美元左右。而中国职业篮球联赛目前主要靠推广商和赞助商，自身的造血功能并不强。因此，中美职业篮球联赛物质层面上还存在较大差距。下面从以下几方面进行解读与比较。

（一）关于设备设施与环境文化的解读

1.场馆情况分析

职业篮球联赛的设备设施和环境是以篮球场馆为主体的，而篮球场馆则涉及联赛服务质量的较多方面。场馆因素包括诸如体育场的新旧度、体育场通路、体育场的美学、座位的舒适感和体育场的清洁情况等变量。根据体育营销学理论，体育场（馆）因素是影响球迷到现场观看比赛的一个很重要的方面。一项研究发现，以上这些因素都和比赛出席率成正相关，体育迷对体育场的赞许度越高，出席率就会越高。篮网队总裁说："电视收入数额基本固定，但主场经营则有很大提高潜力。如果沿用旧球馆，球队将继续亏损，而建新球馆，将从根本上扭转赤字。"1999—2000赛季，美国职业篮球联赛中有6支球队新建了篮球比赛馆，这6支球队当年的利润比使用旧球馆时增加了一倍。可以这么说，球馆成了影响各俱乐部经营开发的主要因素。

目前中国职业篮球联赛各场馆容量平均只有约4500人，而美国职业篮球联赛的场馆平均容量则为27000人，多的达到了40000人，远远多于中国职业篮球联赛的场馆容量。场馆容量小一方面反映了篮球市场的消费状况不够景气，许多场馆的上座率都不是很好，例如杭州黄龙体育场馆，球队成绩不理想以及球馆的大容量，导致上座率不容乐观；另一方面反映了管理者、经营者对篮球服务质量不够重视，例如江苏南钢体育馆，由于近几个赛季球队战绩较好，因此观看比赛的人较多，甚至出现座席不够的现象。场馆的容量大小不一，上座率也差别较大，这反过来影响了篮球市场的消费和经营。

2.交通情况

体育场馆是大型集会场所，体育赛事的举办必然会在短时间内聚集较多的观众。因此，场馆的建造要考虑到交通的便利和通畅。如机动车辆的存放问题、场馆周围的路况问题等。目前我国职业篮球联赛的场馆的地理位置也有所不同。一些处在城市中，一些处在郊区。比赛场馆周围的交通应该是比较通畅和方便的，如果交通不便或交通比较拥挤甚至堵塞，势必会影响消费者的观看动机。处在城市中心的，尽管交通较为便利，但容易造成交通拥挤和堵塞问题。上万人的大型集会，在开赛前后都会造成一定程度上的拥挤和堵塞，这也会影响消费者的消费动机。而处在城市郊区的，可能会出现交通不便利、公交车少等问题。场馆建设要多注重交通的便利性，公交车、出租车等主要的交通工具都应该为此提供较为便利以及通畅的交通路线。因此，场馆的建立要充分考虑交通便利的因素。

3.座位布局情况

随着我国职业篮球联赛影响面的逐步扩大、消费市场的逐步成熟，不同层次的消费者开始出现，特别是一些较高收入的消费阶层逐渐增多。像美国职业篮球联赛一样，在赛场的观众席上，包厢也开始出现和增多，目前部分中国职业篮球俱乐部场馆中已经设立包厢，这在一定程度上满足了部分高消费阶层的消费需要，也反映了我国篮球市场在逐步走向成熟和完善。但也必须看到，仍有部分场馆由于各方面原因，没有设立包厢，甚至还存在主席台。主席台这一座区一般情况下都处在整个场馆最好位置。在大力推进联赛市场化的今天，主席台的设立已经不适应市场经济的发展趋势，有待于进一步改善。在美国职业篮球联赛的场馆中，一般是按照价位来区分的，门票价格高的一般都在方便观看、较好的区域，反之，则在相对较远的区域。并且在美国职业篮球的场馆中没有设立主席台这一特殊区域。即使各行业知名人士现场观看球赛时，也只是处在较好的位置，并没有任何的主席台区域。另外，在记者席的设立方面，中国职业篮球联赛也存在一些不足之处，只有少数场馆设有专门的记者席，相应的条件设施也不健全。而美国职业篮球联赛则有专门的记者席位，并充分考虑到了记者的种种拍摄和转播需求，更为科学合理。

4.灯光情况

灯光的明亮和色调程度不仅直接影响比赛本身的赛场效果，还影响观众的观看效果和赛场氛围。目前中国职业篮球联赛的部分场馆中，灯光效果不是很好，散光、投影现象较为普遍，甚至较为昏暗。联赛本身是一种消费和生产同时进行的特殊观赏型体育产品，灯光是该产品尤为重要的一个因素，无论比赛在白天还是在晚上进行，灯光都直接影响着比赛的效果，因为篮球比赛是以最终的投篮命中得分来定胜负的，因此灯光效果就显得格外重要。另外，灯光也影响着观众的观看效果。昏暗的灯光对于观看比赛的消费者必然产生不好的消费印象和消费体验，从而影响篮球竞赛的推广和销售。观众观看比赛的过程也是消费者在进行消费的过程，因此对于部分相对陈旧的场馆，灯光问题仍有待于进一步解决完善。另外，灯光的色调过于单一，基本上都是白炽灯。联赛本身是一种表演业，要针对场上的不同内容安装不同色调的灯光。例如美国职业篮球联赛在进行全明星赛时，队员出场时只有一束较为明亮的光束投向明星球员，而其他灯光都是关闭的，这就较好地突出了明星的出场效果。而当比赛间隙进行节目表演时，又使用了多种色调灯光，色彩斑斓，感染力强，突出了全明星赛的娱乐性和观赏性，很好地满足了观众的消费需求。与之相比，中国职业篮球联赛在灯光方面的安装和使用还有很多不足之处。

5.电视转播画面情况

职业篮球联赛是一种竞赛表演业，是一种特殊的体育产品，既然是体育产品就要推向市场面向消费者。随着中国职业篮球联赛竞技水平的不断提高，观众也在逐渐增多，但由于观众的经济收入所导致的消费水平上的层次差异，以及地域的原因，只有少数观众到现场观看比赛，绝大部分的观众只能通过电视或网络来收看。电视或网络已经成为当今大众消费者最为普遍、最主要的赛事消费工具，而赛事转播质量除了媒体本身的传输信号等因素外，现场的电视转播工作和摄影角度、技术就显得格外关键。

笔者通过自身的观看体验和对部分观众的访谈了解到，目前中国职业篮球联赛在录像转播方面存在着相关信息缺乏、转播角度不合理等现象。另外，在精彩的动作技术或犯规方面的镜头回放也有所欠缺和不足，例如，在裁判判罚某个动作的一瞬间，观众一般都会有意识地想再回看一下，队员之间是如何犯规的，裁判是如何判罚的，特别是观众比较喜欢的明星球员，但中国职业篮球联赛的回放镜头不是很及时甚至缺乏。美国职业篮球联赛观众可以通过电视看到他们想要得到的信息，如果某个队员投中得分或罚篮时，还会出现其当时的表现情况，比如得分、篮板、助攻等技术指标情况，使观众对比赛能有一个及时明确的了解，能和比赛同步进行互动。

（二）关于人员及文化活动内容的解读

1.啦啦队情况

在近几年的发展中，中国职业篮球联赛的啦啦队的观赏性有了较大的提高，但仍有很多不足之处。啦啦队的目的是活跃比赛间隙的赛场氛围，仅仅模仿NBA的篮球宝贝们的性感服饰是不够的，在比赛间隙的健美操表演的运动中，应该体现出动作力度和美感，篮球宝贝给人的感觉应该是充满朝气、积极热情、健康向上的，而不是对性感服饰的盲目模仿。同时，赛场还可以通过其他一些更好的活动方式来调动观众对比赛的热情，不能仅仅局限于简单的健美操表演，例如可以加入一些符合我国传统文化的武术表演、娱乐类表演等，尽可能多方面地来满足消费者的消费需求。观众买票来观看比赛，是一种消费行为。因此，只有使观众感觉物有所值，才能更好地拓宽篮球竞赛表演业的市场。

2. 比赛间隙的球迷互动活动

与球迷的互动活动能很好地调动球迷的积极性和热情，因此，比赛间隙的互动活动对俱乐部的赛事组织者来说显得尤为重要。比赛本身是核心产品，产品的周边活动也必不可少。中国职业篮球联赛的活动相对较少和单一，一般以投篮和发放赞助商的纪念品为主，这远远不能满足观众和球迷的参与需求，能参加投篮活动和得到纪念品的观众很少，大部分观众都难以参与。与球迷的互动活动本身就是一种对竞技表演业这一特殊产品市场促销行为。因此，赛事组织者或俱乐部相关管理者，特别是市场营销部门，应在这方面做出进一步完善。

3. 吉祥物情况

美国职业篮球联赛各球队都有自己的球队宝贝或吉祥物，一般是真人穿着体形较大的玩偶大布套。每个球队的动物品种各不相同，但一般样子都十分可爱、高大。在比赛间隙，“玩偶”经常会与队员、裁判、工作人员、观众等进行幽默的沟通和接触，以起到活跃赛场氛围，调动观众情绪的作用。目前部分中国职业篮球俱乐部主场已经有这种玩偶，但其往往不够活泼可爱，与观众的交流也较少。美国职业篮球联赛的吉祥物仅仅是活跃赛场氛围的手段之一，我们要在借鉴学习的基础上有所创新，比如可以在赛场中多增加这种吉祥物的数量，更好地调动观众的热情和积极性。

（三）中美职业篮球联赛标语文化解读

联赛的标语和口号是联赛经营理念的体现，其以具体的语言文字标榜和显现自身的发展观念，即通过物质层面的语言文字来反映联赛的精神层面。目前，无论是中国职业篮球联赛文化，还是美国职业篮球联赛文化都通过一定的标语及口号来展现自我，宣传自身品牌，加强品牌的感染力和影响力。比如美国职业篮球联赛一向以“I Love This Game”作为一种文化主题；中国职业篮球联赛文化也先后提出过一些标语和口号，来扩大自身的影响力，比如，2000年10月25日，中国篮球协会向社会征集联赛口号，共收到500多条，经过筛选，产生了三组，第一组为相聚CBA；第二组为激情、超越、创造；第三组为更新、更好、更精彩。美国职业篮球联赛的“I Love This Game”口号，以一个参与者的视角表达了对比赛的感受，可能是球员、教练员、观众，也可能是管理层等，总之是以参与者和观众的角度来认识比赛，表达对比赛的体验，语言简洁易懂，所表达的情感真切、主题明确，给观众及赞助商家等留下了很深的印象。

（四）中美职业篮球联赛商业文化价值解读

对于职业篮球联赛，商业资本的运作和物质盈利是其主体。美国职业篮球联赛经过近80年的发展，今天已经成为巨大的商业机器，产生了巨大的商业利润。无论是球员工资水平，还是俱乐部总资产，都呈现明显的上升趋势。

一支中国职业篮球俱乐部球队一年的支出在1600万元到2500万元不等，球员工资是俱乐部最大的一部分支出。俱乐部收入则在1000万元到2000万元，除了篮管中心的拨款，球队冠名赞助是俱乐部的主要收入来源，价位在300万元到800万元不等，其余则是门票收入，经营好的俱乐部和经营不好的俱乐部在门票收入上的差距超过10倍。不过，中国职业篮球俱乐部的成本也在上升，球员工资正在出现上涨趋势，个别球员年薪已经超过千万元，目前中国职业篮球俱乐部球员工资的开支占到总支出的70%~80%，而美国职业篮球联赛的数字则是50%~60%。从整个联盟来看，美国职业篮球联赛目前的年收益是40亿美元左右，而中国职业篮球联赛年收益在0.1亿美元左右；从俱乐部来看，美国职业篮球联赛的独行侠队年收益为1.03亿美元，而我国篮球联赛目前经营最好的广东宏远俱乐部年收益只有100万美元。

美国职业篮球联盟对进入季后赛的球队还进行一定的资金支持与奖励，季后赛的奖金额度在逐年提高，从1951年的5万美元逐年提高，截至2006年已经达到了近千万美元。我国职业篮球俱乐部也开始设立季后奖金制度，对进入季后赛的俱乐部进行奖励。2005—2006赛季，联盟把186万元按照名次划分给各俱乐部。在季后赛的比赛过程中，主场每赢一场可以获得1万元的奖金，客场每赢一场可以获得2万元的奖金，共360万元人民币。

俱乐部的工资总额反映了一个俱乐部的经济实力。整体上看，美国职业篮球各俱乐部的工资总额都达到了3000万美元以上，最高的达到了近1亿美元，远远超过了当前的中国职业篮球俱乐部的工资总额度。以上三组表格及数字较为客观地反映了部分美国职业篮球俱乐部雄厚的资金实力和俱乐部的发展潜力，也反映了联盟所产生的商业利润是巨大的，其文化的物质层面是十分丰富的。

三、中美职业篮球联赛教练员与运动员文化发展动因解读

文化发展的动因是指推动文化发展的诸动力因素。在此，对于“动因”我们要从两个方面来加以理解和认识，一方面是使文化成为动态性前行的原因、因素等，即影响文化发展前行的因素；另一方面是有些原因、因素等是动态的，即影

响文化发展前行的动态因素。文化的主体是人，而人具有自然属性和社会属性，因此文化的发展动因可以从人的自然属性和社会属性来理解。人的自然属性主要是指与自然有关的地域、气候等自然环境因素；而社会属性主要是指政治、经济、技术等因素。同时，文化的发展还有其自身的内部原因，即文化自觉性。因此，文化发展的动因主要是自然环境、政治、经济、科技以及文化自觉。

（一）文化发展动因解读

1.自然环境

黑格尔深刻地指出民族精神的产生依赖于所处的地理基础。在黑格尔看来自然环境是早期人类文化产生的基础前提和摇篮，它为民族精神发展提供了一种可能。马克思认为自然环境是人类及其文化产生和存在的第一个历史前提，实践原则是造就文化的现实基础。“一方水土养一方人”，充分说明了自然环境对人类文化的影响作用。不同的地域有着不同的语言文字、风俗习惯。比如就世界范围而言，四大文明古国的历史文明就离不开其所处的地域自然环境，在人类文化创造的自然环境中，河流可以说是人类文化天然的摇篮。例如我国黄河流域的农耕文化，黄河河道在陕、甘、晋、豫、鲁等一带，土壤肥沃，农业经济发达。再如古埃及文化，埃及位于非洲东北部，南有撒哈拉大沙漠，北邻地中海，尼罗河流贯其间，尼罗河两岸有一大片沃野，加之邻近热带，气候温和，宜于农业生产，特别是河流入海处有一个广阔的三角洲，为古埃及人的发展创造了条件。为了方便尼罗河泛滥时期及泛滥后丈量土地的需要，他们创造了天文学、几何学，也创造了祭祀等级等文化成果。所以，这些文化都是在尼罗河流域的环境中产生的。另外，类似的自然环境影响文化创造的情况在美索不达米亚、印度、希腊等地方也同样存在。河流正是造成这种自然环境的一个重要条件，它们都直接或间接地带有河流文化的特征。

2.政治动因

文化与政治都属于上层建筑范畴。一定的社会文化是为一定的政治服务的，政治（统治阶级）又通过社会舆论引导文化的方向，通过国家机器规范文化的走向，二者是不可分割的。二者的区别主要表现在文化是人类在社会历史发展过程中所创造的物质财富和精神财富的总和，特指精神财富，如文学、艺术、教育、科学等；政治是经济的集中表现，是阶级之间的相互关系和相互斗争，其核心是国家政权问题。二者又紧密相连，相互作用。文化在与政治的相互交融中体现着两个方面的作用：一方面，为了更好地参与政治生活，人们需要不断地提高自身的文化素养；另一方面，随着世界多极化的发展，西方大国借助文化渗透的方式，推销其价值观念，企图削弱甚至取代别国的民族文化。因此，世界范围内反对文化霸权主义的斗争就成为当代国际政治斗争的重要内容。

3.经济动因

经济是文化的基础，决定文化的性质和发展方向。马克思主义认为，经济是基础，文化是建立在经济基础之上的上层建筑的一部分。经济决定文化，有什么样的经济就有什么样的文化，那种企图逾越经济发展的历史阶段确定的文化思想就像空中楼阁，注定要失败。文化作为整个上层建筑的重要组成部分一旦被确立，便具有了相对的独立性。经济对文化的影响是通过政治上层建筑、社会意识形态来间接作用的。另外，经济为文化的发展提供物质条件，大到公共文化服务体系的建立、文化监管经费的安排，小到文化人的工薪报酬、文化消费者的消费支出，无不需要经济（物质生产部门）的支撑，其中之意无须赘言。经济还为文化提供内容和形式，比如古希腊神话、史诗等艺术的发展和繁荣，是和当时不发达的生产力水平分不开的，人们只能想象和借助想象征服自然力、支配自然力，把自然力加以形象化，当生产力发展到近现代大工业时代，一切神话地对待自然的态度和一切把自然神话的态度也就不存在了。现在人们的经济实践活动经过长期历史积淀，不仅成为文化创作的源泉，还成为文化活动的一部分，二者密不可分。

4.科技动因

科学技术是文化的重要组成部分，它能够在人们认识和改造世界的过程中转化为物质力量，对社会发展产生深刻影响。文化与经济相互交融，在经济发展中，科技作用越来越重要，能够为经济建设提供强大的智力支持。在文化传承发展中，科技为文化传承提供了物质技术手段，带来了更快速、方便的文化传播手段，促进了文化交流。科技的进步是推动文化发展的重要因素，当代信息科技的运用，使搜集、传递、储存文化资源的手段和方式发生了根本变革，极大地促进了文化传播、继承与发展。科学技术水平是衡量一个民族文明程度的重要标准之一，我国科技成就是中华民族生命力、创造力的生动体现，也是中华民族精神自强不息的体现。重视科学技术，可以提升国民科学文化修养，促进人的全面发展，有利于弘扬社会之先进文化，抵制落后腐朽文化，在全社会形成崇尚科学、鼓励创新的良好氛围。科学技术有利于提高人们对社会的观察能力和思维能力，从根本上提高思想政治觉悟和道德水平。现代科技与中国传统文化在社会教化、推动社会发展等方面存在着契合点。同时，现代科技也对中国传统文化提出了诸多挑战，给传统文化中的封闭性、中庸信条以及伦理中心原则带来了冲击。我们必须选择正确的文化模式，运用现代科技的手段，大力弘扬中国优秀传统文化。

5.文化自觉

泰勒曾说过，文化是一个综合体，其中包括知识、信仰、艺术、法律、道德、习俗以及作为社会成员的人掌握的其他功能和形式的习惯。文化既然少不了人作为主体性的参与，随着历史的发展，文化自觉的概念也就应运而生。文化自觉作为一个概念的提出已经经历了一些时期，它是文化发展到一定阶段不得不面临的一个问题。文化自觉是指文化发展到一定高度，人们在对于文化发展具有高度的责任感的情况下对文化的一种反思。文化自觉本身与文化中的主体的人是不可分割的，它是人在文化发展中的理性表现，它建立在人们对以往文化形态的总结之上，并且把那些形态作为参照系，从而更好地思考现阶段文化发展的状况，也有更大的空间来思考未来文化发展的方向。

（二）中美职业篮球联赛文化发展动因解读

职业篮球联赛文化作为文化的分支，也受到自然环境、政治动因、经济动因、科技动因以及文化自觉的理性等动因的影响。

1.自然环境对中美职业篮球联赛文化的影响

篮球运动的起源本身就具有一定的地域性特征。篮球运动产生于1891年美国马萨诸塞州的斯普林菲尔德学院。该城市处在美国中部地区，靠近密西西比河，冬季较为寒冷。寒冷的天气一定程度上限制了学生们对室外运动的兴趣和热情，在这一背景下，该学院基督教青年会的体育教师奈史密斯发明了篮球运动。篮球运动于1895年由来会理传入中国天津，1896年3月26日天津青年会举行了我国第一次正式篮球比赛。天津，作为我国的北方城市之一，在冬天也同样较为寒冷。因此，篮球运动传入天津市具有一定的偶然性和必然性。

自然环境对中国职业篮球联赛文化的影响是多方面的。从宏观方面来看，自然环境对中国职业篮球联赛文化的推动作用是间接性的，是通过影响和推动中国传统文化，进而影响和推动职业篮球联赛文化的。前文已经提到，中国自然环境是以河谷为主体的地貌结构，中国传统文化的主体部分正是在河谷平原的摇篮中发育、成长的。因此，这样的地理环境特征使得我国传统文化呈现出农耕文化特征，具有许多优良的文化传统，例如注重整体性和协作性，注重道德教化。这些优良的传统文化特征无疑对中国职业篮球联赛文化产生了深远的影响。比如，整体性文化特征推动了中国职业篮球联赛战术风格的整体性，整体性的战术打法已经成了世界篮球发展潮流。特别是近几年，随着欧洲篮球的不断壮大和崛起，人们开始质疑NBA文化中的个人主义打法理念，而崇尚整体性战术理念。篮球运动本身是一项集体运动，整体性战术理念的确立是符合篮球运动发展规律的，并推动了篮球运动的发展。因此，我国所具有的地理环境特点以及由此产生的中国传统文化对中国职业篮球联赛文化产生了宏观上的深远影响和推动作用。

从微观具体的方面来看，自然环境对中国职业篮球联赛文化的影响是直接性的。例如，从目前我国职业篮球联赛俱乐部地域分布来看，中部较少，南部和北方相对较多。这就使得客场的空间距离跨度较大，队员的休息调整、各项支出费用加大等，给客场比赛的安排带来不便。另外，由于中国职业篮球联赛一般是从10月份至第二年的3月份左右，基本上跨越了一个冬季，而冬季北方天气较为寒冷，且多有冰雪，影响了客场比赛的安排。中国职业篮球联赛开赛以来，有多次因为雨雪天气，飞机不能起飞而延迟比赛的情况发生。这些不利因素的存在都会使得相关部门不断地做出调整和改革，这就迫使中国职业篮球联赛不断地进行改革完善。因此，地域气候上的这些因素在一定程度上推动了中国职业篮球联赛文化发展。另外，南方人较为温和细腻，在南方主场比赛过程中，南方观众表现得较为谦和和内敛，而北方人较为粗犷爽直，在北方主场的观众则表现得较为奔放、热烈一些。正是自然环境的差异性导致了人性格上的差异性，才会导致球迷在主场表现上的差异性。这也是自然环境对中国职业篮球联赛文化的影响的一个方面。地域的差异性主要表现在地域的气候、风俗等。从队员的身体形态特征上来看，北方队员身体较为高大，且占目前中国职业篮球联赛队员的大部分。高大健壮的体格特征为提高篮球运动的竞技水平提供了良好的前提和保证。

自然环境的差异性是中国职业篮球联赛文化发展动因之一。中国职业篮球联赛正是存在着南北地域上的差异性，才导致了中国职业篮球联赛在比赛风格、技术特点等各方面的交融和发展。

自然环境对美国职业篮球联赛文化的影响与对中国职业篮球联赛文化的影响有相似之处，特别是从宏观上看。一方面，自然环境通过对美国文化的影响而间接地影响了其联赛文化。美国是一个移民国家，在美国文化中，呈现出了移民多元性、开拓进取性、个人主义、自由主义以及清教主义等特征。所有这些文化特征在美国职业篮球联赛文化中都有所体现和表达，并推动着NBA文化不断前行和发展。比如，清教主义对文化的影响。事实上，篮球运动的产生本身就具有清教主义色彩，因为这项运动产生于一个宗教盛行的时代、宗教主义浓厚的国家，是在一所宗教学校，由一位青年教会的体育老师发明的。因此，从这一角度来看，篮球运动呈现出了一定的宗教色彩。毫无疑问，如果没有篮球运动的产生与问世，就不会有今天风靡全球的职业篮球文化。美国职业篮球联赛发展到今天，宗教仍然从不同的角度和层面上推动着其文化的发展。因此，可以说宗教对美国职业篮球联赛文化的产生与发展起了一定推动作用。另一方面，自然环境还直接影响美国移民多元文化，进而影响职业篮球联赛文化。美国职业篮球联赛最初没有外籍球员，但美国文化中的移民多元性以及其对外来文化的包容性，使得美国职业篮球联赛文化逐步地在接受外来球员及其文化。现在美国职业篮球联赛的外籍球员已经占到其所有球员的近1/5。美国文化中的其他特征在美国职业篮球联赛文化中也都有所体现，正是自然环境影响和推动了美国文化的发展，进而影响了NBA文化。

自然环境对美国职业篮球联赛文化的影响还表现在微观层面上。比如，美国的国土面积辽阔，这就为俱乐部扩张提供了广阔的发展空间。东西联盟的划分也是以地域特征为依据的，基本上是以密西西比河作为界限来进行划分的，类似于我国以长江为界限来进行地域性的南北分区的划分。另外，在球队名称方面，地域环境也对美国职业篮球联赛文化产生了较大影响。比如迈阿密处在美国南部的佛罗里达州，四季炎热，迈阿密热火队由此而来；西雅图因为波音公司的创业历史而将球队命名为超音速队，现在已变更为俄克拉荷马雷霆队；野生雄鹿为密尔沃基特有，因此当地球队被称为雄鹿队；丹佛地区具有采矿的传统，19世纪曾是淘金者的乐园，因此其球队被称为掘金队。可以说地域特色与NBA文化是紧密相关的。

在自然环境方面，该因素对中美职业篮球联赛的影响方式是相似的，从宏观上来看，两国都是受自然环境对本国文化的影响间接地影响职业篮球联赛文化的。比如，美国文化中的移民多元性在美国职业篮球联赛文化中就有所体现，具体表现为海外球员不断增多、来源地不断扩散、技战术风格的多样化等。对于具有农耕特点的中国传统文化来说，保守、静态、依靠集体的传统文化特点在中国职业篮球联赛文化中体现出的就是竞技意识相对不强，过于倚重于集体，在比赛的关键时刻缺乏敢于承担比赛责任的明星球员等。在微观方面，自然环境对中美职业篮球联赛的影响也具有相似之处，例如，天气对比赛赛程的影响等，中美职业篮球联赛都要面对客场比赛的旅途问题。因此，在自然环境方面，对中国职业篮球联赛文化而言，要取其利、避其弊，我们要更好地利用自然环境的有利因素，避免和消除其消极因素，从而更好地推动中国职业篮球联赛文化的发展。

2.政治动因对中美职业篮球联赛文化的影响

政治对文化的推动力是毋庸置疑的。同样，政治对中美职业篮球联赛文化的影响和推动作用也是不容忽视的。特别是政治对中国职业篮球联赛文化的推动力更是成为其文化发展的主要动力。众所周知，中国职业篮球联赛目前还是政府主导、商家参与的半市场化模式。1997年11月以前，中国篮球协会是中国职业篮球联赛的主要管理者。为了更好地促进篮球运动的竞赛改革，中国篮球协会在1994年先后完善了运动队和运动员的注册登记管理制度，拟订了主客场联赛的竞赛规程以及与承办单位、参赛运动队的协议书，大力整顿了裁判员队伍，为中国职业篮球联赛走向市场打下了坚实的基础。

1997年11月24日，中国篮球的最高管理机构——国家体育总局篮球运动管理中心正式挂牌成立，这是中国篮球管理体制的一项重大改革。篮球管理中心作为国家的行政分支部门，成为中国职业篮球联赛的主要管理者。从接管中国职业篮球联赛到现在，篮球管理中心做了大量的工作，制定了相关管理办法，完善了赛制，加大了与媒体的合作力度，推动了商业市场化进程，推出了一系列篮球联赛文化活动。总体上来看，篮球管理中心作为国家的行政分支部门，对我国篮球联赛的开展和完善起了积极的推动作用。因此，以政府部门为主导的政治动因对推动我国职业篮球联赛文化起了决定性作用。

事实上，美国职业篮球联赛文化的发展也离不开政治动因。政治对其文化的推动作用主要表现在两个方面，一是为联赛的创建和发展提供了良好的社会环境；二是对联赛文化的发展具有宏观调控作用。从美国职业篮球联赛创建的历史背景可以看出，美国职业篮球联赛创建于第二次世界大战刚刚结束的1946年，作为战胜国的美国在世界的政治地位大为提升。经过战争的洗礼，美国国内的政治环境更是空前团结与稳定，因此，当时的政治环境既无外忧也无外患，为职业体育联赛的创建提供了良好的社会环境。政治动因对美国职业篮球联赛文化的推动作用还表现在政府对其适度的宏观调控方面。美国职业篮球联赛是一个完全市场化的职业体育联赛，是一个具有垄断性质的巨大的商业联盟。美国尽管有反垄断法案，但对于美国职业篮球联赛这样的职业竞技体育联盟，政府却实行了保护态度。“美国反托拉斯垄断法不适用于职业竞技体育垄断，以及职业经济体育中实行的运动员、教练员注册制和许可证制……这些职业竞技体育制度安排有力地保护了职业竞技体育垄断的产生和发展。”可见，美国政府对类似于美国职业篮球联赛这样的职业竞技体育联盟的态度是积极保护的，并给予一定的支持措施和政策，这无疑极大地推动了其职业联赛文化的发展和壮大。

3.经济动因对中美职业篮球联赛文化的影响

经济基础决定上层建筑。经济形态是一个社会必不可少的形态领域之一，可以说是社会的中坚形态领域。职业篮球联赛本质是一项体育竞技联赛，但经济形态的参与，使其变得不再是简单的体育比赛。尽管中国职业篮球联赛还未实现完全的市场化，但通过20多年的发展，其市场化的程度在逐步加深。事实上，对于中国职业篮球联赛而言，经济是其发展的牵引力，市场化程度直接关系着联赛的发展程度。因此，中国职业篮球联赛文化的每一步举措都是围绕着市场来进行的，这也更印证了经济对其联赛文化的引导和推动作用。经济对中国职业篮球联赛文化的牵引力和推动力，始终表现在其职业篮球联赛文化发展历程的各个阶段、各个方面。从1995—1996赛季规定运动员转会费数额及待遇，1996—1997赛季12支球队以俱乐部形式成立，再到国际管理集团、盈方公司、中篮公司的接替性的参与管理，都透射出了中国职业篮球联赛发展的市场化需求和市场化步伐的加快。

经济动因对中国职业篮球联赛文化的推动作用可以从三个方面来理解。第一，我国当前的社会经济背景是中国职业篮球联赛文化发展的主要外在经济动因。市场化的趋势和动力是当前阶段不可逆转的一股强劲动力，推动着社会的各行业发展前行。其中，中国职业篮球联赛文化也成为该驱动力的受力者之一。第二，中国职业篮球联赛文化在借鉴美国职业篮球联赛文化发展模式时，不可避免地要受到市场化观念的影响。第三，中国职业篮球联赛文化自身发展的需要。在我国当前的社会背景下，文化发展的趋势必然是与市场经济相融合，文化产业化就很好地证明了这一点。中国职业篮球联赛文化的发展也不会偏离此轨道，只是时间问题。中国职业篮球联赛文化自身有与经济融合的内在发展需求。因此，经济成为中国职业篮球联赛文化发展的内在动因。

经济动因对美国职业篮球联赛文化的影响是众所周知的。美国职业篮球联赛（NBA）是完全市场经营模式。因此，在NBA的产生与发展过程中，经济动因的推动作用尤为鲜明。经济动因对其文化的影响主要是通过两个方面：一是本国的市场经济体制为其文化发展提供了良好的经济大环境；二是其本身具有市场发展的内在需求和机制。美国建国200多年，它的国民经济已经走过农业、工业、服务业分别居于主导地位的三个时期，目前正在进入知识经济的新阶段。战争对美国经济起了较大的刺激作用，美国历史上共经历了四次大战争。第一次是独立战争，为美国的建国奠定了基础；第二次是美国国内南北战争，它是美国由农业社会进入工业社会的“催生婆”，北方工业资本的胜利、奴隶制的废除、资本主义生产关系的扎根、统一大市场的建立，为19世纪美国生产力的大发展扫清了道路，使美国迅速成为世界第一工业大国。第三、第四次战争分别是第一、第二次世界大战。这两次世界大战进一步刺激了美国经济的发展，特别是第二次世界大战，使美国进一步确立了老牌资本主义国家的地位，市场经济在该国已经发展得较为成熟和完善，自由贸易竞争一度成为美国经济的一大特点。美国职业篮球联赛正是在这个时期得以产生和发展起来的，因此国内的这种经济环境对美国职业篮球联赛的产生和发展起了较大的推动作用。另外，美国职业篮球联赛从产生到现在，其发展宗旨和理念就是一种追求利益最大化的市场化行为。这种市场属性以及利益驱动促使美国职业篮球联赛完全是按照市场模式来发展的。特别是美国职业篮球联赛发展到今天，已经形成了较为完备的市场行为机制，无论是与媒体合作、商家赞助，还是在自我的市场开发等方面都已经相当的成熟。因此，经济动因对美国职业篮球联赛文化的推动力还表现在其自身的市场驱动力上。

中美职业篮球联赛文化都存在着自我的内在经济驱动力，都有内在的自我市场发展需求。但在外在经济环境方面，美国职业篮球联赛显然更为完善和成熟，其文化发展的内外经济动因作用力是一致的，是完整的合力。这也是中国职业篮球联赛文化与美国职业篮球联赛文化相比发展缓慢的原因之一。但经济对文化的推动作用要适可而止，完全的市场化则会导致负面影响。当前NBA文化中浓厚的商业理念已经开始渗透到大学球员甚至高中球员的价值观中，使他们更多地注重金钱和名利，而忽略了自身基本技能的提高和发展。当前，NBA球员的基本技术与以往相比已经开始呈现下降趋势，当前似乎群星灿烂，但又无真正像迈克尔·乔丹那样的巨星，今天的球星很大程度上是因为媒体的商业宣传而形成的，在个人的基本技能方面已经开始逐步地下降，长此以往，NBA的群星灿烂的局面必然会昙花一现，化为泡影。以往的球员更多崇尚的是总冠军的荣誉，而现在年青一代的球员则更在乎自己的银行存款和合约价格。他们对篮球的价值观念已经开始转化，篮球已经开始逐步地沦为纯粹的赚钱工具，打篮球已不再是单纯因为他们热爱这项运动，年轻球员应该明白球场以外的那些幸福生活是从哪里来的。

4.科技动因对中美职业篮球联赛文化的影响

科技是第一生产力。科技推动生产力的发展，同样推动着中美职业篮球联赛与文化的发展。科技体现在中国职业篮球联赛文化的各个层面，特别是其物质文化层面。如果篮球运动在最初仅仅是一项游戏的话，那么现今职业篮球运动则是集合多种科技手段于一体的竞技体育项目。比如，场馆设施、电视转播技术以及信息网络媒体等方面的不断改进与更新，以及复杂的运动训练和竞技水平的不断提高。

场馆设施主要包括观众席位、篮球架、地板等方面。目前中国职业篮球联赛在这些方面有所改善。另外，篮球架的质量和科技含量方面也存在着一定的差异性，比如，目前我国普遍使用的是国产的品牌，而美国职业篮球联赛使用的多为世界品牌。品牌的效应一定程度上反映了质量和科技含量的高低。

我国从1995年开辟了“中央五套体育频道”，从此体育赛事转播进入一个全新的时代，这与中国职业篮球联赛几乎同步，时至今日已有20多年的历程。因此，电视转播技术极大地推动了其文化的传播和普及。但是我国在电视转播方面与美国职业篮球联赛相比，仍存在一些不足之处。美国职业篮球联赛正式比赛至少有13个机位，总决赛会更多，包括吊顶、篮板上捆绑的摄像机，篮架下面仰拍的机位等。国内转播中国职业篮球联赛能达到每块场地6~8个机位，直接减少的就是球星特写、替补席和更衣室的机位，因此比赛画面的很多细节也就较为缺乏。另外，美国职业篮球联赛十分注重声音的重要性，在地板、篮架等位置都放有扩音设施，因此，即使我们在观看电视转播也能听到吱吱的球鞋与地板的摩擦声、砰砰的运球声、咣咣的扣篮声、唰唰的球进穿网声以及队员之间的私语声，所有这些都会给电视观众带来一种现场感。另外，近些年网络信息技术和数字媒体的不断发展也极大地推动了中美职业篮球联赛文化的传播与渗透。人们可以通过互联网了解和掌握中美职业篮球联赛的最新动态和相关新闻，以及相关数据资料等。这些信息技术已经成为人们一种较为便利的信息之窗，也是一个丰富的资源库存。科技通过对文化物质层面的影响，直接推动着文化的发展前行。目前我国职业篮球联赛在硬件设施和相关技术方面的一些不足已成为其文化发展的限制因素之一，从而使得其文化发展动力不足，这一定程度上反映了相关业内人士对科技动因的无视或忽视。

四、中美职业篮球运动员选秀制度解读

选秀制度是指职业联赛开始以前，各俱乐部根据自身需要对运动员进行选拔的一种方式。选秀制度是为了通过选取较为优秀的球员来提高自身俱乐部的竞技实力，使整个联盟各俱乐部实力均衡，使比赛更具有观赏性和悬念。选秀制度要保障在公平合理的前提下，弱队优先获得选择优秀球员的权利。参加美国职业篮球联盟选秀的运动员是指之前从未在美国职业篮球联盟打过比赛的职业运动员。而我国职业篮球联赛的选秀主要是指对外援和大学生球员的选取活动。

中国职业篮球联赛的选秀制度是原始的倒摘牌制度，即根据上个赛季球队成绩排名来决定优先选择权。中国职业篮球联赛的国内球员相对于外援竞技水平较低，因此各俱乐部在选秀时更注重外援的选秀权。以往赛季在对外援进行选秀时，外援与各俱乐部都达成了一定的协议和意向。特别是连续在一个俱乐部服务两年以上的外援，可以优先被原俱乐部选取。但从2007—2008赛季开始，这一规定被取消，即各俱乐部完全按照上个赛季成绩排名来决定外援优先选择权。这样就会导致上个赛季因为外援而取得好成绩的俱乐部在新的赛季选取不到以往优秀的外援，可能面临竞技实力上的考验。篮球管理中心利用这种方式，在一定程度上均衡了新赛季各球队的竞技实力，保证了联赛的正常运转以及其精彩性、观赏性。当然，在整个选秀过程中也存在一些不足之处。由于当前各俱乐部的产权和管理体制的不同，导致国内球员的流动性相对不大，并且可供摘牌的球员屈指可数，因此，许多球队通常放弃选秀的权利。另外，美国职业篮球联赛在选秀时也会增加一些附加条款，如2003年的西部球队优先条款，但有些条款有很大的随意性与一次性效应，客观上只起到照顾个别球队的作用。

美国职业篮球联赛选秀制度的演进历程主要包括四个阶段。第一阶段是从1947—1964年实行的倒排位制。第一次选秀大会于1947年举行，根据球队前一个赛季的战绩倒过来排列，战绩最差的拥有第一轮的选秀权，以此类推。第二阶段是猜铜板制。在倒排位制实行20年后，由于其本身及赛制存在的缺陷带来了一系列问题，又增加了该制度。东西部内部要进行的比赛场次比东西部之间的场次要多，导致了东西部两支最差球队的产生，因此在决定东西两支最差球队的优先选秀权时实行猜铜板制。第三顺位的选秀顺序仍按各队战绩的倒序来排列。第三阶段是抽信封制。1984年时任美国职业篮球联盟总裁大卫·斯特恩认为没有进入季后赛的球队都有优先选秀权，废除了存在弊端的猜铜板制，采用了抽信封

制。第四阶段是摇乒乓球制。1989年和1990年联盟先后增加了4支球队。随着联盟球队数量的增多，球队按照抽信封制选秀时，没有进入季后赛球队被抽中状元签的概率开始下降；而没进入季后赛球队之间的竞技水平却差别很大，这就对倒数第一的球队很不公平。鉴于以上原因，1989年NBA废除了抽信封制，改用摇乒乓球制。最初是将66个乒乓球分别标上号码，放入混摇器中，并按照球队战绩由计算机来分配乒乓球个数，即选秀机会。最差的球队获得11个球，即有11/66的概率获得状元签，以此类推，倒数第二的有10/66的概率，而成绩最好的只有1/60的概率。这样可保障成绩差的球队的选秀机会，更为合理一些。1993年NBA再一次将这一方法进行了改革，将乒乓球个数改为14个，在14个乒乓球上分别先标上1~14的数字，然后把这14个乒乓球放入混摇器中，从中掉出来4个为一组，4个乒乓球组合而成的数字在哪个球队，哪个球队便拥有了状元签，依此方法再确定榜眼、探花；其他顺位选秀权依然按常规赛的成绩倒序来确定。

另外，美国职业篮球联盟在选秀前还要进行球员信息搜索、球员个人试训、申请参加联盟选秀资格审查、选秀前训练营等程序。为了保证选秀制度的顺利进行并保障联盟利益，选秀在每个阶段还相应地存在附加条款。在第一阶段有“地缘条款”，其含义是没有进入季后赛的球队在遵守倒序排位选秀制度的前提下，球队可以优先选择球队所在地的大学球员。其目的是刺激球队所在地的票房和其他经营收入。在1967年，为了与当时的ABA联盟竞争，NBA制定了“大三条款”，允许各球队选择大学三年级或以上年级的球员，等该球员完成学业后，才能进入球队打球。20世纪80年代，随着“贫困条款”的出台，“大三条款”被取消。贫困条款规定：允许每支球队每年签约一名大学未毕业或没有读过大学的球员，可以因为家庭贫困提前进入联盟打球。因此，美国职业篮球联盟选秀制度从倒排位制、猜铜板制、抽信封制到现在的摇乒乓球制已经相当缜密。选秀制度是美国职业篮球联盟的发动机，是联盟运行的起点，保证了联盟人力资源新陈代谢的畅通。

整体上来看，中美职业篮球联盟在产权制度、管理体制以及球队数量、运动员来源等各方面的差异性，导致了二者选秀制度的差异性。比如，很多体委与企业合资的俱乐部，其后备人才都是各省市的二线和三线队员，一般不选取其他省市的队员。

五、中美职业篮球联赛运动员转会制度解读

球员转会是指一名球员代表资格从目前所注册的俱乐部迁移到另一家俱乐部

的法律行为。球员转会的实质是使联赛中的人力资源得到最合理、最优化配置。球员转会可保证联赛中合理的人才流动，使运动员能更充分地发挥自身的潜在价值；转会可以增进联赛俱乐部之间的技术交流，使联赛整体上得到稳定提高，使联赛更加激烈和精彩。

转会制度同样是我国职业篮球联赛运动员流动的重要方式。我国职业篮球联赛对运动员转会有明确的规定，《全国篮球运动员注册与交流管理办法》（以下简称《办法》）对球员转会有以下若干规定：交流分为国内交流和涉外交流。国内交流包括长期交流和短期交流。短期交流是指运动员保持与一个单位的隶属关系，经与另一个单位协商共同签署的短期代表资格协议或通过摘牌形式发生的短期交流行为。长期交流是指运动员代表资格从一个俱乐部迁移到另一个俱乐部的跨国、跨地区行为。《办法》规定球员转会必须符合下列条件之一：①自由球员（必须有注册单位的澄清信）；②代表资格协议期限已满，且注册有限权期已过；③代表资格协议权限未满，运动员与注册单位提前终止协议，且运动员在注册单位服役两年以上；④运动员所属俱乐部经中国篮球协会批准解散。倒摘牌主要是针对国内临时转会而言。实行倒摘牌以前，国内临时转会制度是符合转会条件的运动员向所在单位提交转会申请书，经俱乐部同意后，运动员与原俱乐部解除合同。转会运动员与接受俱乐部签订临时转会合同书，原俱乐部与接受俱乐部签订转会合同书并在规定时间内上报篮协。引进外援的规定是引进外籍球员应严格遵守国际篮联亚篮联和联赛的有关规定，遵守我国关于外籍人员出入境的有关法律规定。

中国职业篮球联赛采用的倒摘牌制度有利于规范运动员的转会市场，避免出现无序竞争，同时可以避免暗箱操作。通过集中办理“倒摘牌”转会，可以保障弱队获得优先选择优秀球员的权利，有利于平衡强队和弱队的力量对比，避免强队和弱队的两极分化局面的加剧。当然，倒摘牌制度在实践过程中也存在一些弊端，例如过多地注重俱乐部的需求而忽略了运动员的自身意愿等。

美国职业篮球联赛的转会主要包括自由人转会和合同未满球员的转会。自由人是指与某一俱乐部合同期已满，没有新的合同在身的球员。一般新秀的合同最长为三年，在三年之内可以续签，而三年以后的球员签约则由球员和俱乐部双方共同协商签订。自由人有权与任何一支球队签约，并且新的俱乐部不必向原俱乐部缴转会费。合同期未满的球员转会是指球员与俱乐部的合同仍然有效，球员仍要履行合同的相关规定的转会行为。该类型的球员要想实现转会，欲购俱乐部必须出资一次性买断所剩合同期限，并相应地给出该球员在新的俱乐部的薪金额度，即通常所说的转会费。同样，如果是原所在俱乐部主动与球员解除合约，则该俱乐部也要通过资金一次性买断球员剩余合同期限，从而实现该球员成为自由人的身份。

与美国职业篮球联赛转会制度相比，我国职业篮球联赛转会制度还没有形成完整的规模化、规范化系统，只有临时转会和引进外援两种较为简单的方式。

第四章

高校篮球教练员行为素养的执教领导与知识导向过程

对于篮球“执教”概念以及执教活动过程中教练员所应承担的任务类型，每个人都至少存在一个模糊的认识。同时，对于篮球高效执教过程中教练员所应表现出何种行为，人们也有着不同的理解。值得注意的是在篮球运动领域内，人们在评价教练员的价值时要比其他运动项目涉及的方面更多。诚然，篮球教练员应为球队糟糕的表现负责，或当球队获得成功时接受高度的赞扬，得到相应的报酬。尽管教练员在篮球领域中有着突出的地位，但执教球队仍然是一个连教练员自己都还不甚明了的复杂过程。出现这种情况并不奇怪，这是因为在讨论篮球执教时，执教过程的实施者不仅包括那些指导初学者学习技术的教练员，还包括为中等层次运动员提供正确的技、战术建议的教练员，以及对高水平运动员进行长期训练的教练员。

近年来，很多体育发达国家为了能够在国内外比赛中提高运动成绩，已经开始重视开发涉及多学科知识的教练员培养计划。自21世纪以来对于执教问题的研究明显增多，关于篮球执教问题的文献也明显增多。大多数文献指出，执教过程是一个多任务的过程，由于教练员角色任务的多样化，从而要求其必须具有丰富的个人交流和管理技巧。

很多研究者认为，现代篮球教练员的角色任务已经不只局限于对训练的指导。研究者认为，随着竞技比赛要求的提高，篮球运动员需要更广泛、更深入的全方位支持。教练员角色在不断地拓展，他不仅需要对运动员训练和比赛负责，还需要关注运动员的社会和心理发展过程。现代教练员通常几乎需要承担为运动员创造更好的工作环境的所有任务。

认为篮球执教是一个多任务活动的观点，虽有其事实的基础，但对于科研工作者来说，这可能是一个棘手的课题。当前，关于执教的文献一般都是基于对轶闻的分析，而不是实证研究。在十几年前构建起来的教练员培训体系是建立在教练员认为其他教练员应该学习什么的基础上，而不是建立在可靠的科学研究基础之上的。

假设现代篮球执教过程，特别是相比较于一些主流的运动项目的执教过程是复杂的，那么研究者只有对执教过程进行系统的、客观的评价，才会形成对这一过程的清晰认识。研究者只有将其研究中心放在系统地分析提高执教效率的主要影响因素上来，才能使教练员决定学习内容的先后次序（优先权），并充分地利用学习时间。同时，我们应该认识到，科学研究不可能为成功的执教过程提供现成的模式，但科学研究可以明确该过程的关键点，从而使教练员和教练员讲师更有效地提高所需要的执教技能。

第一节　高校篮球教练员执教过程简单模式研究

篮球教练员执教涉及的领域既有对大学生运动员进行打球技术的指导，也有对提高运动员的进攻打法的指导。抛开不同教练员执教行为的具体差异，一些学者认为，对于所有教练员来说，执教行为过程有着普遍统一的模式。在这些模式中，执教被认为是一系列某种确定的、有序的、由不同阶段组成的行为过程。在这一过程中教练员帮助运动员或球队提高竞技水平（见图4-1）。

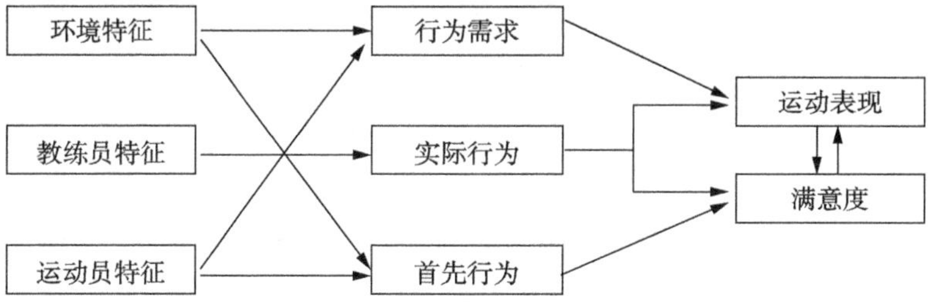

图4-1　篮球执教过程简化模式

在某种程度上，上述简化模式能够说明篮球执教过程的主要相关问题。例如，这类模式明确地表现了执教各环节的循环过程，也表达了该过程系统的本质。这类模式也说明了信息收集与分析的重要性——它在执教过程中有着基础作用。有些学者认为，信息收集是执教过程中最重要的阶段。因此，教练员的观察技巧被认为是影响有效执教过程中十分重要的因素。有学者对于专家、新手视觉搜索策略的研究也支持这一结论。研究证实，专家与新手使用不同的视觉搜索策略，专家的观察技巧使他们能够从所看到的现象中捕捉到大量有用信息。这些研究成果说明了数据收集过程是决定篮球执教效率的重要阶段，并指出在篮球教练员培训过程中应该重点提高其观察技巧。

教练员在进行高效执教时需要的五个基本原则：

（1）对篮球训练环境的有序管理。

（2）对指导行为的强调。

（3）不断地纠错并给予篮球运动员指导性解释。

（4）经常性地采用提问—回答式的指导方式，从而使运动员加深对训练内容的理解。

（5）经常地给予反馈与鼓励。

在其他一些研究中，我们强调练习课中教练员执教行为是其对运动员的影响评价。高质量的技术指导、反馈、强化和支持行为与运动员高度的胜任感、快乐感、自尊和自信有关。从教练员的角度出发，那些执教行为是在训练过程中有助于提高训练效果的行为。

这里我们不讨论运用观察法研究执教行为是否合适，我们应该明确的是教练员在篮球训练中的行为并不是影响有效执教的唯一因素，很多有决定性的执教行为往往发生在训练场或赛场以外。因此，使用观察法不能完全评估运动员与教练员之间的互动或教练有效执教的行为与准则。这些运用观察法进行研究并提出的有效执教原则，准确地说是有效运动指导原则，而不是执教原则。同样，执教模式由于将执教还原成了训练课的计划与实施，因此并不能全面说明教练员承担的所有角色。

有学者认为，图4–1所示的模式过于简单化，不能反映执教本质。执教是纵向的、长期的行为，这一过程中教练员执行长期的训练计划，计划中不仅会涉及日常练习指导，还会涉及对运动员个体竞技表现的观察。图4–1不能体现或说明在这一过程中，长期与短期目标或计划间的相互影响，也不能充分说明影响执教过程的社会动力学因素，比如教练员和运动员关系的质量，或教练员与其他相关人员的相互影响。而所有这些因素都对执教过程的整体效能产生影响，在高水平竞技层次上更是这样，然而在简化了的、循环式的模式中并不能体现这一方面的内容。过分强调事件情节式的研究法不利于执教效率的提高。总之，通过简化执教过程模式我们可以发现影响执教的一些重要因素。它有助于篮球教练员和教练员讲师认识到高效力的指导行为，需要着重哪些方面的学习。这种模式不能解释执教过程的复杂性，其原因在于执教过程不是简单的事件式的活动，而且执教环境的社会动力学因素对训练效果也起着重要影响。

第二节　高校篮球教练员领导力研究

通过查阅相关文献我们可以发现，除了将篮球执教看作一个简单的过程模式外，还有研究将执教作为一种特殊的领导方式。在这些研究成果中，被广泛引用和研究的是谢拉都兰和卡尔东提出的运动领导多维模式。谢拉都兰所提出的这一模式是将一般领导行为研究（如商业领导行为）概念应用于体育领域的一次尝试，是在领导行为研究中应用行为学方法的范本。如图4-2所示，该模式主要关注与领导行为有关的行为，这些行为与训练过程的双重目标（获得高水平竞技能力，保持运动员满意度）相关。这两个“目标”是教练员领导行为的三要素产物，即实际的执教行为、首选的行为和要求的行为。这三要素反过来又受到教练员特征、运动员特征和情境这三个对行为有重要影响的前提条件的作用。

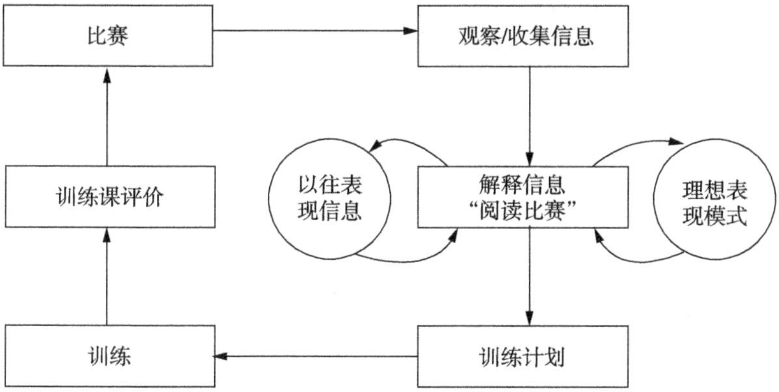

图4-2　运动领导多维模式

要求的行为这一概念包含某一组织机构对于教练员的期望。例如，篮球管理中心希望教练员保证球队具有良好的纪律性。要求的行为也受运动员期望的影响。例如，篮球队的运动员可能期望教练员在提高个人技术而不是球队战术方面多花时间。运动员以及组织机构的期望则由他们各自基本特征，如运动员年龄或俱乐部文化所决定。首选的行为是指运动员期望教练员应该有的行为。例如，运动员参与团队决策的程度。执教环境的特征也对运动员偏爱的执教行为有影响，例如，篮球运动员可能不希望教练员每周安排一次以上的以跑步为主的训练课。最后，教练员的实际行为会受到个人期望值、偏爱、执教要求（如运动员的技战术需要）及其基本特征，如个性、经验等的影响。

谢拉都兰假设三种行为之间的一致程度决定着运动表现与满意度。如果教练员的行为方式符合首选行为与期望行为，那么运动员的运动表现与满意度会达到最好；如果篮球教练员行为与要求行为相一致，但与运动员的期望不符，那么，运动员可能会表现出较高的运动能力，但他们的满意度会比较低；反之，如果教练员行为符合运动员的偏爱，但与要求行为不符，那么运动员的满意度可能比较高，但运动表现会受到负面影响。

本领域的学者都对多维模式极为推崇，并且它从被提出之初就成了研究的热点。这一模式及其相关研究，主要关注以下几个有关篮球执教的核心问题：

（1）在特定的情境条件下，什么是有效篮球执教行为的前提性因素？

（2）执教是一种行为。教练员的目标是获得某种形式的动态平衡，消除运动员之间的隔阂，调解潜在的冲突以及满足运动员在特定情景所提出的要求。

（3）运动员对教练员某种行为的偏爱，对篮球运动员满意度有重要影响。

（4）运动员特征，如运动员年龄、经验，会影响其对篮球教练员某种行为的偏爱。

（5）环境因素，如国家、组织文化，会影响运动员对篮球教练员某种行为的偏爱。

虽然这一模式对于执教研究来说是一个有益的补充，但由于其本身也存在着局限性，所以并不能充分地解释执教这一概念。从研究内容看，几乎所有相关的研究都将注意力放在模式下面一部分内容（如固有特征的交互影响、运动员的偏爱、教练员行为和满意度）。模式上面的部分，要求/期望的行为和表现，由于明确定义什么是在“特定的条件下必需的行为和要求的行为”相当复杂，因此研究者在研究的过程中并没有对其给予过多的关注。任何对于模式上面一部分内容之间关系的调查研究，都会因“如何评估执教行为表现”这一基础问题而受到阻碍。仅仅通过对比赛胜负进行分析就足以评价教练员的工作效绩吗？教练员可能表现优秀，但球队仍然输掉比赛，那么如何评价教练员的表现？无论从研究的角度，还是从实践角度来说，这些问题都制约着该模式的有效性。

第一，从实践角度来看，这个模式没有涉及或不能解释一般文献中公认的一些重要问题。该模式只是以简单化的观点看待运动员的满意度，没有从长期与短期角度进行满意度分析。教练员清楚，有时他们可能会采用一种特殊的行为方式，即使可能不被运动员所接受，但仍是一种“正确”的行为过程。例如，某教练员可能正在实施一项艰苦的训练计划，这会引起球队成员的不满，可是一旦因计划的实施而导致了比赛的胜利，那么运动员的满意度就会增加。虽然此模式提出了一个单一的、简单化的满意度概念，但这一概念与实际情况并不相符。

第二，更为重要的是相关文献明确指出，篮球执教是需要根据情境及时间的不同而进行角色转换的多角色行为。很多学者认为，角色随行为偏爱变化的现象与篮球执教过程有关，而与特定角色无关，但本模式未认识或承认这一现象或论断。然而在实际的执教过程中教练员会发现，运动员对某种行为方式的偏爱与角色是相关的。在决赛的正常比赛结束之后到加时赛开始之前这一关键时间段内，运动员不可能需要教练员以一种非常民主的方式让他们一起参与讨论比赛策略。相反，如果教练员准备利用比赛之余的时间组织游玩，运动员可能希望也需要大家一起讨论、共同决定活动的方式。

如前文所示，全面的领导模式指出了篮球教练员和教练员讲师在考虑与教练员执教效率相关问题时要特别关注的重要因素。然而，像多维模式这样将研究视角关注于行为的领导模式，缺乏对于执教环境和实践复杂性的解释。假设执教环境的复杂性，以及角色、行为偏爱、个人特征和社会组织的期望之间存在复杂的交互影响，那么用一种单一行为模式去说明所有相关因素真的是可行的吗？这样的模式能够说明某篮球教练员在某种特定的执教环境中的某种的行为是最合适的吗？要达到这种要求，似乎是不可能的。因为问题的核心在于什么是最合适的对研究人员及实践者均有用的篮球执教模式的研究范本。

第三节　高校篮球教练员以知识为导向的研究

与领导模式将研究中心放在行为上不同的是，最近很多有关执教的研究更关注知识和决策方面的问题。从20世纪90年代初期，越来越多的研究者认为，篮球执教是基于教练员所拥有的心理技能和知识之上的专业技术，而不是教练员在特定条件下的行为本身。因此，研究者将研究中心从教练员如何做转为教练员如何想。

在这一研究领域，被广泛应用和引证的模式是科泰等提出的执教模式。科泰等在一项对专家教练员们的研究中提出了这一模式，并指出教练员需要从哪些方面提高运动员或球队水平的认知表象来推动执教过程。这种认知表象或认识图式，被称为“运动潜力的心理模式”。在执教模式中，心理模式决定教练员在执教过程的某一特定阶段的行为。另外，这种心理模式在某一潜在执教行为认知图式框架内，将篮球执教过程的主要部分（训练、比赛和组织）与环境因素（如运动员年龄、能力水平或俱乐部的组织文化）联系起来。从本质上看，根据这种执教模式，我们可以认为，篮球教练员构建执教过程心理模式的途径以及执教环境是教练员专业技术的基础。

这种执教模式的中心原则——认知技巧是执教技能的核心，我们在相关文献资料中可以找到大量支持。例如，从有关专家级教练员以及专家与新手对比研究文献中可以发现，执教技能与批判性思维和决策技巧有关。研究还证实，专家级教练员有着知识的边界认知形式。如他们可以把不同的知识进行整合，从而获得对现实情况以及自己在其中的位置的更全面的认识。因此可以推论，越是拥有全面的、综合的知识基础，就越可能有助于教练员在某一特定情形下选择恰当的执教行为。研究还表明，专家级教练员的知识结构可以帮助他们正确分析训练环境、预见不同执教行为可能产生的结果，以及做出适当的继发性执教干预。

在各种相关文献中研究者一致认为，人们可以通过观察篮球教练员运用知识做出的决策及继发行为，了解篮球教练员的执教技能，并指出执教技能基于教练员以下的能力：

（1）感知执教环境中最为相关的信息的能力。

（2）构建将情境线索与执教行为、结果联系起来的知识基础的能力。

（3）利用大量的知识资源以理解不同的情境的能力。

（4）形成适宜的情景心理模式以指导执教行为的能力。

（5）明确地预知不同行为选择可能带来的后果的能力。

读者应该明确，在这些文献里，研究者是将知识形成、知识结构、知识呈现和决策的问题混淆在一起的，并没有对各个概念进行明确的区分。由于执教方面的文献在讨论与认知技巧或知识相关的问题时没有一个共同的、一致认同的概念，因此我们很难得到明确的结论去说明在决定执教水平时，哪些因素更加重要一些。然而，如果一个人接受执教技能是一种认知技巧这一论断，那么他必然问

“专家级教练员的技巧是如何形成的”，一些研究文献对这一问题做出了相当明确的回答。

几乎所有的文献都认为，篮球执教技能是通过经验而不是通过正式的教育培训课程获得的。我们将执教看作“交易式学习”，一些研究也证实了这一观点。古尔德等对美国不同项目的高水平教练员的研究表明，教练员是通过经验的积累以及教练员之间的互动的方法获得基本知识的。萨尔梅拉的研究结果也证实了这一点，他在一项小型但非常深入的以高水平教练员为对象的研究中指出，教练员通过各自不同的、独特的学习途径成为专家级篮球教练，经验是实现这一目标的主要中介。研究表明，通过经验获得的知识基础在决策过程中扮演着主要的角色。索里和杜兰德的研究发现，专家级篮球教练运用他们当运动员时获得的个人经验和过去的执教经历，去解释运动员在某一特定时刻正在经历着的事情，以及其他行为对训练会产生怎样的影响。

篮球教练员通过经验获得的知识对于专业表现非常重要，这一论断也可以从其他研究领域的科学研究文献中找到证据。无论是医学还是军事学等各个职业领域，专家们运用他们由经验获得的不可言喻的知识决定着他们的专业技能。不可言喻的知识可以被定义为“引导行为但并不易于通过内省去解释的程序化知识”。斯特内博格和霍瓦特所认为的“不可言喻的知识是专业技能之基础”的观点可以从其他执教方面的文献中得到印证。几个执教方面的研究都提到，专家级教练自己都很难清楚地说明他们所运用的知识，并指出他们的知识结构实质上都存在高度的个人化特征。此外，很多研究者都认识到，专家级教练的执教行为过程不是公开的、系统的，尽管人们可以想当然地认为它应该是什么样的过程，但执教行为特别是在有压力的情况下的执教行为，可能是直觉性和特异性的行为。

研究者的文献一致认为，篮球执教技能由经验而来。无论是有意识或者不经意地，教练员可以通过经验获得复杂的、个性化的知识结构，并在以后的决策和行动时体现出来。虽然所有的专家都有经验，但并不是所有经验丰富的教练员都是专家。对于教练员来说，“如何指导人们从经验中学习，以及怎样提高学习效率”是他们必须真正面对的问题。高水平高校篮球教练员所要做的是为教练员提供针对性强的经验学习过程，而不仅仅是给予教育性培训课程或视频教育节目。

索里和杜兰德提出了解决这一问题的建议。参照专家教练员的提高过程，他们认为俱乐部应该多为教练员创造学习机会。

（1）教练员应对执教行为进行经常性的反省。

（2）在结构化的学习环境中，使教练员体验执教环境。

（3）模拟真实执教体验和练习（如有专家级教练员解说声音的真实执教情景视频）。

（4）问题式学习（如要求教练员去解决专家级教练在执教过程所遇到的特定问题，并指导他们如何去解决这些问题）。

莱尔同时指出，“专家顾问应用了很多这方面的建议。”这种观点可以在布洛姆等的研究中找到求证，布洛姆的研究探讨了在教练员提高的过程中教练员导师的重要性。他们发现，大多数专家级篮球教练员在当运动员和做教练员的过程中都接受过这些顾问的指导；篮球教练员认为这些顾问的指导在他们经验性学习的过程中起着重要作用。

此外，除了创造现场学习机会及接受指导的方法外，研究还表明，培养篮球教练员深思技巧有助于提高学习效果。反省与深思过程被认为是很多不同专业领域的工作者，如护理人员教育工作者和社会工作者在经验中进行学习的先决条件。因此，研究者建议，在篮球教练员培训过程中应该着重提高教练员的深思技巧，通过这种方式，篮球教练员就可以更好地提高从经验中学习的效果。诺尔斯指出了深思练习对教练员培养所起到的效果。当教练员采用深思练习计划并接受一段时间的专家指导后，他们便会对自己的实践行为有更深的理解，并会对自己的实践行为进行适当的调整，最终提高其深思技巧。篮球教练员应该注意培养学习技巧，如反思以及发放专门的专业知识视频文件包。

执教是一个多变的、动态的、复杂的行为，它包括多重任务，并需要很多技巧。简化模式不能充分地说明执教过程。但这些模式强调了执教过程中观察和指导技巧的重要性。从这方面来讲，这些模式对于教练员来说还是有一定的价值的，并且这些模式使人们更为关注高效执教的问题。

与简化模式相比，领导模式（如多维模式）是把篮球执教看作一种领导行为的特殊形式。多维模式不仅说明了运动员、教练员以及执教环境之间复杂的交互影响，而且说明了作为执教行为的潜在结果——运动员满意感和表现之间的区别。由于这些变量被融入一个模式之中，多维模式比简化模式更能体现执教环境条件的社会动力学特征。然而，它没有考虑到一般的有关执教的研究文献中所讲的执教角色或任务多样化问题，也没有考虑到运动员满意度与运动表现的相互影响。尽管人们可以从多维模式和相关研究中得到一些执教行为的指导性原则，但人们不能依据该模式推知在特定的情况下，哪些是教练员所需要的最佳行为。

很多最新的篮球研究表明，篮球执教技能不是建立在特殊的行为模式上而是建立在教练员认识技巧基础之上的。如科泰等的执教模式都强调了知识结构对于教练员理解执教环境及做出正确决策的重要性。专家级篮球教练与新手教练员的区别在于，专家级篮球教练员感知相关情境线索、构建某种特定情况下的心理模式以及预知不同执教行为可能产生的结果的能力更强。此外，研究文献表明，认知技巧来源于经验。因此，教练员需要开发一个可以激发他们从自身经验中进行有效学习的课程。

第五章

高校篮球教练员运动训练科学理论素养

第一节　篮球运动训练理论与方法发展论

20世纪50年代之后，篮球竞技运动训练科学化发展，研究者开始转向以训练负荷和竞技能力的长期形成为主要内容的“软科学”研究。超量恢复和周期训练等一批指导运动员竞技能力和竞技状态形成的训练理论相继问世，对篮球竞技运动训练科学化水平的提高产生了重要推动作用。

20世纪80年代之后，篮球竞技运动训练进入一个对以往训练理论和方法进行梳理和总结的阶段。篮球商业化所带来的一系列新问题，诸如赛事规模的大幅度扩大和已达到极致的大运动量训练，将世界篮球竞技运动训练推到了一个必须思变的转折点。人们开始审视和反思以往的训练，如何适应多赛事的态势，如何突破大运动量的瓶颈，如何在运动员频繁参赛的情况下，既可以避免或减少篮球大运动量所带来的运动损伤和过度训练风险，又能够继续提高篮球竞技运动能力，成为摆在当时篮球运动训练面前的重大研究课题。一些曾经对篮球训练起过重要指导作用的理论与方法，由于已不能适应篮球训练实践的需求而必须进行修正和发展，一些融合了新理念和新技术的现代先进篮球训练思想及方法应该及时地补充进来。在此背景下，“应激适应”“板块周期训练”“力量分期训练”和“反应力量”等理论和方法，相继在竞技运动训练领域亮相，成为篮球竞技运动训练水平可持续发展的主要动力。

进入21世纪之后，篮球竞技体育职业化的蓬勃发展极大地刺激了训练理论和方法的变革与创新。以欧美为龙头的职业篮球重新定位了竞技体育在社会发展中的角色与功能，“训练与恢复”的关系、“板块训练”对传统周期训练理论的丰富与发展、“两极化”耐力训练模式的提出以及篮球竞技就是动作的回归，成为当代世界训练理论和实践的热点问题。

一、训练恢复——篮球竞技能力提高的前提与依据

从宏观上看，篮球运动训练对运动员的影响和作用具有三种可能，即提高、保持和降低运动水平。在长期的训练过程中，教练员和运动员都期待着前两种结果，提高或保持运动能力，而不希望看到运动能力的下降。但是，良好的愿望并不能改变一个事实，篮球运动能力有可能在错误的训练下降低。如果篮球运动员长期受到高负荷的刺激而得不到有效的恢复，就会导致篮球运动水平的下降，严重时还可能引起神经性疲劳，即被称作“过度训练”的运动性疲劳疾病。

随着篮球职业运动的兴起和快速发展，以及以奥运项目为代表的竞技体育赛事的大幅度增加，篮球运动员的连续参赛能力与运动损伤和过度训练风险之间的矛盾也日益突出。有研究认为，有70%的损伤是由于过度训练造成的，而并非篮球比赛，以往美国职业运动员的平均运动寿命只有3.5年。显然，不考虑篮球运动员的健康和以缩短运动寿命为代价的急功近利的训练模式，已经不能适应当代篮球竞技体育的发展。

疲劳与恢复是机体适应过程的两个重要阶段，在训练负荷的作用下机体的运动能力出现下降（疲劳），在训练之后机体逐渐恢复，机体在这个“疲劳—恢复”的反复交替过程中逐渐对训练负荷产生适应，运动能力因此得到提高。长期以来，篮球竞技运动训练领域对训练负荷一直表现出极大的关注，但对机体的恢复却未给予足够的重视。人们错误地认为，篮球训练负荷是人为制定的，可以通过量和强度进行操控；而恢复是机体自然的过程，它主要取决于负荷的大小（疲劳程度），无须进行专门的控制。在这种理念的指导下，人们在对训练负荷的设计和安排中很少考虑恢复的问题，缺少恢复因素的负荷很容易失去限制，训练量或强度极易超过生理的极限，引发过度训练和运动损伤。

在篮球训练实践中，恢复不仅是指训练课后的休息，而且包括所有训练负荷的组、次之间和比赛过程中的间歇，这些“间歇”不仅缓解了机体的疲劳，更重要的是在相当程度上直接或间接地影响着训练（比赛）刺激对篮球运动员机体的效应，是运动员获得最佳适应和达到优异成绩的重要影响因素。当前世界篮球运动训练领域，尤其是对篮球运动员身体素质要求高的篮球运动项目，对训练和比赛过程中的“恢复”高度重视。人们认识到，篮球训练刺激下机能能力的暂时下降的最终目的是引起身体运动器官和系统的适应，而这种急性或长期的适应必须有恢复过程的参与，能力是在身体恢复的过程中得到发展的，那些能够恢复的负

荷才会给运动员带来正面的积极性适应。因此，在当代篮球运动训练中，恢复已不再是以往处于次要地位的消极、被动和从属的问题，而成为与训练同等重要的内容。

教练员应高度重视篮球训练和比赛中的恢复问题，主要表现在以下几个方面：

在总体上，篮球运动训练的负荷设计与实施必须以机体的能量储备为依据，为运动员设计的负荷量不能超出能量储备的极限。例如，一般来说，运动员的糖储备总量为450 克左右，那么教练员设计的训练课负荷在糖原的消耗上就不能超过这个极限。超过能量储备的负荷不仅不能有效提高运动员的能力水平，还会造成运动损伤和过度训练，更容易导致训练量或强度的下降，以此代偿或改变供能物质（例如由糖原改为脂肪供能），影响训练的精确性和系统性。

恢复不仅仅是指篮球训练或比赛后的恢复，也包含着篮球训练或比赛过程中的恢复，人与机械在恢复上的最大不同点就在于人体可以在篮球运动的过程中不断地进行恢复。篮球运动员不仅要具有充足的能量储备，还要具备出色的场上快速恢复能力。例如，篮球运动长达2~3个小时的比赛中，机体的一些可以快速得到恢复的能量物质，如肌肉中的磷酸肌酸（Pc）储备，可以在短暂的间歇中不断得到恢复。大量世界优秀篮球选手之所以能够在大龄阶段仍然有足够的体能与年轻运动员激烈竞争，不仅在于精湛的技术和丰富的经验，还在于出色的恢复能力。

因此，在当代篮球运动训练中，恢复的重要性已经得到广泛的认同，有效的负荷刺激必须建立在可以恢复的前提基础之上，篮球训练负荷在设计阶段就必须考虑到恢复。恢复已经成为运动员，尤其是高水平篮球运动员训练的一个有机组成部分，在很大程度上也是运动员的一种“能力”，这种能力与其他能力一样需要给予专门的重视和训练。同时，对恢复问题的高度关注也给运动训练提出了更高的要求，篮球教练员不仅要考虑负荷刺激的设计，还要注意刺激后机体的疲劳以及疲劳的消除。在这种情况下，篮球教练员需要具有更全面的理论基础，需要了解那些与恢复有关的生物学知识，需要探索和研究间歇、恢复和停训等一系列与训练密切相关而以往又不经常注意的问题。

二、“板块”训练——对周期篮球教练理论的丰富与发展

对篮球运动员的训练进行长期计划和安排的一个标志性成果，在周期理论问世之前，竞技训练基本还处于混乱和无序的状态，很多篮球教练员还没有认识到

多年和全年训练周期对竞技能力形成、保持和消退的影响作用，也无法做到使篮球运动员的最佳竞技状态定时定点地在大赛中表现出来。周期训练理论对篮球运动训练的主要贡献是给已有的不同训练周期（准备期、比赛期和恢复期）注入了实际内容，提出了两个对运动训练具有“杠杆”作用的训练要素：不同训练时期负荷量与强度的不同比例关系和不同训练时期一般身体训练与专项训练的不同安排。

“板块”篮球训练理论的出现是对周期训练理论的补充和发展，它从以下三个方面改进或弥补了传统的周期训练理论：

（1）该理论提出了“高度集中篮球训练负荷”的原则，即只选择1~2项素质或能力构成专门的训练板块，集中进行训练。这种篮球训练在没有增加甚至减少训练负荷量的情况下，增加了运动员机体的刺激水平，提高了训练的效率。

（2）该理论充分认识到生物学理论和知识对篮球运动训练的基础支持作用，没有仅从表象上而是从各需要发展的素质和能力的内在机制以及它们之间相互的潜在影响和作用上设计训练方式，提出了不同能力“依次序列发展”的训练原则。该原则主要考虑到不同运动能力之间存在的抵触和冲突，例如有氧耐力和无氧耐力、耐力和力量等能力之间的不兼容现象，依次发展各种不同的能力，以此获得篮球训练的最大效益。

（3）该理论提出了“训练延迟效应”的概念，以及形成训练延迟效应的影响因素，给出了不同能力延迟效应的持续时间和最大限度利用的方法与途径。

“板块”周期篮球训练是在传统的周期训练理论之后问世的一个新理论，近年来该理论引起了我国训练理论和实践界同人的广泛关注，集结了赞同、疑惑和否定等各种不同的观点和意见，需要进行认真的研究。值得注意的是，“板块”周期篮球训练并不是一个对所有运动员、所有项目和所有训练过程都起作用的训练模式，它的适用人群主要为高水平运动员，适用项目主要为多赛事的速度、力量和耐力性运动项目，适用时间主要在重大比赛前的训练阶段。

三、篮球有氧能力训练模式——耐力训练理论的进展

“乳酸阈模式”最早是由德国人提出的，研究小组对人体运动时能量代谢从有氧到无氧的转化过程进行了研究，认为该过程开始于以血乳酸第一次突增为标志的“有氧阈”，结束于达到相应的最大乳酸稳定状态的“无氧阈”。他们的实验表明，未经过篮球训练的受试者在进行了2~3个月、每周4~5天、训练强度维持

在乳酸适应区间，特别是无氧阈值附近的训练之后，耐力水平出现显著提高。其原因在于该篮球训练强度可以明显地刺激最大摄氧量、乳酸阈或通气阈，以此提高人体运动的耐力水平。

“金字塔模式”是哈特曼等人提出的耐力训练模式。他们认为，在长期训练过程中，耐力训练的强度应该保持金字塔式的走势，最高强度的无氧训练比例应控制在年训练总量的5%~10%，有氧—无氧阈以上强度的训练最好不超过10%，其余80%应该是有氧—无氧阈以下的中、低强度的训练。一方面，优秀篮球运动员与普通人和青少年运动员在运动能力储备上具有很大的差别，未经篮球训练者的肌细胞中线粒体数量为3%左右。而经过长期专门训练的篮球运动员的线粒体数量在12%以上，是普通人的3~4倍。从物质代谢的角度分析，大强度的训练会破坏肌细胞中的线粒体，优秀篮球运动员比赛后肌肉的线粒体可以损失6%左右，这种损耗对运动员耐力水平的影响是非常大的，而又由于优秀篮球运动员的线粒体数量已经达到相当高的水平，大负荷运动造成的损耗并不能带来相应的“超量恢复”效应，所以频繁的大负荷训练，尤其是大强度训练很可能会给高水平篮球运动员带来负面的作用。另一方面，就目前的研究来看，75%的训练课的强度在65%VO_{2max}，对于那些训练有素的、具有较高最大摄氧量（70~80 $ml \cdot kg^{-1} \cdot min^{-1}$）的篮球运动员来说，这种“低”强度仍然可以产生工作肌肉中氧气的高利用率。假设肌肉的活动量一样，那么以65%最大摄氧量强度进行训练的优秀运动员，其工作肌肉中的氧气利用率和那些未经训练的人以最大摄氧量或接近最大摄氧量进行运动时肌肉的氧气利用率基本相等。因此，耐力训练的“金字塔模式”和“两极化模式”在目前世界上大多数篮球的训练中占据主导地位。

这种以大量有氧训练为基础，少量突出强度训练为重点的负荷节奏对高水平篮球运动员的训练尤为重要。此时，篮球运动员的竞技能力已经达到很高的水平，参与篮球运动的器官和系统功能接近人体的极限，受伤的概率较青少年选手大幅度增加，预防损伤已经成为该篮球训练阶段的重要任务。运动员通过大量的有氧篮球训练维持了一般基础能力水平，也提高了大强度训练的质量，更重要的是保证了机体机能的恢复，减少了大强度训练造成的对肌细胞的损坏，使篮球运动员在整个训练过程中处于一种良性适应状态。许多体能类项目的世界级选手之所以能够保持长久的运动寿命，与这样的训练指导思想有很大关系。

四、篮球动作就是竞技训练理念的突破

高度重视篮球运动员的运动寿命，在提高篮球竞技能力的同时尽可能预防和避免运动损伤，是当代篮球竞技运动训练发展的一个突出特点。在这一背景下，世界竞技篮球运动训练领域开始重视被称作“功能动作的训练”，将“动作质量”提升到关乎篮球竞技能力优劣的高度。

动作就是竞技不仅仅是一句话，而是对篮球竞技运动训练具有革命性意义的一种训练思想。该思想将复杂的专项技术还原为最小的基本单位“动作”，认为无论多复杂的专项技术都是由若干个相对独立的动作构成的，篮球运动技术的本质是一个竞技项目在规则许可下所特有的动作序列，精湛的技术应该建立在标准和正确的动作基础之上。因此，动作是技术的本源，动作姿态是技术能力最基本的体现。

长期以来，人们一直将“快速、准确和经济”作为篮球竞技运动训练质量的三大要素，而这三大要素都可以被一个“动作”集中体现。如果篮球运动员的每一个动作都是快速、准确和经济的，那么我们就可以认为由这些单个动作所组成的动作链在很大程度上也是高质量的；反之，如果每一个单一动作都是缓慢、不精确和不经济的，那么整个动作序列也必然存在大量的缺陷。所以，篮球动作是精湛运动技术形成的源头，是优异身体素质得以发挥的平台。篮球动作的质量是完整专项技术优劣的基础，篮球动作的质量决定了整个运动过程的动力和消耗，篮球动作的质量可以提高运动效率并减少受伤风险。

动作的训练已经形成了一个系统，我们对动作的强调与重视不仅仅停留在以往的专项技术动作范畴，而且扩展到对篮球训练过程中（包括准备活动和整理活动）各个练习手段的精细化设计和实施上，使大量的以往被忽视或难以把握的一般训练手段，在肌肉的募集、协作和控制以及能量供应等方面更加符合力学、生理学、专项特点和运动员个体条件的需求，以此提升一般能力发展的目的性和针对性，使其更易与专项能力相契合，提高机体运动的效率和经济性。在理念上，篮球动作的训练非常强调稳定与非稳定的关系，主动肌、辅助肌和拮抗肌的互动关系，以及肌肉力量的传递与整合和多维运动的控制与整体效率。在实践中，该方法改变了传统的以杠铃负重为主要手段的训练，将大量原来只运用于康复领域的训练方法加以改造和发展，直接应用于篮球竞技训练，形成了一套将损伤预防、康复与竞技能力提高紧密结合的肌肉功能训练方法。同时，对“动作”的检

测与评定也得到了同样的重视，被称作“动作功能筛查”的检测标准用以诊断和评价篮球运动员在形成动作时肌肉的稳定、平衡、对称和控制等问题。

对动作的重视并不仅限于技术的范畴，篮球动作的正确与否还密切关系到运动员的损伤问题。错误的动作不仅会造成篮球运动员动力的泄漏，还会引发肌肉、软组织和骨骼的损伤，进而影响篮球训练的正常进行乃至缩短运动寿命。所以，对动作的重视应该作为贯串运动员整个训练生涯的一项重要任务，青少年的训练应该强调形成正确的动作姿态，成年篮球运动员的训练仍然要注重动作质量的继续提高。

第二节 篮球运动训练的神经—肌肉与能量代谢基础

篮球竞技运动训练的终极目标就是最大限度地挖掘运动员的运动潜能，冲击人类的运动极限，创造优异的成绩。在这一目标下，篮球训练的实质实际上就是通过施加各种训练负荷，使篮球运动员的机体在结构和机能两个方面出现符合专项需求的适应性改变。同时，篮球运动员的训练还是一个运动技能的传授和学习过程，无论是篮球教练员的“教”还是篮球运动员的“学”都必然涉及诸多教育学的原则、规律和方法。因此，篮球运动训练的这些特点决定了它带有突出的自然科学和社会科学属性，生物学和教育学理论基础是训练理论中不可或缺的重要组成部分。

一、神经—肌肉的训练适应

肌肉在运动神经支配下的收缩是人体运动的起点和终点。在人体运动过程中，运动幅度的大小、速度的快慢和时间的长短均与肌肉的参与程度、神经的支配能力和能量的供应水平密切相关。因此，神经—肌肉是人体运动的直接动力来源，是篮球运动员取得优异成绩的基础条件。

（一）肌纤维类型及其训练的适应

人体的横纹肌主要由红肌（慢肌）和白肌（快肌）构成。红、白肌纤维在结构和功能上有很大的差别。

慢肌纤维多位于肢体（例如比目鱼肌）等部位，主要参与机体的支撑性运动。它们受传递速度较慢、小的 α 脊神经元的支配，可以以低兴奋频率

（10~20 Hz/s）长时间地收缩。这种主要以有氧供能为特点的肌纤维相对细小，并拥有丰富的毛细血管、肌红蛋白、线粒体和有氧酶。

快肌纤维多位于关节（例如肱三头肌）等部位，主要参与机体的快速运动。它们受传递速度较快的、大的 α 脊神经元的支配，具有高的神经兴奋冲动频率（平均约40 Hz/s）。快肌纤维较粗，收缩的速度较快，爆发出较大的力量。但是，快肌纤维的肌红蛋白、毛细血管和线粒体较少，运动时能量的供应以无氧为主，所以收缩持续的时间较短。快肌纤维还可以根据其结构和功能进一步分为FⅡ-b、FⅡ-a和FⅡ-c 3种类型。

因此，从目前的运动生理学角度，一般将人类骨骼肌纤维分为两类四种不同的类型：

（1）类型Ⅰ：收缩速度慢，抗疲劳性强，肌糖原储备少，线粒体含量多，具有强有氧氧化能力，被称为慢收缩氧化肌纤维。

（2）类型Ⅱ—c：在结构和功能上既有快肌也有慢肌的特性，是处于慢肌和快肌之间的中间型肌纤维，在人类的骨骼肌中数量很少（约占肌肉的2%）。

（3）类型Ⅱ—a：具有较高抗疲劳能力的快肌纤维，含有较多的肌糖原和有氧氧化酶，也被称为快收缩氧化—糖酵解肌纤维。

（4）类型Ⅱ—b：收缩速度快，易疲劳，拥有丰富的肌糖原储备，线粒体的含量少，也被称为快收缩糖酵解肌纤维。

在生理学上，我们一般将一个运动神经细胞以及由它延伸出来的运动神经所支配的肌纤维称作一个运动单位。与肌纤维一样，运动单位也可以在结构和功能上分为大（快）和小（慢）两个主要类型。快肌单位又可以分为三个亚类型，所以运动单位同样可以分为两类四种不同的类型：慢收缩型、快收缩中间型、快收缩耐疲劳型和快收缩易疲劳型。肌纤维的不同类型以及相应的不同运动单位，主要从两个方面对篮球运动训练产生影响。

第一，肌纤维的横断面可以通过有针对性的训练得到选择性增长，如果红、白肌纤维比例的初始状态为1：1的话，通过相应的训练可以使两种肌纤维的面积比例成为9：1，也就是说，快肌或慢肌能够通过相应的训练得到优先发展。派珀等人的研究结果表明，不同类型篮球运动员慢肌的比例表现出显著性的差异，耐力类不同的肌纤维可以在后天的训练中得到不同的发展，力量训练方法和负荷在其运用上必须考虑人体骨骼肌的这一生理特性。

第二，篮球训练可以使不同类型肌纤维的功能出现转换。已有研究证明，通过耐力训练，可以使快肌FⅡ-b型转为FⅡ-a型，FⅡ-a型进而转向慢肌纤维SFI型。一个白肌占优势的篮球运动员通过系统的耐力训练可以成为一个优秀的篮球选手。根据霍华德的研究，在实验室中，可以通过神经支配的变换，使快肌与慢肌出现相互转换，例如由传导速度快的神经元支配慢肌，或者使用电刺激的模拟刺激。但是在篮球训练实践中，这种双向的改变基本不会出现，通过篮球训练可以使快肌纤维向慢肌纤维转变，而通过力量训练或间歇训练只能够使中间型肌纤维（FⅡ-c）的慢肌特性相应减小，快肌纤维的特性得到加强，由此改变肌肉的收缩特性。这种改变在时间上是缓慢的，在程度上是有限的。也有人认为，慢肌不能向快肌转变的主要原因在于机体在训练之后的大部分时间里处于以红肌运动为主的低强度日常工作状态，慢肌纤维在短暂高强度刺激下表现出的快肌特性很容易因此消失。所以，从目前的研究成果来看，在正常篮球训练条件下，肌纤维类型的转变是不可逆的，只能从快肌向慢肌转变，而不能或很少由慢肌转变为快肌。

不同的篮球训练还可以导致快肌纤维内不同亚类型肌纤维的改变。根据我们的研究，经过7周运用大阻力负荷发展肌肉横断面的力量训练，快肌纤维中的Ⅱ-b型纤维出现大幅度减少，在13~20周后，Ⅱ-b型肌纤维几乎完全消失，取而代之的是Ⅱ-a和Ⅱ-c肌纤维。在经过几周的休息之后，又通过快速力量的训练使Ⅱ-b型肌纤维重新得到恢复。

（二）肌肉收缩的神经支配与训练适应

运动神经对肌肉收缩的支配作用主要体现在三个方面：

1.募集作用

机体的运动需要肌肉收缩产生的力量，而运动神经的首要作用就是将参与运动的运动单位动员（募集）起来。不同运动单位的动员都遵从亨尼曼的“募集定律”，即运动单位从小到大的募集顺序。小的负荷（≤45%最大力量）作用时，绝大部分参与运动的是慢收缩氧化肌纤维（MHC I），随着负荷的增加，快收缩氧化—糖酵解肌纤维（MHC Ⅱ-a）和快收缩糖酵解肌纤维（MHC Ⅱ-b）也开始被动员起来，直到约95%的运动单位被募集。

肌肉的募集定律对力量训练实践具有极其重要的意义。我们据此可以推断出训练负荷（强度）在由低到高的增长过程中对不同运动单位的影响和作用。低负荷和慢速度的训练只能动员慢运动单位（MHC Ⅰ型），而快肌单位（MHC Ⅱ型）

的动员则需要通过大强度的负荷刺激，若想让所有运动单位都得到募集和训练，运动员就必须运用大负荷和高强度的训练方法，例如最大力量或次最大力量负荷的抗阻力量训练或快速力量和爆发力的训练。另外，募集能力本身是可训练的，系统的力量训练可以改善运动神经对肌肉的支配能力，在数量和速度两个方面提高人体肌肉的动员水平。埃伦茨等人认为，不同的训练会从肌肉收缩力值的大小和力值上升的速度两个方面影响肌肉的收缩能力，在力量训练中可能出现三种不同的训练结果：

（1）肌肉收缩的力值和速度同时出现增长。

（2）肌肉收缩的力值出现增长，而速度不变，甚至下降。

（3）肌肉收缩的速度得到增长，而力值没有明显增加。

这说明不同的篮球力量训练方法能够使肌肉的力量能力（最大力量或快速力量）得到指向性的发展。

2. 提高运动单位的兴奋性

当参与运动的篮球运动单位被动员起来之后，运动员还需要进一步提高已被动员运动单位的兴奋性。肌肉收缩速度的改变首先取决于运动单位的募集数量。有研究认为，当肌肉以20%的最大力量收缩时，人体可以动员约40%参与运动肌肉的运动单位；当肌肉力量达到最大力量的50%时，大约所有应该参与运动的运动单位就已经被动员起来。此后，肌肉收缩力量的进一步提高主要通过提高运动单位的兴奋冲动频率，而不能或很少通过运动单位募集。不同神经冲动频率对力量动员速度的影响作用不同，高频率的神经冲动可以使肌肉力量的募集速度加快，能够在短时间内尽快达到最大力量。这表明，运动神经对肌肉力量的大小具有不可替代的重要作用。

3. 肌内和肌外的协调

运动神经不仅可以提高运动单位的兴奋冲动频率，还可以协调一块肌肉内不同运动单位之间（肌内）和不同肌肉之间（肌外）的收缩活动。研究证明，2~3周的力量训练可以使最大力量在肌肉横断面积不发生变化的情况下得到明显的提高，此时肌肉力量的增长主要归因于肌内和肌外协调能力的改善。在20~30次训练课之后（每两天1次力量训练），肌肉力量的提高出现了平台，肌肉协调对肌肉力量增长的影响逐步减弱，此后最大力量的继续提高将取决于肌肉横断面积的增长。

肌肉协调，是指参与篮球运动的一块肌肉内不同运动单位的协作配合。一块肌肉中所有的运动单位都得到了充分调动，形成了一个高度一致的兴奋冲动组合。这对于青少年篮球运动员尤其重要，处于这一年龄段的篮球运动员应该将此作为提高最大力量的主要途径。肌外协调，是指不同肌肉之间的收缩在时间上的优化配合，参与运动的主动肌、协同肌和拮抗肌按不同的程度被动员起来，一般认为，主动肌必须最大限度地被动员起来，协同肌和拮抗肌则需要“适度”，尤其是通过篮球训练降低肌肉对大强度刺激表现出的抑制作用，使整个参与篮球运动的肌肉形成一个协调的肌肉用力“链”，最大化地提高肌肉收缩的效率。协同肌适度动员的作用是辅助主动肌的发力，而拮抗肌的适度收缩可以帮助加固关节，为主动肌的收缩创造条件。主动肌、辅助肌和拮抗肌在肌肉收缩过程中所扮演的不同角色，充分显示出在一个有目的的运动中不同肌肉之间的协调配合，尤其是辅助肌和拮抗肌所表现出的“适度”收缩中就包含了大量的调整和控制机制，凸显出神经支配对肌肉收缩的主导作用。

（三）肌纤维增粗（肌肉肥大）及其训练适应

肌肉力量的提高主要取决于遗传和后天篮球训练两方面的原因。从目前的研究结果看，后天的篮球训练主要是通过增加肌肉横断面积和改善神经支配能力两个途径提高肌肉的力量水平，大部分研究结果仍然支持肌肉横断面的增长主要是肌纤维的增粗，而非肌纤维数量的增加。力量训练可以有效提高肌肉的横断面积，其依据主要是“能量枯竭理论”和“机制修复理论”。

能量枯竭理论认为，当肌肉收缩直至疲劳时，肌肉收缩的能量供应中止，由此影响蛋白质的合成。此时，人体的蛋白质代谢过程由于能量的枯竭而启动了一个应激机制，加大了蛋白质的合成，由此而使肌纤维增粗。

机制修复理论认为，肌肉在高强度篮球训练下，肌纤维受到破坏（肌小节损坏），训练后肌肉需要对损坏的肌小节进行修复，由此而增加了肌肉的横断面积。

肌肉横断面的增粗具有选择性的特点，这种选择性主要表现在以下两个方面：

不同的训练方法和手段可以使不同的肌纤维出现优先适应性变化，例如耐力项目运动员可以优先发展红肌纤维，而力量、速度项目运动员肌肉横断面积的增长主要归因于快肌纤维的增粗。

从功能上说，肌肉组织可以被分为收缩与非收缩两个部分，肌纤维是收缩部分，而肌浆、肌膜等是非收缩部分，通过不同的训练可以使肌肉的收缩部分或非收缩部分得到优先的发展，例如举重运动员主要通过肌纤维的增粗来提高肌肉的力量水平，而健美运动员则不仅发展肌肉的收缩部分，还要发展肌肉的非收缩部分，其目标是使整个肌肉的体积得到增加。

尽管肌肉横断面积的增长可以提高肌肉收缩的力量，但是肌纤维增粗的同时也会给肌肉的收缩带来一些负面的作用，而这些负面作用又往往容易被人们所忽视。肌肉横断面积的增大并不能自然带来肌肉收缩速度的加快，相反，甚至会由于肌肉拉伸范围的减小而影响肌肉的收缩速度。一些研究已经证明，随着肌纤维的增粗，位于肌腱的腱梭本体传感器出现提前兴奋，引发运动神经元的抑制，限制肌肉的收缩幅度和强度。因此，在增加肌肉横断面积的同时，运动员还应该同步加强肌肉柔韧性的训练，从而避免或减小肌肉肥大所带来的负面影响。我们应该认识到，肌肉横断面积的增长只是提高肌肉力量的一个途径，而不是最终目标，单纯追求肌肉的最大力量并不能真正解决专项力量的问题，更于专项运动水平无益，这一点对于那些以反应力量或爆发力为核心能力的项目尤为重要。

（四）肌肉工作方式与训练的适应

了解肌肉的不同收缩方式是进行肌肉力量训练的重要前提条件。肌肉收缩的各种方式，在一定程度上不仅能够折射出不同肌肉的运动能力，而且可以显示出不同的肌纤维募集、神经支配和能量供应的特点。这些隐藏在肌肉收缩方式背后的机理，是制订训练计划和选择训练方法的重要基础和依据。

从运动训练的角度，肌肉的收缩可以分为四种方式：

（1）向心收缩：肌纤维的张力不变，长度改变。

（2）离心收缩：当负荷超过了肌肉所能承受的限度，肌纤维在收缩的情况下被拉长。

（3）等长收缩：肌纤维的长度不变，张力改变。

（4）离心—向心收缩：肌纤维先做离心拉长，然后立即做向心收缩。

没有外来阻力时，肌肉的收缩速度最快；随着外来阻力的增大，肌肉收缩速度呈双曲线状下降；外来阻力与肌肉力量等同时，肌肉收缩的速度为零。其原因在于阻力越小，参与工作的肌纤维数量越少，肌肉内肌动蛋白和肌球蛋白单位时间内的搭桥数量越少，少的搭桥数量加快了搭桥的速度。与此相反，阻力越大，参与工作的肌纤维数量越多，肌肉内肌动蛋白和肌球蛋白单位时间内的搭桥数量越多，产生的力量越大，但收缩的速度越慢。由此可见，在力量训练中，负荷的重量与运动的速度同样具有类似的关系，大重量的负重能够动员更多的运动单位参与运动，但肌肉的收缩速度不可能很快；轻负重或不负重的力量训练可以加快肌肉的收缩速度，但参与工作的运动单位较少。

肌肉收缩力与收缩速度为双曲线关系，从肌肉做功的角度分析，肌肉的最大功率应该出现在该曲线的1/3处。但是，由于该结论是实验室条件下对单块肌肉研究的结果，而竞技运动实践中的肌肉活动不仅是多块肌肉参与活动，而且是在参与活动的肌肉具有主动肌、协同肌和拮抗肌等不同作用的条件下实现的，所以该研究结果对运动实践只具有参考意义。根据科米的研究，力量最大功率应该出现在最大力量的30%~60%之处。曼宁等人提出了“最大力量能力阈”的概念，认为肌肉收缩的最大功率应该出现在最大力量的50%~60%的区域，也就是说，在这个区域内肌肉产生的力与速度的关系形成了最大的功率。篮球运动员与普通人的肌肉收缩力与速度的关系是一样的，只是运动员的整体水平较普通人高。这说明，肌肉收缩力与速度的关系可以通过训练得到改变，其双曲线可以整体右移。

二、篮球运动能量代谢的训练适应

人体运动不仅需要神经—肌肉的参与，而且需要能量物质的支持，机体的能量代谢水平是篮球运动员提高运动能力和取得优异成绩的重要因素。人体的能量代谢系统可以通过训练得到改善，这种改善不仅表现为能量物质储备量的增加，更重要的是还表现为能量物质储备形式、运行速度和使用经济性的改善。

能量代谢系统机能的提高应该符合专项的需求。各个运动项目的专项比赛负荷和竞赛规则不同，对能量供应的需求存在很大差异，运动员必须通过长期的和有针对性的训练，形成符合专项需求的能量代谢能力，即专项耐力。

能量代谢系统机能的提高应该考虑运动员不同的个体条件。篮球运动员的身体条件，包括先天和后天的条件，均对能量代谢系统的篮球训练适应构成重要影响，应在训练中予以重视。

（一）运动过程中的能量供应类型及其关系

有氧和无氧供能是人体运动能量代谢的两种主要形式。有氧供能，是指体内的能量物质（如碳水化合物和脂肪酸等）在氧的作用下分解产生的能量供应肌肉收缩；无氧供能，是指利用体内磷酸原和糖原的无氧分解产生的能量供应肌肉收缩；磷酸原与糖酵解供能都不需要氧的参与，但前者不产生乳酸，后者产生乳酸，所以磷酸原供能又称为无氧无乳酸供能，糖酵解供能又称为无氧乳酸供能。因此，一般来说，人体肌肉运动的能量供应来自三种途径，即磷酸原（ATP和CP）供能、糖酵解供能和有氧代谢供能。

有氧和无氧能力的训练对机体耐力水平的影响可以追寻到人体快肌和慢肌纤维对不同训练负荷的适应机制。研究表明，不同类型运动项目运动员快、慢肌的比例和横断面积存在显著性的差异，耐力类项目运动员的慢肌明显高于速度和力量类项目，速度和力量类项目运动员的快肌均大于耐力项目，而耐力类项目的慢肌则超过了肌肉相对强壮的速度类项目。这种快、慢肌纤维比例的差异，一方面来自先天的遗传，另一方面则取决于后天的训练。不同专项的运动员正是通过这种长期的训练有选择性地优先发展那些与专项密切相关的肌纤维，并且有针对性地使肌纤维的功能向有利于提高专项成绩的方向转变。

同样，有氧和无氧的训练也会导致其他一些与耐力密切相关的物质的变化。例如，长距离耐力运动员的有氧酶在数量和活性上明显高于中、短距离选手，而在无氧糖酵解酶的含量和活性上，中、短距离运动员则高于长距离选手。

（二）篮球专项的能量代谢特征及其训练适应

篮球训练不能脱离专项来谈有氧或无氧的发展，不符合专项需求的有氧或无氧能力，即使达到高水平也不可能给运动员带来与之相对应的专项成绩，专项耐力水平提高的关键，首先在于使运动员形成符合专项需求的不同能量比例，其次才是在该比例框架下有氧和无氧能力的提高和发展。当然，这种专项的能量代谢特征，实际上只是为各个不同项目的耐力训练建立了一个框架式目标，篮球教练员和运动员可以据此设计相应的耐力发展计划，并且该计划应该是长期、宏观和阶段性的。在篮球训练中，教练员不应该机械地理解和执行这一代谢特征，更不能将其作为指导耐力训练的唯一依据。同时，我们还需要将专项的代谢特点与有氧和无氧能力的形成过程区分开来，有氧或无氧能力可以通过多种方式和渠道形成。一方面，有氧能力的提高可以在整体上补充和支持无氧乳酸的代谢，进而达到提高无氧耐力的目的；另一方面，有氧能力也可以通过无氧阈强度的训练得到提高。

（三）不同能量代谢的横向动态结构关系

不同能量的供能比例是构成篮球运动项目专项耐力的主要因素，该比例往往也作为专项耐力训练的依据。但是，在篮球训练实践中教练员仅了解和认识有氧和无氧供能在专项比赛过程中的总体比例并不能完全满足训练的需要，这种比例只能给出有氧和无氧供能在篮球项目中的宏观和静态状态，而人体的有氧和无氧能力却呈现出一种动念的相互支持和制约关系。

有氧与无氧供能在专项过程中的动态变化关系，不仅进一步给出了专项的运动特征，而且对篮球运动训练具有重要的指导作用。

在实践中，有氧和无氧供能的关系还为篮球训练方法和手段的运用提供了依据。篮球教练员和运动员可以根据有氧和无氧供能在专项运动过程中不同段落的动态变化设计不同的训练方案，使篮球训练更具针对性。例如，如果要提高篮球运动员糖酵解乳酸的动员能力，篮球运动员就应该以60秒之内的高强度训练作为训练的主要手段，如果在此基础上进一步发展运动员最大乳酸稳定状态的持续能力，则应该适当延长训练的距离。

不同能量代谢系统在专项运动过程中的互动关系，在很大程度上也可以反映出专项运动的强度特点。需要注意的是，该特点并不等同于专项比赛的“平均强度”。平均比赛强度一般是指篮球运动员在某一专项比赛中竭尽全力的“强度”，该强度随着篮球比赛距离或时间的不同而变化。比赛强度具有三个与训练强度不同的特点：篮球比赛强度基本反映了一个运动员的整体运动能力，它是在运动员的身心经过充分准备后才可以达到的运动水平；比赛强度出现的频率很少，它的出现与运动员的参赛数量密切相关；篮球比赛强度是一个动态变化过程，具有极强的项目特点。例如，篮球训练可以根据强度而变化，一种平均强度不可能客观和全面地反映专项强度过程，如果将其作为训练的主要依据则很可能违背了专项强度的特点，使训练走向反面。比赛强度实际上是各种能力交融、受多因素影响，并且是短暂实现的“竞技状态”。比赛强度一方面集中反映了篮球运动项目的总体特征，是篮球运动训练追求的目标，另一方面又不是篮球运动训练的全部内容。人体运动时三个供能系统同时工作，只是根据篮球项目的不同而出现不同的比例，因而在篮球训练中我们不能将该强度作为训练的唯一标准，而应该根据专项的需求（有氧和无氧的比例）、训练的阶段（准备期、比赛期和恢复期）和运动员的个体情况（速度和耐力、有氧和无氧），分别运用不同的强度发展不同的耐力子能力，最终形成比赛所需要的耐力。同时，训练强度在纵向上可以分为多个不同的强度级别，如果以心率为标准的话，可以形成从安静心率到最大心率的强度范围，有氧和无氧只是该范围内大的强度区间，在这个区间内仍然存在不同的强度点。因此，教练员在篮球训练中不仅要注意各强度区间的训练，而且要重视每个强度区间内不同强度点的训练，在篮球训练结构上即突出有氧和无氧等不向强度分级“质”的结点，又注意各强度级别内“量”的分布。

有氧与无氧能力的关系不仅表现在横向的耐力组合方面，还表现在纵向的长期训练方面。从篮球运动训练的生理适应角度分析，篮球运动员有氧和无氧能力的彼此关系与不同类型肌纤维对训练负荷产生的不同适应有关。有研究结果表明，有氧或无氧训练对肌肉的影响并不是单一的，一方面，它们会出现彼此相互支撑的情况，例如有氧能力的提高会推迟无氧糖酵解供能开始的时间，高于有氧的强度（例如无氧阈值强度），也可以有助于有氧能力的提高；另一方面，它们还会出现相互制约的关系，有氧或无氧的训练可以导致整个肌肉系统的特性向有氧或无氧能力的方向发展，一种能力提高的同时会削弱或制约另外一种能力的发展。

有氧和无氧能力的动态变化关系会影响篮球运动员长期纵向的训练。在准备期，大量的低强度训练发展了有氧能力，但运动员的无氧能力却由于缺乏有针对性的训练而大量丢失，有氧和无氧训练的失衡不可能形成符合专项需求的专项耐力，运动员也不可能为即将来临的比赛做好体能的准备。在竞赛期，由于篮球训练量与训练强度角色的大幅度换位，低比例的有氧训练导致在准备期已经获得的有氧能力得不到持续的保持和发展，高比例的无氧训练反过来对有氧能力又造成负面的影响。篮球运动员的有氧能力因此而出现大幅度下降。同时，又由于准备期缺乏无氧的训练，机体对突然到来的大强度训练没有做好充分的准备，加之缺乏有氧能力的支持，所以无氧训练也不可能达到预期的效果。

第三节　篮球竞技能力的形成与竞技状态的调控

篮球运动训练是一个系统工程。篮球训练的系统性主要体现在横向和纵向两个方面：在横向上需要根据人体的生物学特性把握不同能力之间的关系，追求最佳的整体训练效果；在纵向上需要根据人体生长发育特点和专项要求有目的地控制不同能力的发展，使各种能力水平适时达到最大化。

一名世界优秀篮球运动员的成长，一般都需要经过10~15年的系统训练。在这个过程中，教练员不仅需要合理地选择和运用各种训练的方法和手段，更重要的是将这些方法和手段科学地组合在一起，使之形成一个连续有序的“刺激链”，适时和适量地投放到长期的训练过程中。

一、竞技能力的形成与发展

篮球竞技能力，是指篮球运动员在充分动员身体所有能力储备，竭尽全力在篮球运动专项上所能够达到的最大能力，该能力主要取决于运动员个体的竞技潜能（天赋和训练）、精神抗压能力（运动能力在各种环境下的表现）和恢复能力。

（一）篮球竞技能力的构成要素

篮球竞技能力是运动员参加比赛和取得优异成绩的必备条件，是篮球运动训练的终极目标，也是教练员制订多年训练计划的基础和依据。篮球竞技能力分为三种形式，分别是竞技表现、竞技前提条件和运动实施策略。竞技表现是指篮球运动员在赛场的具体运动行为，从运动生物学的角度来看，就是机体在中枢神经的支配下，通过肌肉的收缩和能量的供应，所表现出来的肢体运动，出色的竞技表现需要优异身体条件的支持。竞技前提条件列出了与各种竞技能力表现相对应的素质因素，这些因素一部分来自先天遗传，一部分需要后天的科学训练。运动实施策略是竞技能力的内在结构，它将篮球竞技能力的实施过程归纳为运动行为调节（中枢神经活动）、运动调节（运动神经—肌肉活动）、能量储备与转换（各种身体素质能力的表现）和机械能的利用与转换（身体和肢体的运动），实际上给出了对竞技能力最具影响的四种要素——行为能力、协调—技术、身体素质和体质形态，这四种要素及其表现形式相对独立并各成体系，但驱动它们活动的内在机制（即实施策略）却彼此相互影响，构成了一个篮球竞技能力形成与发展的驱动系统。

（二）竞技能力形成与发展过程中应注意的问题

1.篮球训练量与训练强度的关系

篮球训练量和训练强度是构成训练负荷的两个要素，是决定机体刺激程度并贯串整个训练过程的“杠杆”，对篮球训练质量和竞技能力的提升具有关键作用。

从运动生物学的角度来看，篮球训练量和强度的关系对神经—肌肉系统和能量代谢系统的训练适应有重要影响。量大强度低的训练优先发展慢肌和有氧能力，量小强度高的训练优先发展快肌和无氧能力。各个运动项目，尤其是那些对力量和耐力需求高的运动项目，应该根据各自项目的专项特征，科学地选择和确定篮球训练量与强度的比例，使运动员形成符合专项需求的竞技能力。

篮球训练量与强度对于不同的训练对象和不同的训练时期均显示出不同的关系。对于大学生运动员来说，不仅整个训练负荷要低于成年运动员，在强度上也要与成年选手有区别，如最大力量和无氧糖酵解耐力的训练，不能过早或过多地出现在大学生的训练当中。在周期训练中，篮球训练量与强度的关系应根据周期的划分进行变换，一般情况下，在准备期训练以量的积累为主，而随着比赛期的临近训练强度逐渐成为训练的重点。

在篮球训练中，教练员应辩证地把握篮球训练量与强度的关系。在一定条件下，一些低强度的篮球训练也可以支持高强度的运动，例如，优异的有氧能力可以通过有氧代谢的快速动员而降低肌肉乳酸的堆积速度，大量核心部位小肌肉（群）的稳定、平衡和协调训练能够通过改善辅助肌和拮抗肌的功能达到提高动作速度的目的；而一些高强度的训练也同样可以有助于慢肌功能和无氧代谢能力的提高，例如经典的以 4 毫摩尔/升血乳酸强度发展有氧能力的训练。

篮球训练量与强度的关系是运动训练的一个极其复杂的问题，需要进行科学的检测、诊断和评价。在篮球训练过程中，篮球专项成绩是检测和评价竞技能力水平的重要指标，但不是唯一指标，还应该进一步检测构成该成绩背后的不同能力要素。

2. 篮球技术与素质训练的关系

人类的任何一种有目的竞技运动都需要专门的运动技术和相应的身体素质，运动技术是一名运动员或一个运动项目有目的地完成某一运动目标或任务所特有的动作序列，而身体素质则是完成这个动作序列所需要的能力。篮球运动技术与身体素质是一种既相对独立，又彼此影响，还互为基础的关系。

篮球技术与素质是一个交织融合在一起的整体，是一个问题的两个方面，在篮球训练中教练员必须给予同等重视。身体素质能力是运动的基本前提条件，没有良好的力量、速度、耐力和柔韧素质的支持，运动员不仅不可能取得优异的专项成绩，也不可能形成精湛的专项技术。同样，如果不具备出色的专项技术，运动员优秀的素质能力就不可能充分应用到专项当中，也不可能取得优异的成绩。

技术与素质在形成的速度上也表现出不同。一般来说，篮球运动技术的形成需要长时间的磨炼和打造，运动员一旦形成了稳定的技术模式（或称为“动力定型”）就很难改变，甚至终身难以改变。身体素质却具有突出的自然形成规律，尽管人为的篮球训练很难从根本上改变素质能力的储备和发展规律，但是可以在相对短的时间内快速提高身体的运动能力或某一种运动素质，尤其是当篮球运动员成年之后，各项身体能力的自然发展速度都已达到个体的最高水平，此时教练员可以通过科学的训练尽可能快速地挖掘运动员所具备的素质潜能。

在篮球训练中，应倡导“先技术，后素质”的训练指导思想。我们的研究认为，在篮球运动员个体能力发展的过程中，协调能力与身体素质的发展根本不存在时间上的一致性，协调能力的发展一般应早于身体能力的发展。优先发展协调能力，使运动员在青少年时期就形成正确和扎实的专项技术，已成为当代诸多世界级优秀选手成功的共同经验。在运动员的整个运动生涯中，协调能力和运动技术应该早于身体素质的发展，其原因就在于二者自身具有不同的发展规律。在大学生训练阶段，身体的各个器官系统正处于生长发育过程当中，此时的篮球运动训练，特别是篮球训练的负荷，必须充分考虑运动器官和系统的自然发育规律，例如力量的发展需要考虑到骨骼、关节和肌肉的发育，耐力的训练一定要结合心血管系统的发育特点。青少年时期，运动员的专项运动技术基础的协调能力正处于最佳发展阶段，另外一些与运动技术密切相关的能力，例如柔韧性等，也处于最好的发展时机，此时教练员应该充分利用人体的这种发育特点和规律，将篮球训练的重点放在协调和柔韧等与技术密切相关的能力上。因此，身体素质的“适度”发展是青少年体能训练的一个重要原则。青少年篮球专项竞技能力的构成中应突出协调和技术的成分，而不是素质能力。对于青少年运动员来说，其运动成绩应当充分建立在协调和技术的基础之上，而在身体素质，尤其是最大力量和无氧糖酵解等能力上应为成年阶段的训练预留出大的发展空间。身体素质能力的过早和过度开发违背了人体的生长发育规律，破坏了训练的系统性原则，会导致篮球运动员早衰或无法进一步提高运动成绩的结果。

3.不同能力篮球训练的兼容问题

不同能力训练的兼容问题开始引起世界篮球竞技运动训练领域的广泛关注。在篮球运动训练的长期计划和实施中，我们不仅应考虑各种不同能力和技术的分别增长，还应考虑若干能力训练效果之间的对抗与冲突，以期最大限度地规避或控制各种能力之间的“损耗”，提高训练的效率和质量。

不同能力篮球训练的兼容是指不同能力训练效果之间的关系，它可能是兼容关系，也可能是不兼容关系。以往的篮球训练大多只关注某一种能力在负荷刺激下的适应变化，例如有氧训练负荷和有氧能力增长之间的关系，而很少考虑不同能力在负荷刺激下适应变化之间的关系，如有氧和无氧能力增长之间的关系。然而，有氧和无氧能力是一个此消彼长的“矛盾体”，有氧篮球训练在提高有氧能力的同时会对无氧能力造成负面的影响，无氧糖酵解的篮球训练也会影响甚至削弱有氧能力的提高。

从运动生物学的角度来看，人体很多运动能力，如篮球力量与耐力、力量与柔韧、有氧与无氧以及体能与技术之间，存在着不和谐或冲突的状况。在篮球训练中，教练员应深入了解各种能力在训练负荷下的适应机制，分析各种能力增长过程中可能对其他能力造成的负面干扰，建立若干相关的训练原则。

“板块”篮球训练理论在该问题上做了有益的尝试。是同时发展多种篮球运动能力与技术，还是依次发展多种能力与技术，这是周期训练模式和“板块”周期篮球训练模式之间主要的不同点。“板块”周期篮球训练理论认为，在同一时间或阶段同时发展多种篮球运动能力和技术是传统训练存在的主要问题，该问题造成了“过大的训练负荷，不利于机体的恢复”，“多重且分散的训练目标，降低了篮球训练刺激的指向性和深度”，以及“同时发展多种能力，造成了能量代谢和神经—肌肉等生物学机制层面上的抵触和冲突”。

二、篮球赛前竞技状态的调控

篮球赛前竞技状态是指运动员在赛前所表现出的专项运动能力，它除了受到身体素质、技术和战术等因素的影响之外，还受到医学（健康状况和运动损伤）和心理（注意和期待）等因素的影响。篮球赛前竞技状态可以通过相对短时间的训练形成，是一个篮球运动员已具备竞技能力的暂时表现。对于每一个篮球运动员来说，篮球运动训练的主要目标就在于培养尽可能高的篮球竞技能力，并且能够将其在比赛中充分表现出来，形成最佳的竞技状态。

（一）篮球赛前减量的生理学基础

篮球赛前减量训练是指在不损失训练适应积累的前提下消除由篮球训练引起的机体疲劳。从该定义上看，赛前训练有两项主要任务：一是通过篮球赛前训练将运动员从长期训练而造成的疲劳状态中解脱出来，即消除机体的运动疲劳；二是尽可能避免因赛前减量而造成运动能力水平的下降，即保持机体的运动能力。这两项任务看上去似乎并不难以解决，但如果要想将它们同步实现则会面临很大的困难，其原因就在于赛前训练所追求的两个“最”字，即最好的疲劳消除和最小的能力消退，二者本身就是一对矛盾。篮球运动员在短期内消除疲劳的唯一有效方法是减少训练量，而篮球训练量的减少又势必导致运动能力的下降，因此，篮球赛前训练的实质就是疲劳消除与能力消退之间的博弈。在篮球赛前训练中，不充分地减量尽管可以维持或减少能力下降的风险，却不能确保疲劳的消除，而过度地减量虽然保证了疲劳的消除，却会造成能力的丢失。

如何把握篮球赛前训练过程中疲劳消除与能力下降二者之间的关系，是篮球赛前训练成功与否的关键，也是篮球赛前训练理论与实践研究的核心问题。

篮球赛前训练的生理学基础可以追溯到20世纪80年代加拿大人拜尼斯特的“疲劳—适应”模型（也被称作机能能力发展双因素模型）。该模型将赛前训练分为超负荷阶段、减量阶段和最佳适应阶段，描述了在负荷刺激下人体的疲劳与适应两种反应在三个阶段中的不同走势。在进入减量阶段之前，“超量训练”的目的是进一步增大机体的疲劳程度，以期在随后的减量阶段获得更大的“超量恢复”效应。根据穆基卡（Mujika）的研究，该超负荷阶段的持续时间为1周左右，负荷量一般是平时正常负荷的20%，即超过平时最大负荷的20%。减量阶段一般持续2周左右，随着训练负荷的减少，机体疲劳与适应水平均会出现下降，但疲劳曲线的下降速度和幅度均大于适应水平曲线的下降，在减量阶段结束时疲劳曲线与适应曲线出现交叉点，此时疲劳消除的速度超过了适应水平的下降，篮球赛前训练进入“最佳适应阶段”。

从理论上说，篮球运动员应该在这个阶段参加重大比赛，如果比赛在该阶段之前，那么就意味着篮球运动员的疲劳还没有得到充分的恢复，带着疲劳参赛肯定不可能取得优异的成绩；如果篮球比赛在该阶段之后，那么运动员的能力（即适应水平）则会由于低负荷或停训时间过长而大幅度下降，也不可能表现出最佳水平。“最佳适应阶段”同样是一个区间，篮球运动员的疲劳消除与能力消退在此区间内仍处于动态变化过程，篮球运动成绩峰值取决于这两个变量之间的差值，该差值在该阶段内逐渐增加，篮球运动员的最高竞技水平应出现在其最大差值的时刻。

篮球训练的痕迹效应是篮球赛前训练的另一个生理学基础。痕迹效应，是指在训练停止后，由系统训练引起的身体变化在超出一定时间后的延续效应。该概念最早是由美国著名游泳教练和学者康希尔曼等人提出的，后被苏联维尔霍山斯基和伊苏林等人提出的“板块周期训练理论”作为重要的理论基础。该理论认为，各种篮球运动能力在中断训练后还会保持一段时间，该时间的长短主要取决于能力种类的不同（如有氧能力、无氧能力、力量能力和速度能力等）。在“疲劳—适应”模型中提到的人体“适应能力”，实际上是一种由各种能力共同构成的综合运动能力，它只在理论上宏观地描述了疲劳与适应的关系，还不能作为真正指导篮球赛前训练的具体依据。因此，在赛前减量的篮球训练中，教练员还必须考虑不同能力的“痕迹效应”，其目标就是使那些对某一运动项目最具影响能力的训练“痕迹”保持到“最佳适应阶段”，同时要根据不同能力训练“痕迹”的长短，妥善处理它们之间的关系，运用不同的手段使这些痕迹效应长短不一的能力在同一时间内都达到其最佳的状态。

（二）篮球赛前训练的主要结构

篮球赛前训练是运动训练的一个重要阶段，它主要由比赛目标设定、赛前训练时间、赛前减量模式和赛前训练的监控等内容构成。

1.篮球比赛目标的设定

制定一个客观的比赛目标是确保篮球赛前训练成功的重要前提。篮球比赛的预定目标应该是运动员竭尽全力可以达到的成绩，制定该成绩的依据除了要考虑比赛的重要性、竞争对手的水平和运动员的身体状态等常规因素外，还应该重点考虑篮球赛前训练对运动成绩的影响作用。

2.篮球赛前训练的持续时间

目前，还没有一项有关篮球赛前最佳训练时间的权威研究成果，一些研究成果得出的结论一般在2~4周。有人对篮球运动员的赛前训练进行了研究，篮球赛前减量的时间应根据运动员的训练水平进行设定，每周训练时间为6~10个小时的运动员（相当于中国的业余训练水平）为7天，每周训练时间为10~15个小时的运动员（相当于中国的省、市体校水平）为14天，每周训练时间大于15个小时的运动员（相当于中国的省、市专业队以上水平）为21~30天。

从大量研究成果中可以得出以下有关赛前训练持续时间的主要结论：水平越高的篮球运动员，篮球赛前减量的时间越早，每周减量的幅度也越小；篮球专项能力的构成特点是决定赛前减量时间长短的重要因素之一，例如，以速度和爆发力为主要特点的项目，篮球赛前训练持续的时间一般短于以耐力为主要特点的运动项目；篮球运动员个体恢复能力和适应消退速度是决定赛前训练时间长短的重要因素。

目前还没有研究证明男、女运动员赛前训练时间的差别。

3.篮球赛前训练的监控

有研究已经证明，篮球赛前训练是一个可以进行诊断、调整和控制的过程。教练员可以从生理和心理两个方面对篮球赛前训练的效果进行监控，一个设计良好和实施出色的赛前训练可以使运动员出现以下特征。

内分泌：睾酮升高，皮质醇降低，睾酮/皮质醇比率增加。

心血管：红细胞增加，细胞容积增加，血红蛋白增加。

生化：CK降低，次最大负荷血乳酸降低。

技术：运动经济性提高（次最大负荷耗氧量减少）。

素质：力量、耐力、速度和柔韧性提高。

心理：心境、活力、动机和睡眠改善。

（三）赛前训练理论对训练实践的指导意义与作用

本书通过对近年篮球赛前训练研究成果的分析与总结，得出以下对篮球运动训练实践具有重要指导意义和作用的结论和规律。

（1）尽管篮球赛前训练受到若干因素的影响，但该篮球训练是一个与训练负荷和机体生理、心理水平密切相关的可以进行科学控制的过程。把握好减量与疲劳消除之间和减量与适应能力下降之间的关系，是篮球赛前训练的关键。

（2）科学的检测和诊断是篮球运动员赛前训练成功的保障，该测试主要包括运动能力测试、机能水平测试和心理状态测试三个方面。篮球赛前训练的主要任务是形成最佳的“竞技状态”，达到该状态是一个以训练负荷为杠杆的生理和心理的调控问题，可以应用各种科学的手段进行检测、分析和评定。

（3）篮球赛前训练模式应该形成于平常的训练，篮球教练员和运动员应该将赛前训练作为平日训练的一项内容进行演练和研究，建立篮球运动员训练负荷与疲劳程度之间的关系模型，实现对赛前竞技状态的预测和控制。

（4）篮球赛前减量训练应尽可能保持训练的强度。为了避免体能消退的风险，篮球赛前调整过程中必须保持篮球训练的强度或强度高峰。其主要原因在于：首先，篮球训练强度是维持有氧功率、调动无氧激素、维持速度和力量感觉的关键因素；其次，受中枢神经支配的速度和爆发力素质的训练“痕迹效应”很短暂，只能维持5天（±2天）的时间，如果在赛前训练中大幅度减小训练强度，则不利于速度和爆发力能力的保持。

（5）篮球赛前减量训练应减少训练的负荷量。篮球赛前准备期负荷的减少应该以牺牲训练的负荷量为代价，相当一部分世界高水平篮球运动员通常将训练负荷量降到原训练量的41%~60%。

（6）篮球赛前减量训练应保持或降低训练的频率。在篮球赛前减量期间，运用减量前训练频率的30%~50%就可以保持运动员的体能和运动水平。

第六章

高校篮球教练员运动训练的哲学思维素养

篮球的运动训练中，一名队员、一段时间，无论是发展篮球竞技能力、调控篮球竞技状态，还是实施评价干预措施，都要不断认识与始终把握核心竞技能力，这是运动训练的根本出路与基本着眼点，也只有这样篮球训练才能是真正意义上的有的放矢。目前，我们需要从篮球竞技能力的整体视角去认识，特别是运用哲学方法论指导下的矛盾分析过程认识与把握篮球核心竞技能力。

目前，关于篮球核心竞技能力还缺乏应有的诠释与定义，如有研究提出，篮球战术系统合乎逻辑地成为攻防对抗的核心竞技能力；有研究把篮球运动员整体竞技能力中对运动员竞技水平起决定性作用的子竞技能力称为运动员的核心竞技能力。

认识与发展核心竞技能力是研究与解决篮球运动训练中的矛盾分析的过程。笔者试图在哲学方法论指导下，从篮球竞技能力的整体视角，结合近年来笔者关于篮球竞技能力及其主导竞技能力的研究，就篮球核心竞技能力问题进行初步研究。

第一节 高校篮球教练员认识与发展核心竞技能力素养

矛盾主次方面相互关系的原理告诉我们：看问题时既要全面，又要善于分清主流和支流。只有着重把握矛盾的主要方面，才能抓住事物的本质和主流，才能辨方向，识全局。

认识任何矛盾，都要分清它的主要方面和次要方面，只有这样，才能正确认识事物的性质，进而达到正确解决矛盾的目的，如果主次不分，或者主次颠倒，就不能正确辨别甚至会混淆事物的性质。矛盾的主要方面和次要方面在一定条件下会相互转化，取得支配地位的矛盾的主要方面发生了变化，事物的性质也就随之发生变化。矛盾主要方面和矛盾次要方面相互制约、相互作用，在实际工作中常有这样的情形，为了驾驭矛盾的主要方面，反而要首先加强次要方面，这就是相反相成（相反相成是指两个对立的事物既互相排斥又互相促成，即相反的东西也相互依赖，具有同一性）的道理。

主导竞技能力是高校篮球教练员在参赛中起支配、决定性作用的运动能力，是高校篮球教练员所承载的竞技能力的主要矛盾及其矛盾主要方面，是运动训练中发展竞技能力和监控训练质效的关键与核心。核心竞技能力是在构成篮球运动项目的主导竞技能力中起核心作用的运动能力。它主要决定着运动项目的性质，是篮球运动训练的方向与主流。

主导高校篮球教练员竞技能力及其核心竞技能力的关系是主要矛盾及其主要矛盾的主要方面的辩证关系。从内容来看，主导篮球竞技能力是居于主要矛盾地位的关键性运动能力并包含主要矛盾的主要方面与次要方面，篮球核心竞技能力是指在主导竞技能力中起核心作用的运动能力，是篮球主导竞技能力的主要矛盾的主要方面。从范围来看，主导篮球竞技能力是构成一个篮球竞技能力的多种矛盾的主要矛盾，是在两对矛盾以上的竞技能力中比较出来的；而篮球核心竞技能力是这一对主要矛盾中的主要方面。从性质来看，主导篮球竞技能力是运动训练的重点，提示我们在篮球训练中要注意寻找关键问题。篮球核心竞技能力是主导竞技能力中的主要方面，我们要注意区分主次关系。从联系来看，主导篮球竞技能力支配、决定着运动项目的性质，篮球核心竞技能力主要决定着运动项目的性质。

篮球核心竞技能力的提出，符合两点论与重点论的统一。辩证法的重点论，就是人们在研究复杂事物的发展过程中，要着重把握它的主要矛盾；同时，在研究任何一对矛盾时，要着重把握它的主要方面，不去把握这个重点，甚至否认这个重点，而把各种矛盾或矛盾双方平均看待，这就是形而上学的均衡论。唯物辩证法的两点论和重点论是内在统一的，辩证法的两点论是有重点的，两点论内在地包含着重点论，辩证法的重点论是以同时承认非重点为前提的，重点论内在地包含着两点论。两点论和重点论的统一，是唯物辩证法基本的矛盾观。

第二节　发展高校篮球教练员核心竞技能力素养

一、认识与理解发展篮球核心竞技能力的形式多样性

矛盾的特殊性决定了解决矛盾的形式的多样性。了解解决矛盾的各种形式，对于用不同的方法解决不同的矛盾，具有重要的意义。

从篮球运动训练自身来讲，其专项特异性、个体差异性和时空变异性注定着训练方法手段选择与创新的多样性，也注定着篮球运动项目与水平、不同高校教练与队员、不同时期与阶段发展“篮球核心竞技能力”的训练方法手段选择与创新的多样性。

现代运动竞赛中的竞争性和对抗性日益激烈，促使人们把提高专项比赛能力的任务和为提高这一能力的专项训练放在首要的位置，运动训练的内容、方法、手段及负荷都表现出鲜明的专项化趋向。每个运动专项的特异性决定了其竞技能力构成因素的差异性，因此，教练员对所从事的篮球运动项目的特点做出正确的分析，是选择适宜训练内容和手段不可缺少的重要前提。

每个高校篮球教练员都有其自身的特点。正由于此，从事篮球项目、成绩基本相同的高校篮球教练员，在训练、比赛过程中的表现都不可能是一样的。从对高水平高校篮球教练员的训练构成因素分析来看，他们各方面的训练水平是不均衡的。只有个人特长得到充分发挥的高校篮球教练员，才能获得球员最佳成绩。高校篮球教练员的个人特点，包括性别、年龄、训练年龄、高校篮球教练员水平、生理和心理特点、身体状况、训练情绪方面都对训练的安排提出了不同的要求。另外，运动员在不同阶段、不同时刻的训练状态，不同训练环境和训练条件，也都对训练的内容和组织实施提出了明显不同的要求。世界优秀教练员负荷量度个体化，已被国际运动训练界所广泛承认。

高校篮球教练员运动训练这一社会化的活动受到多方面的影响，由多种因素所构成，而来自各个方面的多种因素又都是处于不停的运动变化之中的高校篮球教练员在负荷作用下所提高的竞技能力，无论是体能、技能、战术能力、运动智能，还是心理能力的变化，都具有不稳定的特点。尽管人体本身受着生物节律的影响，但它并非绝对不变，人们完全可以通过训练安排使其在特定的时间里表现出最佳的竞技状态。竞技状态的发展过程是可以由人来控制的，高校篮球教练员应努力做到有把握地调节这一变异因素，使之与特定的比赛日程安排相吻合。

所有这些复杂因素的变化，都必然导致教练员指出运动员竞技能力发生变化。此外，训练体制、训练组织、竞赛制度、奖励制度及训练后勤措施，以及家庭社会等其他条件的变化，也都会直接或间接地影响训练活动的进行，使高校篮球教练员运动训练的过程处于不停的动态变化之中。因此，只有对不断变化的篮球训练过程实施有效控制，才能使预定的篮球训练目标成为可能。

二、把握与明确发展高校篮球教练员核心竞技能力的内在规定性

篮球运动训练科学化的根本出路在于认识规律、把握本质。本质是事物的内部联系。它由事物的内在矛盾所规定，是事物的比较深刻的一贯的稳定的方面。本质从整体上规定事物的性能和发展方向，复杂的现象从某一特定方面表现事物的本质。事物的本质属性是其基本特性，对事物起决定作用，是一种事物区别于其他事物的东西。人们对本质的把握，反映了认识的深化，把握了本质，也就认识了事物的规律。人们对篮球运动项目本质的认识是变化发展的，处于一种动态过程，只是在某一时期和阶段处于相对稳定的状态。这是因为：篮球运动项目处于不断的变化和发展中，特别是规则的变化，促使人们要对项目的性质、特征重新认识；随着人们训练实践和科学研究的深化，对篮球运动项目的性质、特征的认识会越来越准确，越来越深刻；篮球运动项目随着运动成绩的提高，在篮球比赛过程中的供能系统工作性质发生某种程度的变化，因而以供能系统认识该项目特征也会发生变化。准确认识和把握运动项目的特征，对树立正确的训练指导思想、确立正确的训练方向、科学安排运动负荷、改革创新训练方法，最终合理、有效地提高篮球训练的质量均具有十分重要的现实意义。在我国的教练员竞技训练过程中存在着“重形不重质”的问题。我们只有对项目本身内在的、微观的和动态变化的细节进行剖析，正确理解项目本质特征，才能不断提升我国篮球竞技运动训练科学化水平，为提高竞技成绩提供理论依据。

教练员在遗传和环境因素影响下，在形态、机能、素质、社会适应能力和心理等方面表现出个体差异。个体的生长发育是遗传和环境等各种因素相互作用的结果，也是个体遗传性和获得性矛盾统一的过程，先天遗传决定个体发育的可能性，而后天各种环境条件（如营养、生活条件、篮球锻炼和疾病等）则影响遗传潜力的发挥，决定发育的速度及程度。高校篮球教练员运动训练对人类机体产生的生理机能、解剖结构的敏感性变化存在着明显的个体差异，这种个体差异性的产生很大程度上与遗传因素有关。基因多态性是在遗传学上影响机体产生不同性

状个体差异性的主要决定因素之一。近年随着分子生物学实验技术的发展、人类基因图谱绘制的完成及第三代遗传标记——单核苷酸多态性的确立，科研工作者从基因水平研究机体对篮球运动训练产生敏感性的个体差异机制成了可能。笔者所在的科技部基础课题组在近期的研究工作中，在测序基础上寻找运动员细胞色素b（Cytb）基因的SNP位点分型时发现不同运动项群中的差异位点，还发现血脂、血糖类代谢指标在不同SNP分型中呈现差异，初步建立了多种“组学”的检测平台及该类平台在不同运动群体中的初步应用，为高校篮球教练员运动选才、训练与监控提供了可操作性的技术途径。

世界上的一切事物无不处于一定的运动状态。运动的物质必定具有一定的时间和空间形式。物质、运动和时空，三者是不可分离的。辩证唯物主义的时空观是人类观察世界、理解世界和改造世界的基本框架。我们的研究结果认为：篮球运动训练内容与方法是构成训练活动的空间因素，篮球运动训练过程是构成训练活动的时间因素，篮球运动训练计划是时空因素协同的组构，实施篮球运动训练计划则是时空协同的具体操作。随着高校篮球不断向前发展和日益激烈的比赛竞争，篮球运动训练已成为一个多因素的、繁杂的、动态的、随机变化的巨系统。

从篮球50米跑的无氧代谢能力关系中可见无氧代谢供能逐渐达到最高水平，因此运动员要提高竞技能力就需要加强无氧代谢能力的训练，但无氧代谢能力训练不能因增加有氧代谢能力训练而减少。

我们提出了“渐进式超负荷训练原则”，这一原则被视为一种能够使篮球耐力训练适应最大化的原则。超负荷并非指每天的篮球训练负荷都有所增加，而是呈阶段性增加。增加负荷的总体规律是机体对每一新增负荷都有一个反应适应期，待机体对这一负荷基本适应后再增加负荷。运动员转入新的、更高的负荷是随着对以往负荷的适应而出现的，在展开适应的初期，机体各系统对新的负荷不完全习惯，带有多余的活性；出现下一个适应阶段的条件之一是负荷参数的稳定化，这时候运动员对施加的负荷就比较适应并表现出稳定状态。近来，有研究显示，持续6周的渐进式超负荷篮球训练可改进运动员耐力表现，特别是渐进式提高篮球训练强度对乳酸阈值时的摄氧量和速度改善而言是重要的。

一般而言，篮球训练负荷结构多在80%~90%专项强度的训练占的比例最高，一般占总负荷的50%~60%；其次是80%以下专项强度的训练，占总负荷的15%~20%和90%~100%专项强度的训练，占总负荷的15%~20%；100%以上专项强度的训练占总负荷的5%~10%，多安排在最后进行。负荷控制多通过最大摄氧量、无氧阈的速度、心率、血乳酸值进行。篮球训练手段多采用连续活动。

三、研究与解决发展高校篮球教练员核心竞技能力的监控针对性

高校篮球教练员核心竞技能力的提出，其意义在于明确了篮球训练和监控的核心与方向。在高校篮球教练员运动训练中，目前已积累了大量的具有实际应用价值的监控技术、方法与指标，但不是所有监控都具有实际意义，也不是所有监控都具有专项与个体特异性，因此，设计与选择适宜的监控指标本身就是有效监控的主要任务之一，要努力寻找适宜篮球专项训练评价需要且便于操作的指标。

要突出对核心竞技能力的评价，这是篮球训练评价的针对性指标，其他任何指标都服从服务于这个（些）评价指标。高校篮球教练员自身的实践业务能力、科学理论水平和对篮球运动训练过程的结构体系的认识水平也极大地影响着监控质量。

第七章

高校篮球教练员科学研究素养

第一节　高校篮球教练员科学素养与体育科学研究态度

一、科学素养的含义

科学素养是科学研究者所具备的基本科学素质，科学素养影响着科学研究者的研究水平和研究质量，科学研究一般要求较高的科学素养。

科学素养通常和另一说法“公众理解科学”同义。前者多用于美国，后者多见于英国学者。科学素养是由文化素养引申而来的，素养和素质含义接近，但素养与素质相比更强调后天修习涵养的作用，即学习提高的重要性。经济合作与发展组织（OECD）认为，科学素养包括运用科学基本观点理解自然界并能做出相应决定的能力。科学素养还包括能够确认科学问题、使用证据、做出科学结论并就结论与他人进行交流的能力。米勒（Jon Miller）认为，科学素养是一个与时俱进的概念，时代不同，科学素养的内涵也会发生变化。米勒在当时的时代背景下界定了科学素养的三个维度：对科学原理和方法（即科学的本质）的理解；对重要科学术语和概念（即科学知识）的理解；对科技的社会影响的意识和理解。

虽然世界各国学者对科学素养内涵的见解各异，但也不乏共同之处。综合学者们的观点，科学素养的内涵主要涉及科学术语、科学基本观点、科学的探究过程及科学对个人和社会的影响几个方面。1961年，美国科学促进会（American Association for the Advancement of Science）强调，科学素养为科学概念、科学过程及科学态度的平均发展。郭鸿铭、沈青嵩在《科学教育》月刊创刊号中叙述了科学素养的含义，提出了具有科学素养者应具备的条件：

（1）具有科学素养的人，了解科学知识的本质，能正确选择适宜的科学概念、原理、原则及理论应用于其所处的任何环境之中。

（2）具有科学素养的人，能运用科学过程来解决问题，做出正确抉择及拓展自己对环境的了解；对自己所处环境中各方面的交互作用的判断，符合科学的价值标准。

（3）具有科学素养的人，了解并鉴赏科学与技术领域二者之间互为影响的关系及其与社会各方面的紧密关系；对科学与技术方面，持续不断地发展出无数的操作技巧。

（4）具有科学素养的人，借助科学教育培养出一种更宽宏、更满足与更积极的心态，并在其有生之年继续培养此种涵养。

二、科学素养的主要内容

科学素养的内容主要涵盖以下几个方面：

（一）科学知识

科学知识包括概念、定律、理论等。概念是从感性认识上升到理性认识，人们把所感知的事物的共同本质特点抽象出来，加以概括。它是人类所认知的思维体系中最基本的构筑单位。定律是为实践和事实所证明，反映事物在一定条件下发展变化的客观规律的论断。定律是一种理论模型，它用以描述特定情况、特定尺度下的现实世界。理论是系统化的科学知识，是关于客观事物的本质及其规律性的相对正确的认识，是经过逻辑论证和实践检验，并由一系列概念、判断和推理表达出来的知识体系。

（二）技能

技能是主体在已有知识经验的基础上，经练习形成的执行某种任务的活动方式。操作技能亦称“动作技能”，是在操作性知识指导下，经练习而形成，由人体动作构成的符合法则的随意行动方式，它是培养人的技术能力或才能的重要因素。

（三）科学方法和思维方法

科学方法是人们在科学研究中所遵循的途径和所运用的各种方法、手段的总称。科学方法通常指各个科学部门中较为通用的一般科学方法。科学方法是人们揭示客观世界奥秘、获得新知识、探索真理的工具。科学方法还可以按照适用范围的大小，区分为一般科学方法和特殊科学方法两个层次。一般科学方法通常分为经验性科学方法、理论性科学方法和横向学科方法三类。科学方法已成为现代科学研究的灵魂。科学方法的优劣、正误，决定着科学研究成果的大小及科学研究的成败。

思维方法是人们认识世界和改造世界的精神活动形式、方式和程序的总称。人的一切活动，无论认识活动还是实践活动，都离不开思维和思维方法。当前，国家特别倡导创新精神，高校对创造性思维方法应予以特别重视。

（四）价值观

大学是教练员价值观形成的重要地点。在培育和弘扬社会主义核心价值观、弘扬中华传统美德的同时，适时塑造教练员的科学价值观，使其真正做到立德有人的育人理念，是大学教育的重要使命。在复杂的、多重价值及多元文化的社会中，具有科学素养的人要能进行价值判断，并在冲突的观念中寻找妥协的途径，要具有与人、与自然进行协商的能力，尊重他人的意见。

（五）创新精神

创新精神是一个国家和民族发展的不竭动力，也是一个现代人应具备的素质。创新精神属于科学精神和科学思想范畴，是进行创新活动必须具备的一些心理特征，包括创新意识、创新兴趣、创新胆量、创新决心以及相关的思维活动。例如，李娜的“单飞模式”，就是对管理模式的大胆创新。不人云亦云、唯书唯上，坚持独立思考，说自己的话，走自己的路；不喜欢一般化，追求新颖、独特、异想天开、与众不同；不僵化、呆板，灵活地应用已有知识和能力解决问题……都是创新精神的具体表现。创新精神又要以遵循客观规律为前提，只有当创新精神符合客观需要和客观规律时，才能顺利地转化为创新成果，成为促进自然和社会发展的动力。

（六）科学精神

在国内近几年的文献中，讨论科学精神的甚多。关于科学精神，各种文献提及较多的是求真、求实的客观精神，合理怀疑和批判精神、创新精神，民主、平等、自由合作精神，人文精神，不断求知精神。

（七）科学态度

科学态度是人们通过对科学知识的正确理解和对科学发展的整体把握而形成的科学信念和科学习惯。科学既是真实可见的，又是不断发展的。科学又是可信的，因为科学来自经验，是真实可见的，并经过实验的检验，具有可重复性。科学的本性是拒绝权威的，更是拒绝权力的，科学是没有意识形态的。任何超出经验、臆想、传闻的东西都不能轻易进入科学的领域。

（八）科学伦理和情感

我们应学会用辩证唯物主义与历史唯物主义思想对待科学和科学事业。科学应以造福人类为目标，在科学活动上深入钻研，刻苦探索，追求真理，力争创新。努力塑造献身科学事业的崇高品格，反对伪科学，反对迷信邪说，反对利用科学做假冒伪劣，反对在科学上剽窃。坚持实事求是、严谨治学的行为准则和谦虚谨慎的精神。

二、高校篮球教练员体育科学研究与科学态度

高校篮球教练员体育科学研究工作要求科研工作者具备基本的科学素养水平，正确的科学态度是必备的科学素养之一。

（一）科学态度

态度是指一个人对人和事的认识和看法及其言行中的表现。所谓科学态度，是指人们对科学、科研工作以及与此相关的人和事的认识和看法及其言行中的表现。迪基莱利（E.Kiopler）对科学态度的解释是对科学及科学家有好感，对于科学及与科学有关的活动感兴趣，喜欢学习科学，喜欢科学经验，能接受科学探究为思考方式。而森川认为，科学态度可以通过以下几方面得到体现：关心自然界，对自然事物感兴趣；善于质疑，并能发现问题和解决问题；能够进行逻辑思考，通过比较、分析综合性解决问题；接受他人的意见及想法；尝试构想更好的方法等。吴岱变等将科学态度分为自发的态度、积极的态度、率直的态度和客观的态度等，他强调真实主动、积极客观地对待科学与科学问题，讲究诚信与守信。比较各国文献，科学态度的含义可分为两类：一类是对自然界及科学世界所持的基本态度，如爱、憎或嗜好等态度；另一类是在科学学习、科学实验时应具备的科学态度。

（二）科学态度对科学研究的影响

对于高校篮球教练员科研来说，正确的科学态度对其从事的科研工作有着极其重要的意义。科学研究活动是一种对研究者的主观能动性要求很高的活动，而最能反映教练员主观能动性的，就是其在科研活动中表现出来的态度。科研工作需要正确的科学态度，而科学态度又在很大程度上影响着科研工作的顺利进行和科研成果的取得。具体地说，科学态度对科研工作的影响主要表现在以下几个方面。

1.对科研工作的意义及特有规律有深刻理解并有献身科学的精神

科学研究既是崇高、伟大的工作，又是平凡、艰辛的劳动。那些在科研领域中取得过伟大成就的科学家，都对科学的价值和意义、科研工作特有的规律性以及科研工作的复杂性和艰巨性有着深刻的认识和理解。而正是这种深刻的认识和理解，促使他（她）们在科研工作中表现出了正确的态度行为，因而取得了辉煌的成就。

2.有了科学的态度，才能客观地认识事物，获得真实的研究材料

客观地认识事物，客观、详细、全面地获得研究材料，是确定了研究课题后科研工作的中心环节，这是形成正确的科学结论的前提和条件。客观地认识事物和获得材料，就是要从客观事实中去发现客观规律，本着实事求是的原则，既不要为了哗众取宠、为我所用而不顾材料的真伪和多寡，更不能为了盲目否定他人而对真实、丰富的客观材料视而不见或拒不承认。

3.有了科学的态度，才能在研究中不畏艰辛、勇往直前

科学研究活动是复杂而艰苦的脑力活动与繁杂而精细的操作劳动的高度统一。客观详尽地占有事实和材料，并做出正确的理论概括更是非常艰辛的。居里夫妇在完成了历时4年多、近6000次的实验后，惊讶地发现他们并未得到预期的“大约有一小撮盐那么多”的纯镭。面对这个意外的结果，居里夫人凭着锲而不舍和冷静客观的科学态度，终于以“或许只是量的问题”这种正确的理论认识完成了他们伟大的发现。

4.有了科学的态度，才能勇于在实践中检验和发展理论

每当辛勤研究的成果从教练员的思维中脱胎而出的时候，教练员在庆幸和珍惜自己成果的同时，难免会对自己的成果产生沉醉和偏爱之情。这时，需要研究者用冷静、客观、严谨的科学态度控制这种沉醉和偏爱之情的膨胀，否则，就有可能堵塞自我进一步认识真理的道路。而那些卓有成就的研究者们总是能在取

得一定成果之后虚心听取各种意见，并尽力将理论成果在实践中反复地检验和验证，不断修正和完善自己的研究成果，以求更新、更有价值的突破。

（三）高校篮球教练员应具备的科学态度

古往今来，许多在崎岖的科学道路上不断攀登的人们，以其成功的经验和失败的教训昭示世人：科学态度对研究工作成败的影响是巨大而深远的，只有坚持正确的科学态度，才能在科学研究的道路上取得更卓著的成绩。篮球科学研究者作为体育科学的研究人员，同样要坚持正确的科学态度。正确的科学态度主要表现在以下几方面。

1. 正确的动机和目的

正确的动机是正确态度的基础。献身科学、造福人类，消除愚昧和贫穷，是许多优秀的科学家抱定的共同信念。崇高的理想加上卓越的才能，是他们取得辉煌成就的基石。而那些用一己声名而在科学的殿堂里沽名钓誉的人，虽也可能取得有限的成就和成功，但终将被科学和忠诚于科学的人们所唾弃。

2. 勇于探索的精神

科学研究是运用有限的知识向无限的未知世界探求新知的过程。这就要求篮球教练员必须具备勇于探索的精神，必须具备对新事物的强烈好奇心和敏感性，必须具备探知自然界和人类社会各种秘密的强烈志趣，必须具备通过不断修正谬误去发现真理的精神和心理准备。妄自菲薄、自暴自弃或知难而退的人，永远无法叩开成功之门。

3. 客观严谨的学风

客观而言，崇高的信念和勇于探索的精神只是科研工作者必备的可贵品质，而客观严谨的科学态度则是他们走向成功的第一要素。所有成就卓著、名垂青史的科学家，其取得成就的领域、途径或方法可能各不相同，但他们都具有一个共同而显著的特征——客观严谨的学风。

4. 谦虚谨慎的态度

有成就的科学家总是以“我是站在了巨人的肩膀上”或“我的成就是建立在前人研究成果的基础上的”这些话来评价自己的科研成就。谦虚谨慎，是有成就的科学家的另一个共同而显著的特征，也是他们能够取得成功并且不断取得新的成就的重要品质基础。而那些稍有成绩就沾沾自喜、目中无人的人，则终无大用。

三、高校教练员体育科学研究与科研道德修养

良好的科研道德修养是高校教练员体育研究者科学素养的核心内容。体育科学研究要重点加强高校教练员的科研道德修养水平。

（一）科研道德修养

道德是调解人与人、人和社会间关系的行为规范。在人们的社会化水平不断提高的前提下，道德主要依靠人们对公共道德规范的认识和理解所形成的内心信念，并借助公共舆论的力量，促使人们在各种社会活动中表现出适宜的态度和行为。

科研道德是用于职业性（或特定活动领域内）的行为规范，它是以一般意义的道德规范为基础，结合科学研究活动的特点和对人们态度行为的特殊要求而形成的，是用于科研活动领域的行为规范。而科研道德修养，就是科研人员对这种行为规范的认识和理解所达到的一定水平及以此为基础在科研活动中表现出的态度和行为。

然而，科研道德并不是调节和控制科研领域人们态度和行为的系统之全部，当内心信念及公众舆论的力量不足以促使某些人表现出适宜的态度和行为的时候，或者某些人表现出违背科研道德的行为的时候，国家和社会还将运用法律、纪律或行政条令等方式对人们的社会行为实行“硬控制”。我国《著作权法》《国家体育科学技术成果鉴定办法》《国家体委软科学研究管理暂行办法》等法律法规的颁布实施以及各单位制定的“科研人员工作条例（或守则）”，都是保证科研人员权益和明确其义务的具体体现。需要明确的是，国家和社会对人们社会行为实行的“硬控制”，只是在一定历史时期内运用的调节和控制手段，其根本目的是规范社会行为，强化道德意识，促成良好的道德行为习惯，最终实现由“硬控制”向“软控制”的转变。

学术道德问题的核心就是学术诚信问题。诚信是国家、社会和个人发展的基本要素，但现实中一些科研人员却在学术上造假，危害人类及国家。因此，科研道德修养的培养中我们要特别强调诚信教育。

良好的科研道德修养是成为德才兼备的优秀科学家的重要条件。概括地说，优秀的科研道德品质具体表现在以下几个方面：

1.献身科学，造福人类

一般来说，优秀的科学品质总是以崇高而鲜明的情感倾向为基础的。热爱科学、献身科学，利用科学知识造福人类，为社会创造精神文明和物质文明，这种崇高的情感倾向和认识，不仅体现了科研人员对社会、对人民的高度责任感，也是篮球教练员必须具备的最主要的道德品质。

2.尊重事实，捍卫真理

篮球教练员工作是一个以事实为依据，以科学的方法和手段为工具去认识、探索并揭示客观规律的过程，容不得半点的虚假和谬误。人只有尊重事实，才有可能认识事物的本质，揭示其发生发展的客观规律性，进而求得具有科学意义的客观真理。而当一种新的科学理论、一项新的成果接受实践的检验或者遭受习惯势力的责难、阻挠乃至残酷迫害时，科研工作者还必须表现出捍卫真理的大无畏气概。布鲁诺、伽利略等科学家都是不惜用鲜血和生命捍卫真理的楷模。

体育科学研究在实验的实施、调查的过程等所有科研活动中，要尊重事实，在任何情况下，都不能伪造实验过程，隐瞒实验的失误，主观改动实验数据；要保证研究的整个过程在严密的科学、合理的自我控制下平稳进行，能接受由于选题失误而造成的整个研究失败的事实。

3.严谨求实，客观公正

严谨求实、客观公正不仅是一种正确的科研态度，还是篮球教练员必须具备的科研道德品质。科学研究的客观性要求科研工作者在科研工作的全过程，乃至每一个细小的环节上，都必须体现出严谨求实的作风和客观公正的态度。这既是决定篮球教练员能否取得具有科学意义成果的决定因素，也是衡量篮球教练员科研道德水平的重要标准。这一点，通常在能否客观公正地评价自己或他人的科研成果上表现得较为充分。

4.不慕虚名，甘于奉献

有突出贡献的科学家之所以名垂青史、流芳百世，是因为他们不慕虚名、甘于奉献的精神和经过辛勤劳动所取得的科研成果得到了世人的承认和赞赏。然而，大多数优秀的科学家之所以致力于科学研究，并不是以博得赞赏或获得相应的物质利益为目的的。相反，许多科学家和科研人员毕生淡泊名利，甚至拒绝接受各种社会地位、荣誉和奖赏，而把执着地追求真理、献身科学作为其人生的最高目标。

5.团结协作，尊重他人的劳动成果

有资料表明，1901—1972年，在286位获得诺贝尔奖奖金的科学家中，有2/3（185位）是与他人合作进行研究并取得成果的。联合研究攻关已成为当前"大科学家"发展的必然趋势。联合攻关必然要求研究人员与其合作者同心同德，互相学习，密切合作。既要思想活跃，彼此互相鼓励，互相启发，又要谦虚谨慎，相互学习，相互帮助。只有这样，才有利于聚集人才，充分发挥整体效能，更快更多地取得科研成果。

贝弗里奇在其《科学研究的艺术》一书中指出："不利用别人得到的知识而作出新发现几乎是不可能的……在报道研究成果时，作者对他所参考利用的前人成果以及任何曾经实质上为他的研究提供过帮助的人，有责任给予应有的肯定和感谢。"充分尊重他人的劳动成果，念念不忘别人提供的各种研究基础、参考材料和指导帮助，已成为当代绝大多数科研人员表现出的崇高的道德风尚和自觉恪守的科研工作守则。科研道德修养是篮球教练员的灵魂。一个有才无德的教练员，最终往往会走上与真理相悖的道路，从而断送自己的科研生涯。而德才兼备的教练员，其优良的道德修养必然会燃起他的智慧之光，使其才能得到充分的发挥，最终叩开成功之门。

6.遵守职业规范，坚持学术诚信

俗话说：国有国法，行有行规。科学研究有相应学业协会在监督和保障本行业的发展。中国科学技术协会是中国科学研究的最高协会，下面又有各个研究领域的分支协会为我国科学事业保驾护航。科学协会和学会的一项重要职责就是制定职业规范，那么作为教练员遵守和执行职业规范是研究工作的重要组成部分，这也是从事科学研究人员最基本的要求。作为科学研究人员，职业规范的首要要求就是诚信。诚信的科研品行是每位学术研究者的立身之本，立业之基。每一位研究人员都应继承和发扬这一优良传统，遵守学术规范、坚守学术诚信、完善学术人格、维护学术尊严，自觉抵制学术不端行为，弘扬求真务实、严谨自律的精神。

（二）高校篮球教练员体育科研的道德规范

体育科研工作是建设国家物质文明和精神文明的重要力量。为了承担起时代赋予的历史责任，高校篮球教练员体育科研工作要有崇高的革命理想和道德情操，坚持四项基本原则，坚持科学发展观。科学道德规范是科研人员从事科学活动的行为准则，是树立良好学风和科学道德的一种重要形式，有助于推动科学事业的健康发展。

高校篮球教练员体育科研工作要遵守如下道德规范：热爱祖国，忠于人民，坚持科学发展观，为社会主义物质文明、精神文明和政治文明服务。勇于探索，敢于坚守，不畏艰险，锲而不舍，为追求科学真理而奋斗终生。严谨治学，实事求是。报告成果，准确无虚假；评定成果，公正无私。发扬学术民主，坚持百家争鸣，支持发明创造，鼓励别人超过自己。树立民族自尊心、自信心，虚心学习国外新成就，既不夜郎自大，也不妄自菲薄。摆正国家、集体、个人的关系，为祖国多做贡献。讲团结，搞协作；挑重担，讲风格。

第二节　高校篮球教练员信息素养提升

信息素养的本质是全球信息化需要人们具备的一种基本能力。信息素养的概念最早是由信息产业协会主席保罗·泽考斯基于1974年在美国提出的。他把信息素养定义为“利用大量的信息工具及主要信息源使问题得到解答的技术和技能”。1989年，美国图书馆学会对信息素养的含义进行了重新概括：“要成为一个有信息素养的人，就必须能够判断什么时候需要信息，并且懂得有效地查询、评价和利用所需要的信息。”

美国学院和学校协会南部分会的学院委员会对信息素养下的定义是：“具有确定、评价和利用信息的能力，成为独立的终身学习的人。”这一定义是该学院委员会在1996年12月认定的标准定义。

信息素养是一种基本能力，是一种对信息社会的适应能力。美国教育技术CEO论坛2001年第四季度报告提出21世纪的能力素质包括基本学习技能（如读、写、算）、信息素养、创新思维能力、人际交往与合作精神以及实践能力。信息素养是其中的一个方面，它涉及信息的意识、信息的能力和信息的应用。

信息素养是一种综合能力。信息素养涉及各方面的知识，它包含人文、技术、经济、法律等诸多因素，和许多学科有着紧密的联系。信息技术支持信息素养，通晓信息技术强调对技术的理解、认识和使用技能。而信息素养的重点是内容、传播、分析，包括信息检索以及评价，涉及更宽的方面。它是一种了解、搜集、评估和利用信息的知识结构，既需要通过熟练的信息技术，也需要通过完善的调查方法，通过鉴别和推理来完成。信息素养是一种信息能力，信息技术是它的一种工具。

一、信息素养的内涵

1. 国外信息素养内涵的研究

信息素养的起源应该是早期的图书馆检索，随着信息时代的到来，人们对信息素养的内涵又有了新的解读。2003年联合国信息素养专家会议发表了《布拉格宣言》，将信息素养定义为一种能力，它能够确定、查找、评估、组织和有效地生产、使用和交流信息，以解决一个问题。

信息素养内涵的发展分为三个阶段：早期阶段、中期阶段和后期阶段。早期阶段的信息素养形态可称为图书馆素养，其内涵主要是强调图书馆手工文献检索技能。随着计算机等信息技术的迅速发展，信息素养的内涵被扩展了，开始强调利用计算机进行信息检索的技能（信息处理）、对检索的信息进行评价，并重视了人的属性（态度和意识），这时期的信息素养形态可称为计算机素养。随着网络的发展和信息环境的变化，信息素养的内涵开始强调信息素养中人的社会属性（如交流信息、传播信息的能力），充分重视了人的批判性思维能力和评价信息能力，并强调信息素养是终身学习的必然要求。

2. 国内信息素养内涵的研究

国内关于信息素养内涵的研究比较晚，多是在国外信息素养概念的基础上进行延伸。王吉庆于1999年第一次系统地介绍了信息素养理论，他认为信息素养包含了信息意识与情感、信息伦理道德、信息常识以及信息能力多个方面，是一种综合性的、社会共同的评价。2001年，钟志贤教授提出信息素养表现为8个方面的能力：运用信息工具、获取信息、处理信息、生成信息、创造信息、发挥信息的效益、信息协作和信息免疫。这个观点的提出，强调了创新能力培养的重要性。2005年，孙平、曾晓牧认为，信息素养这种信息能力，包括信息智慧、信息道德、信息意识、信息觉悟、信息观念、信息潜能、信息心理等多个方面。这个观点更强调了信息素养是一种系统知识结构。2007年，吕庆阳和刘孝文在对国内外信息素养概念的诸多说法进行了梳理和剖析后，给予了信息素养新的内涵，即信息素养是信息社会基本信息水准的测量尺度，包含信息意识素质、信息知识素质、信息能力素质等要素。尽管国内关于信息素养内涵的表述百花齐放，但是在内涵的本质上基本是统一的，即信息意识、信息知识、信息能力、信息道德。

本书综合国内外信息素养内涵的研究，可以得出：信息素养的内涵是基于时代特征对人的基本要求而言的；随着社会的变化、信息技术的变化、创新行为的变化、自主学习能力的变化等因素，信息素养不断地被赋予新的要求，但其内涵基本上都是一致的。我们认为，正确理解信息素养，可以从以下三个方面入手。

（1）信息素养包括对信息（涵盖多种信息资源）有效地检索、评价和使用。

（2）对信息进行批判性的思考，并将有用信息变成自己思想的一部分。

（3）具有对信息进行主动鉴别、有区别地对待信息的能力。

二、高校篮球教练员信息素养的构成

高校篮球教练员信息素养是一个内容丰富的概念。它不仅包括利用信息工具和信息资源的能力，还包括选择、获取、识别信息和加工、处理、传递信息以及创造信息的能力。具体来说它主要包括如下四个方面。

1. 高校篮球教练员信息意识

高校篮球教练员信息意识即指人对信息的敏感程度，是人们对自然界和社会的各种现象、行为、理论观点等从信息角度的理解、感受和评价。通俗地讲，人们面对不懂的东西，能积极主动地去寻找答案，并知道到哪里、用什么方法去寻求答案，这就是信息意识。信息时代处处蕴藏着各种信息，能否很好地利用现有信息资料，是人们信息意识强不强的重要体现。使用信息技术解决工作和生活问题的意识，这是信息素养教育中最重要的一点。

2. 高校篮球教练员信息知识

高校篮球教练员信息知识既是信息科学技术的理论基础，又是学习信息技术的基本要求。通过掌握信息技术的知识，人们才能更好地理解与应用它。

3. 高校篮球教练员信息能力

高校篮球教练员信息能力包括信息系统的基本操作能力，如信息的采集、传输、检索、加工处理和应用的能力，以及对信息系统与信息进行评价的能力等。这也是信息时代重要的生存能力。身处信息时代，如果只是具有强烈的信息意识和丰富的信息常识，而不具备较高的信息能力，还是无法有效地利用各种信息工具去搜集、获取、传递、加工、处理有价值的信息，不能提高学习效率和质量。

4. 高校篮球教练员信息道德

高校篮球教练员信息道德是指具有正确的信息伦理道德修养，对媒体信息进行判断和选择，选择对学习、生活有用的内容，自觉地抵制不健康的内容，不组织和参与非法活动，不利用计算机网络从事危害他人信息系统和网络安全以及侵犯他人合法权益的活动。

高校篮球教练员信息素养的四个要素共同构成一个不可分割的统一整体，其中信息意识是先导，信息知识是基础，信息能力是核心，信息道德是保证。

三、高校篮球教练员信息素养提升评价的标准

高校篮球教练员信息素养评价是依据一定的目的和标准，采用科学的态度与方法，对个人或组织等进行的综合信息能力的考察过程。它既可以是对一个国家或地区的整体评价，也可以是对某个特定人的个体评价。具体地说，就是要判断被评价对象的信息素质水平，并衡量这些信息素质对其工作与生活的价值和意义。群体评价往往建立在个体评价的基础之上，因此，个体信息素质评价是信息素质评价的基础和核心。

当前，信息素质已成为高校篮球教练员必备的基本素质之一，信息素质提升也因此成为高校篮球教练员的重要组成部分。开展信息素质水平评估，一方面可以在正确认识自己的优势与不足的基础上，从正反两个方面受到激励，增强其发展信息素养的积极性和主动性；另一方面，信息素养评价也是信息素养教育过程中的重要环节。通过科学的测量与评价，我们可以准确地掌握高校篮球教练员信息素养所处的状态，清楚地看到成绩与不足，针对不足制定出科学的培养方案，促使高校篮球教练员朝着有利于提高自身信息素养的方向发展。总之，对高校篮球教练员信息素养进行评估是非常有必要和有意义的，它将成为学校实施信息素质教育的指南和个人综合素质评价的重要指标和依据。

（一）高校篮球教练员信息素养标准的理论基础

国外的信息素养标准很多，其中以美国ACRL标准、澳大利亚与新西兰ANZIIL标准以及英国SCONUL标准最为著名。

1.美国ACRL标准

高校篮球教练员的信息素养要求，比较典型的是来自美国高校和研究图书馆协会ACRL特别工作组，2000年他们提出高等院校学生应具备的信息素养有六大指标：确定所需信息的性质和范围；有效地获取所需的信息；鉴别信息及其来源；将检索出的信息融入自己的知识基础；有效地利用信息去完成一个具体的任务；能理解利用信息所涉及的经济、法律和社会问题，合理、合法地获取和利用信息。其下包括22个二级指标和86个可测评的子项目。

2.ANZIIL标准

澳大利亚与新西兰的高校信息素养联合工作组（ANZIIL）在2004年颁布的高校信息素养能力指标体系，由6个一级指标、19个二级指标和67个三级指标组成。

3.SCONUL标准

英国国家与大学图书馆标准协会（SCONUL）在1998年提出的信息素养能力模式，内容为高等教育的信息技能意见书，但实际上是一个高校信息素养能力的指标体系，由7个一级指标和17个二级指标组成。

4.《北京地区高校信息素养能力指标体系》

该体系作为北京市高校学生信息素养评价的重要指标，由7个维度、19项标准、61条具体指标组成，是我国第一个比较完整、系统的信息素养能力体系。其框架如下：

维度一：具备信息素质的学生能够了解信息以及信息素质能力在现代社会中的作用、价值与力量。

维度二：具备信息素质的学生能够确定所需信息的性质与范围。

维度三：具备信息素质的高校篮球教练员能够有效地获取所需要的信息。

维度四：具备信息素质的高校篮球教练员能够正确地评价信息及其信息源，并且把选择的信息融入自身的知识高校篮球教练员体系中，重构新的知识体系。

维度五：具备信息素质的高校篮球教练员能够有效地管理、组织与交流信息。

维度六：具备信息素质的高校篮球教练员作为个人或群体的一员能够有效地利用信息来完成一项具体的任务。

维度七：具备信息素质的高校篮球教练员了解与信息检索、利用相关的法律、伦理和社会经济问题，能够合理、合法地检索和利用信息。

（二）高校教练员提升的九大信息素养标准

1998年，美国图书馆协会、教育传播和技术协会制定了学生学习的九大信息素养标准，概括了信息素养的具体内容。

1.信息技能（加工处理）方面

标准一：具有信息素养的学生能够有效地和高效地获取信息。

标准二：具有信息素养的学生能够熟练地和批判地评价信息。

标准三：具有信息素养的学生能够精确地和有创造性地使用信息。

2.独立学习提升方面

标准四：作为一个具有信息素养的独立学习者，能探求与个人兴趣有关的信息。

标准五：作为一个具有信息素养的独立学习者，能欣赏作品和理解其对信息进行创造性表达的内容。

标准六：作为一个具有信息素养的独立学习者，能力争在信息查询和知识创新中追求卓越。

3.社会责任方面

标准七：主动对学习社区有积极贡献的学生具有信息素养，并能认识信息对民主社会的重要性。

标准八：对学习社区和社会有积极贡献的学生具有信息素养，并能处理与信息和信息技术相关的符合道德规范的行为。

标准九：对学习社区和社会有积极贡献的学生具有信息素养，并能积极参与团队的活动探求并创建信息。

（三）信息能力标准

信息素养主要表现为以下8个方面的能力。

运用信息工具。能熟练使用各种信息工具，特别是网络传播工具。

获取信息。能根据自己的学习目标有效地收集各种学习资料与信息，能熟练地运用阅读、访问、讨论、参观、实验、检索等获取信息的方法。

处理信息。能对收集的信息进行归纳、分类、存储记忆、鉴别、遴选、分析综合、抽象概括和表达等。

生成信息。在信息收集的基础上，能准确地概述、综合和表达所需要的信息，使之简洁明了、通俗流畅并且富有个性特色。

创造信息。在多种收集信息的交互作用的基础上，迸发创造思维的火花，产生新信息的生长点，从而创造新信息，最终达到收集信息的目的。

发挥信息的效益。善于运用接收的信息解决问题，让信息发挥最大的社会和经济效益。

信息协作。使信息和信息工具作为跨越时空的、“零距离”的交往和合作的中介，使之成为延伸自己的高效手段，同外界建立多种和谐的合作关系。

信息免疫。浩瀚的信息资源往往良莠不齐，需要有正确的人生观、价值观、甄别能力以及自控、自律和自我调节能力，自觉抵御和消除有害信息的干扰和侵蚀，并且具备合乎时代的信息伦理素养。

四、高校篮球教练员信息素养提升的意义及作用

（一）对教练员进行信息素养提升的重要性

1.高校篮球教练员信息素养提升是时代发展的需要

美国著名的未来学家阿尔温·托夫勒指出："谁掌握了知识和信息，谁就掌握了支配它的权力。"由此可见，在信息社会和知识经济时代，信息已经成为社会发展的决定力量和主导因素，信息素养是人们在信息社会中生存与立足的必备条件。

在信息社会里，信息素养提升成为提升的基本构成部分，成为科学技术和知识经济发展的基础。高校篮球教练员信息素养提升直接关系到如何立足于社会，建设信息社会这一基本点。2003年9月联合国教科文组织、美国国家图书馆学与信息科学委员会、国家信息论坛在布拉格召开了信息能力专家会议，发表了《迎接有信息素养的社会》的布拉格宣言，认为："信息素养是有效进入信息社会的前提条件，是终身学习的基本人权的一部分。"顺应时代发展，信息素养提升是其改革的重要部分。

2.信息素养是教练员终身学习必备的能力

从20世纪80年代开始，高校图书馆便开设"文献检索课"，帮助培养大学生的信息意识和信息能力。进入90年代以后，随着计算机网络的迅猛发展、知识的爆炸性增长和网络技术的迅速发展，传统的文献检索课已跟不上形势。加上教练员普遍不太重视文献检索课的学习，目前他们的信息素养在信息意识方面表现为对信息素养提升关注程度低，觉得信息意识可有可无，大多数高校篮球教练员还习惯于原始的阅读方式，对新的信息环境的认识与接受能力差，对信息的敏感性较弱；在信息能力方面，虽然高校篮球教练员的信息能力有了进一步的提高，但是在利用网络环境、检索方式方法和技巧等方面还极其薄弱；在信息道德方面，大部分高校篮球教练员能遵守一定的信息伦理、道德准则和法律，规范自身的信息行为，但也经常有一些不规范的现象发生。

在信息时代，知识和信息的产出急剧增长，信息瞬间发生，且传递周期很短。因此，高校篮球教练员在校期间，除了强化自己的课堂知识外，还应不断去开阔视野，拓宽自己的知识面，吸收和发掘大量的课外信息。高校篮球教练员只

有灵活地掌握和运用现代化的知识信息，具有较强的实践操作能力，才能在激烈的竞争中立于不败之地。正因如此，应将信息素养提升为高等教育的重要组成部分，要求变“授人之鱼”为“授人以渔”，使高校篮球教练员在思想上变“学会知识”为“会学知识”，提高高校篮球教练员的综合素质、信息分析和信息判断能力，使其不断接受的新理论伴随终身，并走向成功。

“授人以渔”的原则应用于我国高校，就是要给高校篮球教练员创造一个信息素养提升的环境和条件，以使高校篮球教练员懂得如何去找到解决问题所需要的信息，知道如何去学习、更新知识和重构个人知识的体系，进而使高校篮球教练员学会认知和创新，成为有创新意识和宽阔视野的高质量人才。信息素养将为高校篮球教练员高层次的后继学习和终身学习奠定基础，它是综合素质的一个重要组成部分，必然构成高校培养目标的一个主要方向。我国高校研究和实施信息素养提升责无旁贷。

3.信息素养提升有利于高校篮球教练员创新能力的培养

要“激发独立思考和创新的意识”。要培养高校篮球教练员的创新意识，必须将信息素养教育作为高等教育的重要组成部分，改变传统的教育模式，教会高校篮球教练员如何获取知识信息。在当今科技迅猛发展的信息社会，教练员要有所发明创新，除了必备的基本专业知识和技能，还必须具备较强的信息分析、加工、开发能力及接受相关学科的信息创新能力；教练员必须了解当前的知识，才能在创新中有所鉴别、有所参与、少走弯路。拥有良好的信息素养，才能成为具有创新能力的高素质人才。

（二）当代高校篮球教练员信息素养的缺失现象

高校篮球教练员信息素养的缺失体现在以下几个方面。

1.信息意识淡薄

信息意识是指人对信息敏锐的感受力、判断力和洞察力。为数不少的大学生缺乏基本的信息意识、信息观念、信息觉悟，缺乏对信息的感知能力、识别能力、吸收能力和运用能力。他们无论是学习中还是生活上，不能有效地发现自身的信息需求，从而自觉积极主动地寻找信息。高校篮球教练员的信息保密意识也比较淡薄，如在网上写博客或发帖时，经常会透露个人隐私，另外在某些网站要求注册时填写了自身的真实资料，这些都有可能造成更多个人信息的泄漏。

2.信息能力较低

信息能力是指人们从事信息活动所必须具备的技能和应有的素质。信息能力是针对信息而言的，是信息社会所必备的能力，对非专业信息人员而言，为适应信息社会的发展应具有信息获取能力、信息利用能力、信息识别能力、信息综合分析能力及信息的存储加工能力等多方面的能力。如今，很多高校篮球教练员面对浩如烟海的信息，虽然受过检索知识的培训，但由于不重视，其效果较差，仍然对信息获取的渠道和方式缺少基本的常识，所以常常望洋兴叹。而且很多高校篮球教练员上网只是一味地聊天、看一些无聊的八卦新闻。

3.信息语言受限

这里所述的信息语言，一是指信息检索语言，二是指信息交流语言。信息检索语言是用来描述信息特征和表达信息检索提问的一种专用语言。它依据一定的规则对自然语言进行规范，将其编制成表，供信息标引以及检索时使用。由于缺乏检索语言知识，高校篮球教练员们在检索技巧上就显得力不从心，无法从大量信息源中便捷地获取自身所需信息。信息交流语言则是人类在信息交流中的重要工具，英语是世界上使用最广泛的语言，但高校篮球教练员一般因英语水平有限，大多只去浏览中文网站，获取中文信息，这就造成信息源的局限性，致使高校篮球教练员不能及时了解世界最前沿的研究状况和成果。

（三）信息素养提升的内容

信息素养提升，旨在提升教练员捕捉信息、判断信息和及时抓住有用信息的能力，搜索、利用和开发信息的能力，使之与信息化社会相适应，促进自身的发展。

1.培养信息意识

信息意识是人们对信息的敏感程度，即人们从信息的角度对自然界、社会中各种现象与行为的感受。信息意识既是信息主体对信息的认识过程，也是其对外界信息环境变化的一种能动反应。因此，信息意识的强弱控制着个体的信息行为。信息意识强的人，由于重视信息，懂得信息对于自身发展的重要性，在实践中，会注意观察、抓住机会，获取有用的信息，能够先人一步捕捉良机，有所收获。相反，信息意识薄弱的人，信息意识麻木，容易会失去机遇。在信息社会中人们能有效利用大量信息固然重要，但是首先需要有获取信息的愿望，了解信息的重要性。因此，高校篮球教练员应提升和开发自身潜在的信息需求意识，对信息的本质特征有足够的认识，牢固确立“信息是资源”的观念，能够从社会的一切事物中去发现有价值的信息，并为自己所利用。

2. 提升高校篮球教练员信息能力

信息能力是指人们搜集开发信息的能力，评价信息的能力，组织、分析和综合信息的能力，通过网络技术获取信息的能力。社会信息量急剧增长，要从浩如烟海的信息资源中提取有用的信息变得越来越困难，因此，信息能力是必备的。信息能力的培养提升包括以下四个方面：一是了解信息源。只有对各种信息源有足够的认识，才不至于走弯路，这是获取信息的基础教育之一。二是获取信息的能力。这里包括计算机和网络基础知识的运用，能否快、准、全面地获取对自己有用的信息，在查询和检索信息过程中掌握一些检索技巧，有利于提高获取信息的准确率和效率。三是处理信息的能力。这是指人们在获取大量信息的基础上，准确地鉴别、分析、判断它的真伪性，并根据自己的学科需求使之有序化和专业化的能力。四是利用和创新能力。这是指人们在社会实践和科研活动中利用所获取的有用的信息转化为生产力，并在此基础上有所创新，服务于社会。

第八章

高校篮球教练员科学选才素养

现代篮球运动选才的方法实质上已经呈现出具有系统性特点的方法体系。实践中，教练员在选才方法方面较为关心的是本专项及其项群运动员和竞技运动后备人才的模型特征，以便能够及早发现优秀运动员的苗子。

第一节　高校篮球教练员科学选才方法的特点及分类论

一、高校篮球教练员科学选才方法的特点

（一）客观性和可靠性

高校篮球教练员科学选才研究的对象是竞技运动中运动员选优现象，这是客观存在的社会现象，它们按照自身的规律运动，不以人的主观意志为转移。虽然在一定范围内人可以改变客观世界，可以部分改变某运动员的现状和发展前景，但那是人们掌握了事物的客观规律后、运用客观规律使事物按着自己所期望的方向发展。至于客观规律本身仍是丝毫不得违反的，否则人们就不会得到所期望的效果。客观性和可靠性特点要求选才方法中的测试器具、测试过程、测试结果的评价和预测应是客观、正确、统一并有可靠的科学依据。

（1）高校篮球教练员选才的测量器具、指标、测量部位和测量方法应有一定的规定，有统一的标准要求，这样取得的数据结果才有可比性和研究意义。

（2）通过重复相同的测量手段获得结果的相同程度要强。

（3）对测试出的数据评价要客观，不能以主观意愿判断，尤其是有些不易明确量值的因素，其评价也要客观、正确并有可靠的科学依据。

（4）对篮球选才对象各方面的预测（项目、能力、应达到的水平）要客观可靠。

虽然篮球选才的内容、方法及手段不是静止的，要随着选才科学的发展而发展，但客观性和可靠性要求在每个阶段都是十分重要的。

（二）系统性和层次性

由于运动能力的组成因素具有系统性，篮球选才方法也具有相应的系统性，主要表现在选才层次、选才年龄、选才内容、选才指标、选才标准以及选才的组织管理方法等方面。整个篮球选才方法系统又是分层次的。选才的层次是指不同选才类别的高低、前后的顺序位置。我们一般将选才层次分为基础、大学生、中级、高级选才四个层次。每个层次有初选、复选、定向、决选四个阶段，中高级层次选才（拔）可无定向阶段。

篮球基础选才是运动选才的基础层次，其任务是初步地挑选运动人才。在这个层次中，主要是通过对那些先天的、不可控的、相对稳定的因素进行测定和评价，揭示大学生篮球运动能力的发展前景。中级与高级选才（拔）是大学生篮球运动选才的高级层次，其任务是最终选拔出优秀运动人才。在这个层次中，测评相对稳定的因素比例相应减少，而主要是测评。

（三）多样性和综合性

由于篮球竞技运动项目复杂，篮球各项目中影响运动成绩的主导因素不同，尽管选才的目的、步骤等有些复杂，但在具体测试指标、要求和方法上均有明显的不同。采用多种有效的方法手段来测试、评价、预测备选对象的某一或综合运动能力，是选才工作需要和选才的发展趋势。众多学科对运动选才领域的渗透使之形成了体系庞大的方法群，众多的方法都从各自不同的侧面对运动员的现状或未来进行测评或预测，这既有利于对运动员进行全面的分析评价，又极大地丰富了运动选才研究领域。这些选才方法既是互补的，又是可以独立存在的。运动成绩的好坏是由多方面因素所决定的，某一方面的不足或多或少地会影响运动竞技能力的发展，但另一方面的突出就能避免或弥补某些缺陷，所以要对多种考察和测定的结果进行综合的、深入细致的分析，进行综合权衡，决定取舍。

二、高校篮球教练员运动选才方法的分类

高校篮球教练员运动选才方法很多，依不同的分类依据可分为不同的类别。

（一）依据高校篮球教练员选才的基本因素区分

依据高校篮球教练员选才的基本因素，选才方法可分为遗传选才方法、年龄选才方法、体型选才方法、身体素质选才方法、生理机能选才方法、生化特征选

才方法、心理选才方法、运动技能选才方法等8种方法。

（二）依据高校篮球教练员选才发展的科技水平区分

1.经验法

经验法是运用过去篮球选才的成功经验和失败教训来评价、预测当今选才对象的方法。很多有经验的篮球教练员常用此法，或作为科学选才的辅助手段。

2.追溯法

追溯法是追溯优秀高校篮球教练员运动员过去（成长过程）的情况，并通过借鉴制订选才模式，对备选运动员进行选才的方法。

3.科技法

科技法又称科学化法，即采用科学的测评方法手段，通过客观测定的数据或结果对备选运动员进行选才的方法。

以上三种方法是相对区分的，很多时候是相互交叉、综合运用的。科学化选才方法有着一个发展的过程，首先采用的多是思辨的经验方法，即从迷信、盲从中超脱出来，在自己的经验或看到的选才现象的基础上，进行独立思考，从而形成自己的观念、判断或思辨方法，有的的确具有真知灼见，能够发人深省；有的在当时的选才条件下也起过一定的积极作用。这种经验法的最大缺点是实践面窄，有时有点像“盲人摸象”，虽然也来源于客观事实，但它具有很大的偶然性、局限性和主观性，在很大程度上缺乏科学的论证。随着社会的发展，人们对篮球选才重要性的认识越来越深刻，对篮球选才的要求越来越高，也就逐渐认识到仅仅停留在思辨的经验方法是远远不够的，于是科学化选才方法逐渐形成和发展起来，自测试、追溯、调查、统计等方法被采用后，篮球选才研究的面貌焕然一新，篮球运动选才也在经验选才的基础上发展起来，逐渐成为一门科学。

（三）依据高校篮球教练员选才工作类别区分

依据高校篮球教练员选才工作类别，选才方法可分为高校篮球教练员运动选才的组织管理方法、选才指标筛选方法、高校篮球教练员选才标准确定方法、选才指标测试方法、高校篮球教练员选才测试结果评价方法、选才结果检验方法、选才预测方法等7种方法。

（四）依据高校篮球教练员选才学科领域区分

1.单学科选才法

（1）遗传学选才法

（2）形态学选才法

（3）生理学选才法

（4）生化学选才法

（5）医学选才法

（6）心理学选才法

（7）生物力学选才法

（8）篮球运动训练学选才法

（9）篮球专项选择材法

（10）环境选才法

（11）社会学选才法

（12）预测学选才法

2.多学科综合选才法

（1）模式选才法

（2）阶段选才法

（3）多因素选才法

（4）数理统计选才法

（五）依据篮球选才层次区分

依据大学生篮球选才层次，选才方法可分为基础大学生选才阶段选才方法、中级选才阶段选才方法、高级选拔（才）阶段选拔（才）方法。

三、选择大学生篮球选才方法的依据和标准

大学生篮球选才研究的发展和在实践中的广泛应用，形成了很多的选才方法，某次选才中不可能不加取舍地全部采用，我们必须进行选才方法的筛选。篮球运动选才方法应以运动员选才的基本理论和各运动项目对篮球运动员个人条件的基本要求为依据，结合运动员选才的层次、具体目的及任务来确定。其方法是否合理，应符合下列要求及标准：

1.客观性

客观性是指任何人在任何时刻运用这一方法都能得到相同结果，不以测试人的意志为转移。

2.可靠性

可靠性是指被检查、测定的特征具有稳定性，重复测定时可以得到同样的结果。

3.有效性

有效性是指所测结果能够说明备选篮球运动员的现状，有预测将来的可能或对未来成绩起影响作用。

4.经济性

方法应尽量简便易行，选才结果和所耗费的经费之间的比例应是合理的。

5.可行性

可行性即该方法在本地区、本时期的人力、物力、技术、知识条件下是可以进行的。

第二节　高校篮球教练员科学选才组织与管理能力

一、大学生高校篮球教练员科学运动选才组织管理体系

大学生篮球运动选才的全过程是一项系统工程，是一个多层次、多阶段和多年连续的控制过程，包括组织、计划、实施、评价监督等工作环节，涉及目标、过程、财物、时间、效果五大要素。实现这五大要素的整体最优化，就是对选才过程的最优控制。要科学地控制选才过程，就必须建立周密、完备的选才体系，建立健全的组织管理机构，明确各层次和各阶段的选才任务及相互间的有机联系，形成层层衔接的一条龙体系。要按照选才的客观规律，制订选才计划，建立明确的方向、目标、指标测试及预测体系，充分发挥信息的作用，合理调配人、财、物，及时反馈结果，扩大成果推广。只有体系严密，才便于优秀人才的层层人选；只有管理得当，才便于选才工作的顺利进行；只有组织完备，才便于进行科学研究、深入揭示运动选才的规律，优质、高效地选拔优秀人才。

篮球运动选才与运动训练具有并列发展的关系。篮球选才应与训练形成并列的体制。我国运动选才系统属国家体育总局领导。各级篮球选才系统应隶属相应

一级体育、教育或体育协会组织和管理，应成立相应的组织机构，组织多学科人才的选才领导组，确定选才目标，制订选才计划，实施选才方案，总结检查反馈，选拔优秀运动人才。

多学科人才的选才领导组是各级运动选才系统的最主要的机构，它对选拔优秀人才起着决定性作用。篮球运动选才不仅取决于被选者的条件，而且有赖于选才者的素质及水平。篮球运动选才是一个多因素的分析过程，既要测定先天的因素，又要考虑后天的影响；既要测定生物学方面的因素，又要考虑社会学方面的影响，因而选才组应有多方面的人才。

二、高校篮球教练员运动选才的层次和阶段

篮球选才的层次是指以行政管理层次不同而区分的选才类别的高低和前后的顺序位置。篮球选才的阶段是指选才过程中的段落。不同层次、阶段选才的任务和要求应有相应的差异，这些差异来源于训练体制的连续性和阶段递进性。掌握运动选才的层次和阶段可以对选才过程有一个整体清楚的了解，明确各层次、各阶段选才的特点、任务以及相互之间的有机联系。

篮球运动选才与运动训练应形成并列适应的体制。我国一般将选才层次分为基础、初级、中级、高级选才（拔）四个层次。每个层次有初选、复选、定向、决选四个阶段，中高级层次选才可无定向阶段。

（一）基础与初级选才层次

基础与初级篮球选才是运动选才的基础层次，主要是通过对那些先天的、不可控的、相对稳定的因素进行测定和评价，揭示大学生运动能力的发展前景，初步地挑选运动人才。

1.初选阶段

其任务是了解大学生篮球运动能力的天赋条件，广泛发现运动人才，此时要对大量的群体进行观测。初选通过体质普查和大学生体育课或体育比赛活动，发现那些显露头角的运动苗子，并对他们进行进一步的调查和评价，主要内容有：

（1）遗传与家系调查。

（2）发育程度或发育分型的鉴别。

（3）运动员形态和机能测评，对某些心理素质进行测评。

（4）家庭及环境对其进行系统训练的态度，及其对未来生活、学习和训练的

影响。

2.复选阶段

复选通过训练和考查，验证大学生成为篮球运动员的天赋条件，并对其主要因素做进一步评价预测。此时应对入选队员进一步进行发育程度和发育高潮期长短的鉴别，并测量其原有运动水平和集训期的成绩提高幅度，其可训练性、承担大运动负荷的能力和训练潜力要超过平均水平。

3.定向阶段

定向阶段根据初选、复选中篮球队员表现出来的能力、爱好、兴趣、篮球训练项目编制和教练员状况等因素，为运动员选择一个或几个适合于他的专项，确定其未来方向和发展指标。定向阶段主要适用于基础或初级选才层次，而转项（在其他层次中也存在）实际上是定向后的再定向。

大多数篮球教练员在选才一开始就以从事本专项为目标进行选才，而大多数大学教师多是通过一定时间的教学训练实践后才为运动员选择专项。这时运动员本人的爱好固然重要，但教练、教师或科研人员的引导也很关键。总之定向正确与否直接影响运动员的成长成才。

篮球运动转项是指运动员从事某项竞技体育运动，在专业队训练一年以上或在业余队训练两年以后，又转入另一运动项目训练和比赛（时限同前）的情况。

不同等级运动员转项人数、次数及其概率不同，即运动等级越高，转项人数越少，个人的转项次数越少，在有限的运动生涯中，转项次数越多，运动成绩越差。

男女运动员在转项趋向方面稍有不同，这与性别、心理和项目特点有关。同项目的转项年龄存在着女性比男性早的倾向。

4.决选阶段

通过一定时间的实践考查，在以上三个阶段的基础上最终确定入选对象。此时对篮球入选对象有以下要求：

（1）现有的成绩水平。此阶段通过各种手段来测定运动员在决定成绩的诸因素方面是否拥有足够高的成绩参数。如在前段篮球训练中，运动员篮球运动成绩应达到优秀或超过平常水平；必须具备与所选项目特点相适应的高度的身体能力；具有相应的技术水平和特别的战术能力；机能适应能力超过平均水平，生理机能好，身体和心理负荷能力强，有关器官系统的工作高度节省，能承受频率较高的负荷和较大强度的训练；体型符合专项要求。

（2）篮球成绩提高的速度。运动员如比一般篮球运动员成绩提高得快，能较快地进入更高的竞技等级；能以较快的速度发展专项所需的心理竞技素质。

（3）篮球成绩的稳定性和继续提高的能力。运动员具有持续提高的运动能力，能不断创新纪录和保持较好成绩；生理机能指标检查时都有明显的优势连续性，在大运动负荷后，生化和机能指标都能较快恢复到静止时的指数；心理竞技能力比较优秀和稳定。

（二）高校篮球教练员中级与高级选才（拔）层次

高校篮球教练员中级与高级选才是运动选才的高级层次，其任务是最终选拔出优秀的运动人才。在这个层次中，我们测评先天的、相对稳定的因素比例相应减少，而主要是测评那些后天的、可控的、相对变化的因素，比如技战术、素质、意志等方面的因素，选拔出接近于世界优秀运动员模式的人才。而且选才层次越高，各指标标准就越高，测评考察更细致。

各层次篮球运动选才的共性特征是挑选优秀运动员的后备人才，在个别选才指标和方法上可能相同，但具有明显的层次性差异特征。

（1）篮球选才层次越低则越注重通过对那些先天的、不可控的和相对稳定的因素进行测定和评价，提示大学生的发育潜力和训练潜力，预测其运动能力的发展前景，初步挑选运动人才。相反，选才层次越高则越注重测评那些后天的、可控的和相对变化的因素，如技战术、素质、意志等方面的因素，测评其竞技能力的现状和由训练效应而得到的发展能力，逐步选拔出接近于优秀运动员模式的人才。

（2）篮球选才层次越低，则备选人数相对越多，生源区域越窄，年龄越小，测试指标体系越简单，测试指标的可行性和可操作性强，测试精度要求相对较低，入选标准低，以便于较大规模的组织实施。而选才层次越高则相反，测评考察更全面而细致。

三、高校篮球教练员运动选才的程序

我们对高校篮球教练员运动选才全过程需要进行科学控制，这一过程包括确定选才目标、建立选才模式、制订选才计划、实施选才计划、总结检验反馈等工作环节。

（一）确定选才目标

篮球选才目标主要指选才对象及其发展前景，确定选才目标应首先明确选才的类别并进行现状调查。

（1）调查组成篮球运动能力各因素在群体、个体中的平均值、最高值及变动范围。

（2）调查各运动项目、各层次篮球运动员的现状，了解各项运动成绩的发展趋势。

选才应根据篮球运动选才的不同类别、特定任务并在现状调查与分析的基础上，科学地确定选才目标。

（二）建立高校篮球教练员选才模式

高校篮球教练员选才模式主要是指入选队员应达到的具体要求和标准。对这种要求或标准的系统描述称为选才模型。在确定明确的选才目标以后，我们应建立起该级或各级优秀运动员模型，为篮球运动选才提供参照依据。选才模型的建立应考虑以下几点：

（1）研究各运动项目高水平大学生运动员的模型特征。

（2）依据多年选才、训练测验所获得的数据资料，进行数理统计分析，确定影响专项成绩诸因素的指标体系及权重比例。

（3）正确把握各因素之间的有机联系，将各个具体指标及标准汇成一体，形成综合评定体系，建立动态的该级别或各级别选才模型。

（三）制订大学生选才计划

高校篮球教练员运动选才计划的制订应根据确定的目标和建立的模型进行。除此还应考虑运动选才的影响因素和大学生篮球运动队的更新节律等。

（四）实施计划

实施计划即将制订的计划付诸现实。篮球选才机构应按照计划要求成立，明确分工，统一要求，并按照计划规定的步骤对选才对象进行测评，及时反馈、调整、修正计划。

四、高校篮球教练员选才计划

高校篮球教练员选才计划主要包括选才对象、测试指标、使用仪器、篮球选才方法、数理统计方法以及验收细则等内容。计划没有统一模式，但应力求全面、严密、便于实施和达到预期目的。

（一）高校篮球教练员选才计划的类别

高校篮球教练员选才计划依不同的分类依据可分为不同的类别，这里主要对依时间长短区分的计划进行说明。

1.长期计划

一般是指为期10年以上的计划。它主要规定体育部门和大学在比较长的时期内的发展方向、项目设置、队员人数、发展阶段和发展规模，是选才计划的重要形式之一。这种计划常常与体育部门或大学的远景规划整合为一体，或成为远景规划中的一部分，受远景规划的制约和管理。

2.中期计划

一般是指为期1~5年的计划或指其行政领导或其主教练任期期间的选才计划，它也常常是任期规划中的一部分。中期计划一般是根据长期计划编制的，是长期计划所规定的战略目标和任务分阶段具体化，又是制订短期计划的基础和依据。它能避免短期计划由于时间太短而带来的局限性，为保证运动项目配置、队员的更新起重要作用，它可以使体育部门或大学为实施为期3年的全国体育竞赛计划、4年一届的奥运会的准备工作得到改善。其他如选才科研计划、选才管理干部培训计划等，用中期计划的形式也十分适合。

3.短期计划

一般是指某次篮球选才的工作计划，是长期计划和中期计划的进一步具体化。其内容和指标都比较细致，要求明确，方法具体。如按计划内容区分的体型、运动素质、生理生化、运动心理、技战术能力等选才计划，均可用短期计划的方式进行。

（二）高校篮球教练员选才计划的内容

大学生篮球选才计划的内容一般由两部分组成：一是计划的纲要部分，主要说明篮球选才的目的、任务、指导思想和目标等；二是计划的具体内容部分，是纲要的具体化。

1.长期计划的主要内容

（1）计划的纲要部分。①当前体育形势、任务；②编制计划的指导思想、目的；③要达到的总目标和各项主要目标；④主要计划指标确定的依据。

（2）计划的具体内容部分。①该时期（段）的发展方向。②项目设置：接近和达到某水平（如世界水平或其他水平）项目的数量；成立篮球运动队（含不同层次的运动队）的总数；重点项目占一般项目的百分比。③优秀运动员人数：目前优秀篮球运动队（员）总数，计划期应达到的总数；优秀篮球运动队（员）人数占一般队（员）的百分比，计划期应达到的比率。④优秀篮球运动员的输送程序及审批方式。⑤优秀篮球运动员的基本条件及要求。⑥选才测试的指标体系。⑦篮球选才组织的机构及其管理。⑧科学篮球选才的宣传计划、科研计划、干部培训计划。⑨篮球选才工作的财务管理。⑩篮球选才仪器、设备等基本建设计划。

2.短期选才计划

短期篮球选才计划种类很多，这里仅以某次篮球选才计划为例简要说明。

（1）纲要部分。①本次选才的目的、任务、依据；②对目前运动队、运动员及运动选才状况的调查分析。

（2）具体内容部分。①应选项目人数和年龄范围；②招生（应选区域的）要求；③选才工作的过程与步骤；④应选者的主要条件、测试项目、内容、方法和指标（身体形态、运动素质、生理机能、生化特征、心理品质、技战术能力等），以及需要调查的有关内容，如政治思想品质、作风、学习、生活、家庭情况、参加运动的经历等；⑤选才组织机构及工作人员的分工；⑥报名、测验的时间地点；⑦审批的手续和办法；⑧试训的方法；⑨经费、预算、设备条件；⑩其他辅助内容等。

第三节　高校篮球教学员科学选才方法

篮球运动员的选才问题日益受到国内外体育界的重视。可以说，良好的选才是成功的一半。要使选才工作能够在科学理论知识的指导下进行，确实不是一件容易的事情，这里涉及很多学科知识。如父亲是一名出色的篮球运动员，可是他的儿子或女儿，经过培养之后是否也能成为一名优秀的运动员，这就需要用遗传学理论去解释，用遗传学的研究方法去研究，从而为选才提供理论依据。如要挑选一批儿童少年进行篮球训练，首先应从形态结构方面入手，这就涉及运动解剖学知识。了解形态结构之后，又要考虑某些生理机能问题，这又涉及运动生理学理论。

大学生运动员选才时，机构主要从教育学、生理学、心理学、医学、社会学等方面研究儿童、少年的成长和发育特点，并且在此基础上挑选出适合所要从事项目的人才。每一名运动员由于受其家长遗传因素的影响和所处生活环境的不同，其生长发育过程也不尽相同。生长和发育过程受遗传基因的限制。遗传因素只能在不受外界环境影响的前提下决定身体发育。一名运动员取得优异成绩的过程，要受遗传基因和外界环境的双重影响，缺一不可。人体的任何特征都受遗传因素和外界环境条件的限制。不良的外界环境会埋没人的良好遗传因素。相反，再不好的外界环境条件也不会完全改变良好的遗传特征。遗传性的基础是家长传给自己后代的遗传信息。身体的形成和发展、身体对外界条件的适应性反应能力、身体在各个时期的发育速度等取决于遗传信息。

目前，关于遗传信息在人的形态、机能、身体发育和运动能力形成过程中所起的作用等方面的资料不多。据国外资料报道，遗传因素对运动员心血管系统功能的影响较大，对外部呼吸器官的功能影响较小。遗传因素能决定人的机能和身体素质以及有氧和无氧代谢能力的好坏。但是，训练如果缺少足够的外界条件（如运动量和运动强度不够），遗传因素的优势便不能充分显示出来。若运动员的运动量或运动强度过大，便使遗传因素优势提前表现出来，以后便会很快消失，即目前所说的“昙花一现”。

为了使篮球运动员选才工作能在一定的正确理论指导下进行，做到有的放矢，本书现介绍几种选才方法和手段。

一、发育程度的鉴别

发育程度的鉴别是选才和育才的核心。发育程度代表生物年龄。人在生长发育过程中有两种年龄，一种是日历年龄，另一种是生物年龄，二者并不完全一样。有的人细胞分裂快，老化亦快，多数出成绩早，但没有培养前途。所以，区别日历年龄和生物年龄的差异十分有意义。

（一）影响发育的因素

1. 受家庭影响。父母亲的发育早晚对子女有影响。

2. 种族影响。不同人种在发育上有一定的差异。

3. 地区差异的影响。不同地区对人的发育也有不同影响。

4. 营养水平。

5. 运动量的安排。

（二）发育程度的鉴别方法

1. 骨龄鉴别。一般用运动员不利肢手骨的X光片进行评定，根据每块手骨骨化中心出现的时间，骨头愈合的顺序来判断骨骼年龄。这是目前最准确的判断发育水平和营养水平的方法。

2. 用第二性征鉴别发育程度。利用第二性征推导骨龄，鉴别发育程度是比较简便的方法。脑垂体分泌出性激素能促进性腺发育，分泌甲状腺素帮助蛋白质合成，有利于增长。脑垂体分泌的肾上腺素使肾脏生长发育。性激素可以使男性睾丸发育，分泌睾丸素帮助人生长，使他长成男性特征。

二、形态

在挑选大学生篮球运动员时，首先应该考虑的问题就是选才对象的形态结构。一般认为，结构决定机能，因此，选才应重视形态结构的测试，并以测试结果作为选才依据之一。对大学生篮球运动员形态结构的测试内容有身高、体重、坐高、上肢长、手长、手宽、下肢长、小腿长、足长、足背高、足宽、跟腱长、指距、平静呼吸时胸围、上臂紧张围和放松围、前臂围、大腿围、小腿围、踝围（小腿最细处）、跖趾关节弯曲度、肩宽、骨盆宽、臂厚、皮下脂肪。

以上测试内容经测试所得数据，应与同年龄大学生的正常值进行比较，异常者不易入选。除此以外，选才还要考虑大学生形态结构是否与篮球运动的技术结构相一致。另外，选才机构还要考虑大学生日历生长年龄与生物年龄是否一致，因为日历生长年龄可能与生物年龄完全不符。身体发育晚的大学生生物年龄可能比生长年龄晚一到两年，身体发育良好的大学生生物年龄可能比实际生长年龄早一到两年。一般大学生的生物年龄可以根据大学生本身的身体发育、运动机能、性机能成熟程度、骨骼骨化程度和牙齿发育程度来确定。骨龄是判断真实生物年龄的标准。通常用手的X光片来判断大学生的生物年龄。

三、机能

在进行形态结构测试结果分析后，我们还要考虑大学生的机能情况。对大学生篮球运动员机能状况的测试内容主要有脉搏、血压、肺活量、血红蛋白等，测量脉搏前，要对所用秒表进行校正，每分钟不得超过0.2秒的误差。测量时以10秒为单位，连续测量三个10秒钟。其中两次相同而与另一次相差不超过一次，即可以认为是安静状态的脉搏，否则重新测量。然后再测量30秒钟脉搏并记录，以一分钟计算。

测量血压要使用水银血压计。测量时测试人员要检查血压计的水银柱是否在零位。高于或低于零位时，应进行校正。如发现水银柱有气泡应排出。血压计使用时要放平。

测量时，受试者坐于测试人员的右侧，左臂自然前伸平放于桌上，与心脏成水平。测试人员捆扎脉压带于左上臂，脉压带需平整，松紧要适度，肘窝部要充分裸露。测试人员摸清肱动脉的位置后，使肱动脉位于听诊头中央，听诊头应与皮肤密切吻合，但不能用力紧压，然后打气入带，使水银柱快速升高，直到听不到肱动脉搏声音时再升高30 mmHg左右，然后缓缓放气。当第一次清晰地听到脉跳的声音时，水银柱的高度便是收缩压。测得收缩压后，测试人员继续放气。声音突然从洪亮变为模糊，此时水银柱的高度便是舒张压。

测量血压和脉搏的当天，受试者不得进行剧烈运动。测试前，受试者必须静坐5分钟以上，以保持情绪安定。测试时，受试者上臂不可受过紧的衣袖压迫。测试中，脉搏高于100次/分，血压高于140/90 mmHg者应立即进行复测，测试人员应询问受试者的身体状况。

测量肺活量时使用肺活量计。肺活量计应在测量前一天灌水。测试前和测试中测试人员应将仪器随时校正。测试时，受试者取站立位，尽力深吸气后再向肺活量计口用嘴尽力呼气。测试人员待浮桶平稳后读数，每人测三次，每次测三遍，每次间隔15分钟，选记最大值。

测定血红蛋白时，采用沙利氏法。沙利氏血红蛋白计小细管、0.02毫升吸管、小滴管、采耳血用具等均应经校正、消毒后使用。测试人员首先往试管中加5滴10%的盐酸，然后取耳血0.02毫升，将吸管插入盐酸中，吹出血液。吸取上层清液冲洗两次，洗净管中血液立即混合，静止10分钟，将试管中液体倾入比色管中。然后继续滴加蒸馏水，直到管中液体与标准柱一致为止。读取液凹面处的刻度数，记下百分数。

四、身体素质

身体素质测试内容包括反应时、10秒频率、原地纵跳、握力、体前屈、体后屈、测力架测力、30米站立式跑、30米行进间跑、50米跑、100米跑、400米跑，耐力测验、立定跳远、立定三级跳远、实心球后抛、原地掷垒球、一分钟仰卧起坐、转肩距、踝关节灵活性等20个项目。以上素质测试内容，平时训练中常采用，在这里不再说明，只介绍几种不常采用的项目。

（一）反应时测定

使用仪器：SC421三维测力台及其配套仪器示波器与应变仪、红信号灯。

测量方法：受试者站在测力台中央，膝微屈，使膝与脚尖在一垂直面上，上体稍前倾，两臂自然下垂，目光注视下前方红信号灯。示波器和红信号灯同步，当示波器一启动，红灯即亮。受试者见红灯亮，迅速跳起，示波器即记录这一动作的曲线。从示波器开动到做动作的时间是由眼的感受器到中枢，由中枢到肌肉的以神经传导为主的时间，称为“神经传导时”，从动作开始到结束的时间，称为“肌肉收缩时”，二者合计称为全身反应时。测试人员取受试者测试中最好的一次计入成绩。

（二）10秒频率测定

使用仪器：SC421三维测力台及其配套仪器示波器与应变仪、升降凳。

测量方法：受试者在测力台上，调节升降凳的高度，使凳面与膝关节窝线平齐。受试者坐在调节好的升降凳上，大腿中部位于升降凳的前端，两腿自然下垂。然后受试者用脚掌交替敲打测力台面2~3秒，作为试做，然后进行实际测试。当受试者听到“开始”的信号后，用最快的频率敲打测力台面，同时示波器启动，用每秒钟100次的送纸速度，记录12秒的频率。当听到“停止”信号后，受试者停止活动。测定一次，从示波器纸上前后各舍去一秒，计算前、后各5秒内的次数。原地纵跳的测定亦使用SC421三维测力台进行。

（三）体前屈

测定体前屈可使用专用或代用测定器。测定时，受试者立于测定器的平板上，两腿并拢仰直，足尖置于平台前沿，分开60°，然后上体前屈，用双手中指尖缓慢下推标志板至最低限度，最后在标尺中得到数字。

（四）体后屈

体后屈测试使用体后屈测定器。测定时受试者俯卧于硬板床或长桌上（应长于身高），双手交叉于背后，足尖向内并拢，足背向下放于床上。助试者用双手按住受试者足踝部，测试者位于受试者头前，让受试者缓缓抬头，伸背，抬起上体至最大限度并保持1~2秒，记录下颌尖至地面的垂直距离。

（五）测力架测力

测力架测力使用自制测力架及其附件、握力计、背力计、硬板木椅（座高约45厘米）。

测屈肘力时，受试者坐在木椅上，面对测力架一端，上体坐直，两臂前平举放在专用台面，胸部紧靠台沿，上臂与躯干约呈90°角。

测伸肘力、伸肩力、伸膝力、屈髋力时，受试者仰卧于测力架床面上，两臂放于体侧，膝关节窝线伸出床沿2~3厘米，两腿自然下垂。

测伸肘力、伸肩力及伸膝力时，测试人员用宽帆布带将受试者腰部固定在床面上，测屈髋力时固定于胸部（靠近腋窝）。松紧要适度。

受试者保持测试前的基本姿势和固定方法开始测试。测试人员测屈肘力、伸肘力及伸膝力时用握力计，一端用铁链固定在测力架的专用横梁上，另一端用帆布带套在被测肢的指定位置，铁链与地面平行，要调节长短以保证所测关节用力呈90°角。

测屈肘力时，受测者屈起右前臂，掌心向后，握拳；握力带套在手腕上，带子上沿齐腕横纹，向正后方用力屈肘，测试人员用右手轻轻托住握力计。

测伸肘力时，受试者屈起右前臂，掌心向内，握拳；拉力带套在手腕上，带子上沿齐腕横纹，向前下方用力伸肘。注意上臂不要抬起，测试人员用左手轻轻托住握力计，右手轻轻按住受试者右上臂，使它不至于抬起。

测伸肩力时，受试者向前抬起右臂并伸直肘关节，与躯干呈约90°角。右臂内旋，掌心向下，握拳。向前下方用力直臂伸肩。测试人员用左手轻轻托住握力计，右手抓住床面，用前臂抵住受试者右肩，使它不至于向上移动。

测伸膝力时，拉力带套在受测者右腿踝部，足跖屈，向前上方用力伸腿，注意大腿不要抬起，测试人员用左手轻轻托住握力计，右手将拉力带按在受测者内外踝上，使它不至于滑动。

测屈髋力用背力计，一端钩在专用横梁上固定，另一端用帆布带套在受试者两大腿远端（齐髌骨上缘）。松紧要适度，既使其用力时髋关节约呈180° 角，又使背力计不因固定太紧而产生预应力。测试人员用双手保护背力计表盘，使受试者不至于用脚触碰指针。

（六）转肩距

使用木棍、皮尺。测量时受试者双手握木棍，手臂伸直。将棍从前经头上翻转至身后，然后再翻转至身前，翻转时不得屈肘，不得移动双手。测试人员测量两手虎口之间的宽度。每人测三次，记录最好成绩。

（七）踝关节灵活性

使用专用量角器或用量跖趾变曲度仪代替。测量时受试者坐在一水平的长凳上，右脚前伸放在凳面上，膝关节伸直。量角器活动线压在内外踝连线上，量角器后板贴在胫骨前缘，前板贴在趾骨和跖骨面上，脚尖尽量绷直。测试人员站在受试者左侧读数。

五、三大素质预测

（一）速度素质

塔巴契尼克等人认为，速度能力作为一种身体素质来讲是天生的，是很难培养或改变的。水野忠文研究证明，50米快跑成绩的遗传系数高达0.78。

（二）耐力素质

费明和戈罗霍夫的研究结果表明，植物性速率指标不随年龄的增长而改变。运动员的高度协调的能力，在长时间负荷之后心率和步频之间的一致性越高，差距越小，植物性速率指标就越好，耐力就越强。

（三）力量素质

尼基丘克认为，比肌力是预测力量素质的重要指标。美国的长登研究认为，一个人力量的大小取决于肌肉的体积，而肌肉体积的发展潜力主要取决于肌肉的长度。

六、心理方面

在篮球运动员的选才中，要注意下列品质：①运动员在比赛中的主动性、顽强性、独立性、果断性、目的性、注意力的集中情况和使用能力；②在实验室的条件下，运动员随机应变的思维能力、高级神经活动的特征、感觉运动反应、处理信息的速度和感觉运动协调性等；③在社会心理学方面，少年运动员运动兴趣的深度、稳定性、动机和自负心理的程度等。

一般选才主要从两个方面考虑：一是心理稳定性，教练员可让运动员在困难、多变、不利的条件下比赛，让他们和高水平的对手比赛，观察他们的比赛表现是否沉着、稳定，在比赛失败或不成功之后能不能接受和克服失败，能不能总结经验教训，鞭策自己以更大的干劲和更高的要求进行训练。

二是性格类型。目前，我国采用运动心理学选才的方法有简单反应时的测定、视听觉时间知觉的测定、操作思维测试、动作神经过程测试、运动时间知觉的判断测试、视觉深度知觉的测定、起跑反应时、速度预先估计测试、动觉时间估计准确性测定、臂和腿动觉方位辨别测试、动作“反馈”能力测定、用力感测定、注意力、推比推理、视力追踪、动作速度、眼手协调、空间判断、空间组合、卡特尔16种个性因素测验、Y–G性格测验、神经运动特性的测定（强度的测定：选择反应时、敲击测验、平衡性测定、灵活性的测定、划消测验）、艾森克个性问卷（EPO）、进行体育运动态度的测定、少年儿童参加体育活动态度测定（CATPA简介）、运动员焦虑测定、少年儿童体育运动竞赛焦虑测试（SCAT–C）、成就倾向个体差异量表简介（IDIAT）等。

（一）简单反应时的测定

测定运动员视、听简单反应的时间，使用C–T3神经机能测定仪（成都体育学院研制）和FS–1反应时间知觉测试仪（武汉体育学院研制）。

测试时，受试者坐在仪器前，面对信号盒。当主试发出“预备”口令时，受试者注视信号盒。准备对刺激（灯光或声音）做出反应。当信号出现时，立即做出反应（按键），反应的时间越短越好。视听反应各测8次，分别记录后6次反应的时间，然后求平均数（单位为1/1000秒）。

（二）视、听觉时间的测定

测定运动员视、听觉时间估计的准确性，使用仪器是由武汉体院研制的FS-1反应时间知觉测试仪。

测试时，给受试者呈现不同时距（3秒或7秒）的声音或光信号，作为标准刺激，然后让受试者复制一次。主试记下复制时间，视觉和听觉刺激各做6次（长短各3次）。分别计算不同信号、不同时距受试者复做结果的误差值。误差越小越好。

（三）操作思维测试

测定运动员操作思维的准确性和敏捷性，使用五格盘两个和三个标有1、2、3的筹码。测试前，主试者向受试者讲解并演示测试的方法和要求。三个筹码开始的摆法不一，每次都要求受试者以最短的时间、最少的步数，按照规定的走法把三个筹码对号摆在五格盘1、2、3的位置上。按照测试规定的三个筹码四种不同的摆法，主试者要求受试者各做一次，每次记下所走的步数和所用的时间并计算后三次所用的时间和步数的平均数。

（四）动作神经过程测试

测定运动员视觉—动觉调节手、脚协调配合反应的敏捷性和准确性，使用DSG-6型动作神经过程测试仪。

测试时，受试者坐在仪器前；两手各拿一个按键开关，两脚各踏一个开关，眼睛注视灯光符号板上的显示。主试给受试者显现一组符号（每组6个符号），要求每个符号被试者用左、右手，左、右脚做正确反应一次。反应顺序按符号箭头所指。如果被试者反应错误，仪器会发出特殊响声，受试者应该立即改正，再继续住下做。变换符号模式，共测六组。主试者记下每组所用的时间和错误次数，取其中反应最快的一组所用的时间和错误次数。

（五）运动时间知觉判断测试

测定运动员时间、空间判断的准确性，使用运动时间知觉判断测试仪（武汉体院研制）。测试时，受试者坐在仪器前，手拿微动开关，注视仪器上一排红色发光管，主试者向受试者提示在中间位置的一个闪亮的红色发光，共演示三次，要求受试者记下所提示的发光管的空间位置。接着主试者打开启动开关，红色发光管依次从右至左（从左到右）的闪亮，形成一个运动着的光点。

当光点运动到主试者提示的发光管处时，要求受试者正好完成按键动作。红色光点从左向右运动和从右向左各测五次，然后计算受试者按键判断的时间与红色光点实际运行到揭示发光管处的时间的误差平均数（单位：秒）。

（六）视觉深度知觉测定

测定运动员视觉深度知觉（立体视觉）的准确性，使用视觉深度知觉测试仪（中国科学院心理研究所制）。测试时，受试者坐在仪器前，眼睛视线与仪器窗口水平中线同高，距离窗口内标准刺激2.5米，受试者只能从窗口看到窗内三根黑色竖棍的中段。主试者把能前后移动的棍（变异刺激）按照受试者觉得明显远（近）于固定竖棍（标准刺激）的位置进行调整。当受试者觉得三根竖棍处在同一平面时，立即按下控制键，移动的一根竖棍随之停止移动，主试者记下移动的竖棍（变异刺激）与固定的竖棍（标准刺激）的距离误差。共测8次，计算后6次测定误差的平均数（单位：毫米）。

（七）起跑反应时

测定受试者起跑反应，使用起跑反应仪、枪声传感器和配套仪器。受试者做好起跑的“预备”动作，当听到枪声时，立即蹬离起跑器，每人连续做2~3次。枪声至手离地的时间即反应的潜伏期。

（八）速度预先估计测试

测定运动员提前估计自己速度的能力，使用电子秒表，受试者根据自己的情况，提前估计自己即将进行的站立起跑（100米）的成绩。然后受试者按估计的速度跑100米。主试者用电子秒表记下此成绩，并告诉受试者。休息5分钟后，受试者再估计成绩后跑100米。两次估计成绩和两次实跑成绩均记录。预先估计速度和实际跑速越接近，说明提前估计速度的能力越强。

（九）估计动觉时间准确性测定

测定运动员对完成动作时间估计的准确性。使用起跑反应仪及配套仪器（Y6D3A应变仪及BSC-16光线示波器）。受试者自然站立，大拇指指腹与起跑反应仪器接触。当主试者依次发出“预备”“按”“停”三个口令时，受试者听到

“按”口令时立即压紧起跑反应仪。当听到“停”的口令时，拇指立即松开。受试者估计从“按”到“停”的时间，然后复制上述时间两次，记录标准时间与复制时间，并求出二者的误差。误差越小说明其对时间估计得越精确。

（十）臂、腿动觉方位辨别测试

测定运动员臂、腿动觉方位的准确性，使用动觉方位测量仪。

（1）动觉位移，给运动员标准方位刺激（臂150度，腿70度）。

（2）第二次根据动觉记忆表象进行复制（排除视觉）。

（3）正式测试前受试者做准备练习一次，掌握方法。

（4）测试过程中，每次测试结果不告诉受试者。

从第一次肌肉运动感觉复制到第一次的标准方位，越准确越好。共测三组，取三次位移误差平均值。

（十一）动作“反馈”能力测定

测定运动员在知道练习结果的条件下，完成动作准确性的接受能力，使用动觉方位测量仪。具体步骤与臂、腿动觉方位准确性施测步骤相同，加做5次，每次误差结果告诉受试者，使受试者能根据动作误差大小自行调整，调整得越准确越好。

测试结果的评定是以前三次误差平均值为基数的，与最后三次平均值相比较。如有提高为正值，下降为负值。然后以两次比较的差值除以基数为最后成绩。

（十二）用力感测定

测定运动员肌肉用力（握力）感觉的准确性，使用握力感测量仪。受试者先用有力的一只手以最大力量握一次，取其50%为标准刺激，然后让受试在没有视觉帮助的情况下，用匀慢速做到指针指到1/2处，听到声响停止用力。记住用力大小的感觉。然后按其复制，共测三次，复制误差越小越好。结果评定的方法是取三次误差平均值，除以最大握力即最后成绩。

（十三）推比推理

推比推理测验由25组图形组成，每一组图形都应按照一定的内在规律形成搭配关系。它要求受试者根据已知的两个图形的搭配关系，在备选的5个图形中选出一种图形与另一种图形搭配，使这两个图形的搭配关系相当于已知的两个图形的搭配关系。

（十四）注意力

注意力测验是由许多长方格组成的。长方格内画有不同数目的小圆圈，它要求被试者在规定的时间内找出画有四个小圆圈的长方格。

（十五）视力追踪

视力追踪测验要求受试者用眼睛追踪曲线，并将该线起始时的号码填在曲线终止的方格上。它分A、B两部分，其中A部分由10条卷曲交错的曲线组成，B部分由25条最为复杂的曲线组成。

（十六）动作速度

动作速度测验由100个小圆圈组成。它要求受试者悬肘用笔依次在每一个小圆圈内连续打3个点，以测量其手腕动作速度和手腕控制能力。

（十七）眼手协调

眼手协调测验由许多长方块组成，每一方块都有进出口与其他方块相连，这样所有的长方块就连成了一条通道。测验要求受试者用笔沿着一定的方向画通过每个长方块的进出口的线，不得碰边。在规定的时间内，通过的长方块越多，碰边次数越少越好。

（十八）空间判断

空间判断测验由15种各种开关的几何体组成，这些几何体全都是由同样大小的小立方块组成。测验要求受试者判断这些几何体分别是由多少个小立方块组成的。

（十九）空间组合

空间组合测验要求受试者从备选的18种形状各异的图形中，指出适当的图形，填入图中有空白的地方，使之不留任何缝隙。

运动心理学的选才方法很多，如“80.8”神经类型测试，卡特尔16种个性因素测验（包括乐群性、聪慧性、稳定性、特强性、兴奋性、有恒性、敢为性、敏感性、怀疑性、幻想性、世故性、忧虑性、实验性、独立性、自制性、紧张性）、Y–G性格测验（共测量12种个性特征，即抑郁性、心情变化、自卑性、神经质、主观性、协调性、攻击性、活动性、稳定性、思考外向性、支配性、对社会外向性等）、精神运动特性的测定（包括强度、平衡、灵活等）、艾森克个性问卷、社会心理学测试方法等。

第四节　高校篮球教练员技能选才测评

篮球技术分为进攻技术和防守技术两大部分。进攻技术有传接球、投篮、运球、持球突破等；防守技术有防守脚部动作、抢球、封球、断球等。各类动作又有许多不同的具体方法，各种动作方法又都可能在不同条件下完成。因此，在设计技术测试内容时，教练员应充分考虑技术的结构体系。

一、十字跳

场地器材：在平坦的地面上，画两条相互垂直的交叉线，分成四等分，并标明1、2、3、4四个区（见图8–1），秒表一块。

测验方法：受试者听到口令后，由起点用双脚跳入1区并连续依次跳至2、3、4区。计10秒钟内跳的次数及跳错次数（包括跳错格、踩线、双脚未同时落地等）。每跳一次计1分，跳错扣0.5分，以得分多少记录成绩。

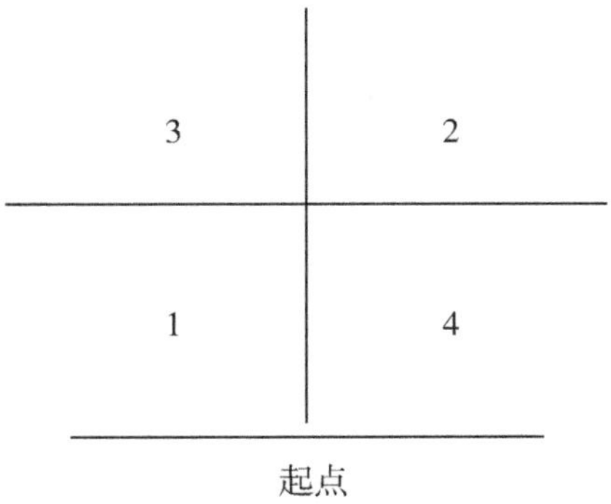

图8–1　十字跳测验场地示意图

注意事项：

（1）测试前可让受试者试做两次以熟悉方法。

（2）受试者因故中断而影响成绩时，允许重做一次。

二、两分钟投篮

两分钟投篮是看运动员在两分钟内投中的次数。其特点是要求运动员在快速移动和有一定强度条件下完成投篮动作，同时有一定的时间限制，增加了运动员在投篮时的心理压力，这与比赛的要求基本吻合。

场地器材：中锋以端线中点为圆心、5.80米为半径画一半圆，其余均在三分线外投篮（见图8-2）。

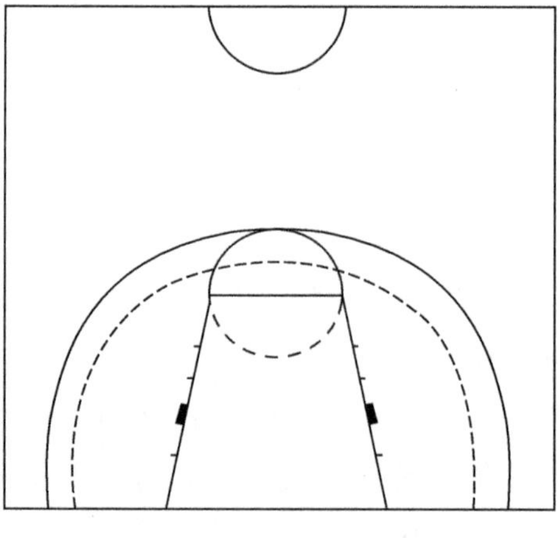

图8-2　两分钟投篮测验场地图

测验方法：受试者持球，听信号后在限制线外投篮，自投自抢，抢得篮板球后至限制线外再投。计两分钟投中次数。

注意事项：

（1）必须在限制线外投篮，但允许跳投球出手后，落地脚踩线。

（2）遇特殊情况影响投篮成绩时允许重测一次。

三、综合运球

运球技术因外部形式的变化可划分为许多种类。这些方法依比赛中不断变化的情况有各自的作用。本标准是以转身、胯下、转身、背后、体前为动作顺序，要求按一定的路线尽快完成运球动作的测试方法。它是一种考查运球技术熟练程度的行之有效的方法。

场地器材：在28米×15米篮球场进行，全场设B、C、D、E、F 5个障碍。B点位于弧顶延长线，距边线3米处，C点位于中圈中心，D点于另一弧顶延长线距边线3米处，E点于罚球区第一分位线上，F点于弧顶中点（见图8-3）。

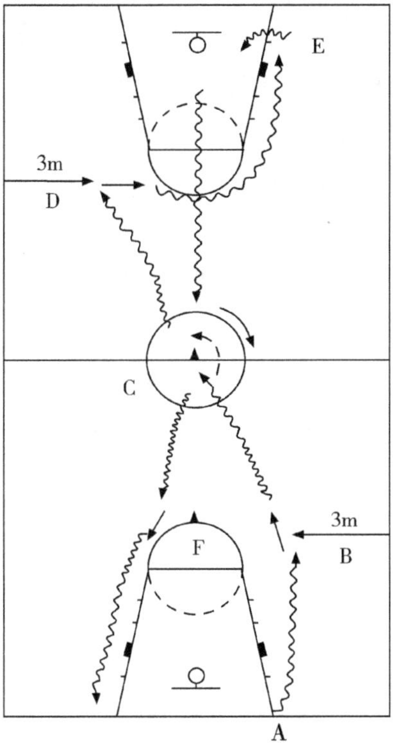

图8-3　综合运球测验场地图

测验方法：受试者在端线外持球站于A点，听口令后用右手运球至B点做运球转身变向换左手运球，运至C点做胯下运球变向换右手运球，过C点障碍后随即做体前变向运球换左手运球至D点，再做运球转身变向换右手运球按逆时针方向绕过E点，至C点做背后运球变向换左手运球，至F点时做体前变向运球换右手运球，最后运球冲出端线。计完成综合运球的时间。

注意事项：

（1）必须按规定的路线及方法在距障碍前1米的区域内变向完成全程运球。

（2）不得两次运球或走步。

四、四种方式传球

传球是一项较为复杂的技术，判断传球的好坏主要从传球的及时性、准确性以及传球动作的隐蔽性来考虑。但由于目前测试手段的局限性，我们对传球的测试仅能从传球的速度与准确性来评定。随着测试手段的不断完善，今后如能把静止传球方法与移动的传球和突变的传球目标相结合，将更能反映篮球运动中的传球特点。

场地器材：在平整的墙面上（或在纸上画后贴于墙上）画4个半径为15厘米的圆圈为传球目标。A、B、C三圆离地面1.6米，相距0.5米。在A圆正上方离A圆圆心0.6米处画D圆。在距墙2.2米处画一横线为限制线（见图8-4）。

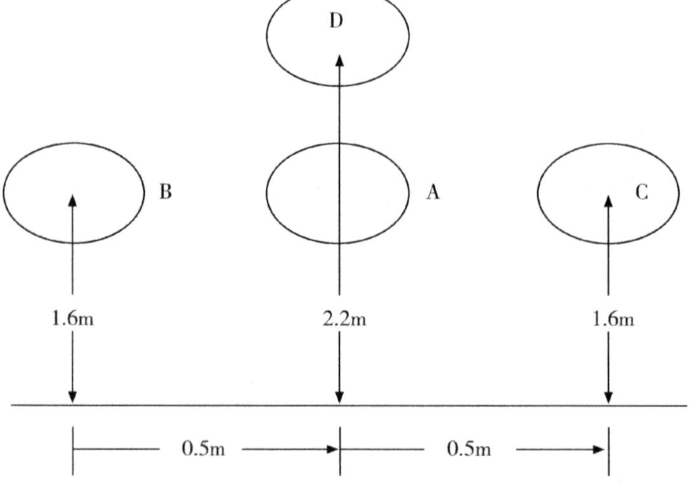

图8-4　四种方式传球测验场地示意图

测验方法：受试者在限制线外持球站立，听口令后开始用双手头上传球方式向D圆传球10次；再用双手胸前传球方式向A圆传球10次；而后用单手胸前传球方式分别用左、右手向目标B圆和C圆各传球10次；最后用单手体侧传球方式分别用左、右手向传球目标B圆和C圆各传球10次。计完成全部传球的时间。

注意事项：

（1）传球时应击中目标10次才能进行下一种方式传球。

（2）球击中圆圈边缘即为击中，传球时不得超过或踩限制线。

（3）测试人员在受试者每传一次时应读出传球次数。未击中时重读一次原传球次数，当读完第10次时方能进行下一种方式传球。

（4）受试者完成最后一次传球且接到球时停表。

（5）各种传球方式的技术动作规格应严格要求。

五、防守滑步

现代篮球运动的发展，对防守提出了越来越高的要求。运动员要想取得比赛的胜利，就必须要有强有力的防守。而成功的防守，又取决于灵活快速而多变的脚步移动动作。

场地器材：在球场中线的中心点B上向外画出两条长5米的斜线BA和BC，两线在中点交叉的夹角为120°。在A点和C点上各画一个半径为5厘米的小圆圈。在距中线1.3米处设置3个相距1.5米并与中线平行的标杆H、P、G，中间的标杆P正对中心点B，在其高度2.20米处做一标志，在标杆H、G高度1.3米处也各做一个标志（见图8–5）。

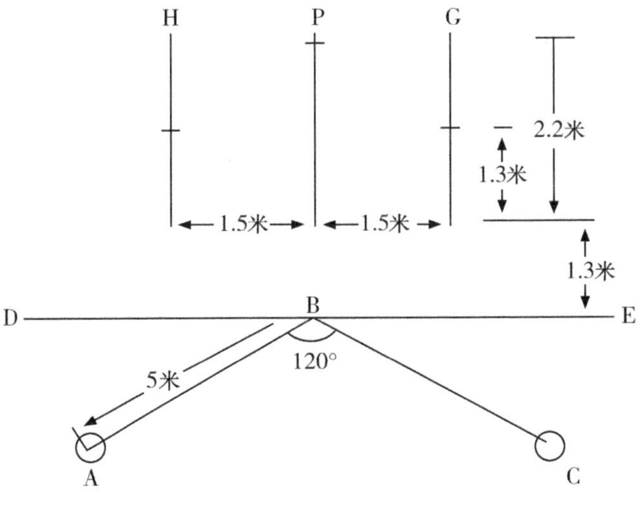

图8–5 防守滑步测验场地示意图

测验方法：受试者右脚踏在A圈上，发令后迅速向B点做侧滑步，两脚过DE线后成平步防守，左、右两手分别触摸H、C两杆标记处，后双手触摸P杆标记处。然后迅速滑回A圈，左脚踏圈后再迅速向B点滑去，重复触摸三个标记。然后，快速滑向C圈，右脚踏C圈后，再滑向B处，做平步防守重复触及三标杆，最后滑过C圈。以秒为单位，记录完成全套滑步防守动作的时间。

注意事项：

（1）必须按规定的路线和方法完成滑步动作。

（2）不得采用交叉步。

第五节　高校篮球教练员评定

把篮球教练员评定纳入选才指标体系，充分重视篮球教练员在多年训练中长期积累的经验，使科学选才和经验选才有机地结合在一起，这是当前选才研究尚待进一步深入情况下不可忽视的一个重要方面。教练员评定包括以下三个方面。

（1）形态发育潜能和体质状况：预测身高、身体匀称程度、身体健康状况。

（2）运用和掌握技术能力：运用和掌握技术能力包括篮球意识、临场发挥、技术规范以及球感等。这些方面内容由于受测试方法和手段的限制很难量化，因而通过教练员的经验评定能更准确地测出运动的实际等次。

（3）意志品质：包括思想意识、集体主义、拼搏精神，概括起来就是团结合作、克服困难、勇于进取的精神。篮球运动是集体项目，运动员个人技术的发挥必须建立在全队配合的基础上，因而与同伴团体合作、善于配合是教练员评定的另一项主要内容。判断一个人的意志品质，单凭一两次观察是很不够的，教练员只有对运动员反复观察并在平时加强了解，才能对他们做出比较准确的评价。

第九章

高校篮球教练员执教心理素养培养

第一节　高校篮球教练员个性素养培养

为了了解篮球运动活动的心理特点，我们必须搞清楚篮球运动活动的一个最重要的因素——教练员个性的性质。过去，人们曾对高校篮球教练员进行过各式各样的描绘。人们把他们想象成一个脖子上挂着口哨的、武断、粗暴的人，他们在自己的运动员身上，也力图培养这样一些品质。不过，在有的时候，他们却是意志坚强、道德高尚的英雄豪杰的化身。他们乐意保护自己年轻的弟子，不让他们误入歧途，使他们养成良好的生活习惯、提升生活能力、形成良好的性格特点，并把他们培养成顽强、勇敢的人。

我们在中国的篮球运动场上和体育馆里可以见到完全不同类型的人。不过，对一个运动员的指导者而言，积极主动地对待身体练习和运动活动仍然是他们的一个具有代表性的态度。

有一些作者和研究人员力图对高校篮球教练员的性格进行分类，并根据已获得的资料来塑造篮球运动员及其教练员的形象。他们所做的假设、推断和结论至少是想对以下问题得出一般的答案：

（1）是否存在理想的高校篮球教练员个性类型？

（2）高校篮球教练员在其个性评定的相应测定标准中等级的高低和他的运动经验哪一个更为重要？

（3）高校篮球教练员的学员怎样理解“理想的”和一般的教练员的个性特点？

（4）训练时，以及在掌握和采用新的、有效的训练方法时，高校篮球教练员的行为表现出哪一些个性特点？

（5）高校篮球教练员作为一个教师，应当具有哪一些最重要的特点？

（6）高校篮球教练员在训练时表现出来的使人无条件服从的作风，对运动员的比赛成绩、对比赛时应激反应条件下的自信心、对运动员的依从性和独立性有多大程度的影响？

（7）高校篮球教练员自我控制的程度对运动员和运动队有何影响？

上述原则所依据的成果并未得到完全证实，它们尚待进一步研究。此外，作者得出的结论也多半是反映他个人的主观看法。

一、理想的高校篮球教练员的个性

每个高校篮球教练员和运动员都可以按自己的观点来确定最理想的教练员的个性特点。可能出现的情况是，他们会选择自己熟悉的、曾经培养出高水平运动员的高校篮球教练员作为样板，也可能会在同一些高校篮球教练员直接打交道和共同工作的基础上，塑造出一个综合形象来。

20世纪90年代初，国外有人曾试图研究训练女游泳运动员的理想高校教练员的个性。受试者借助16因素测验定出具有他们认为是最佳个性特点的高校篮球教练员的个性类型。在人们把对运动员和教练员的询问结果进行比较时，便发现这些结果在对象不孤僻、情绪稳定、占主导地位、务实、有信心等方面都非常相似。总的来说，运动员和教练员对最理想的教练员个性的评价是吻合的。在他们看来，这样的教练员应当是一个坦率、随和，并且情绪稳定的人，他在必要的时候，能够支配运动员和控制比赛形势。此外，这样的高校篮球教练员还应当具有相当高的智力水平，有现实感，实践能力和自信心也很强。同时，他应当是一个喜于创新、有进取心、有独立精神的、比较喜欢独自做出重大决定的人。运动员还认为，高校篮球教练员应当是一个在复杂的比赛环境中可以信赖的和一个（照高校篮球教练员们自己的看法）能够组织和控制运动员活动的人。

但是，把业务水平很高的高校篮球教练员的实际的个性指标同根据他们自己及其学员的看法制定出的理想的个性指标进行比较时，便发现了一些有趣的差别。实际的和拟订的个性指标之间，吻合的部分并不多。很显然，高校篮球教练员的自我评价和他们关于最佳教练员的设想之间存在着极大的差异。只有在好胜心和接受新事物的态度方面比较接近而已。而在高校篮球教练员们认为自己应当充当的角色和实际的个性特点之间的其他品质方面，也都暴露出很大的差异。这就使人产生一种印象，仿佛人们在塑造高校篮球教练员的理想样板时，把多疑、缺乏信心等这样一些不良品质忽视了。研究发现篮球运动员也有这样一种倾向。

因此，我们可以认为，这同实际情况不一致。虽然教练员和运动员都知道，生活中的高校篮球教练员并不是情感和理性方面的楷模，但是，无论是高校篮球教练员自身还是篮球运动员都仍然要对他们提出高度的要求。

我们决定通过进一步的继续研究来查明一定的和罕见的个性特点，或者这两种特点的总和有什么作用。我们借助心理测验法对两类教练员——“有成绩的”和“无成绩的”做了调查，结果在他们的个性特点中并未发现什么差异。但由于测验是在比赛期间进行的，所以我们应承认，要确定“有成绩的”和“无成绩的”这两个类型，也没有多少根据。

相反，另外的研究人员则认为，很多工作有成绩的教练员，他们典型的个性品质在一定程度上还是协调的。职业教练员有坚定的性格，他们对于因同记者、捧场者接触引起的应激反应以及对待他们教练工作所做的评价是沉着冷静的。那些训练国家队和混合队的高校篮球教练员，其典型的特点是情感成熟、独立性强以及性格坚定和看问题现实。他们不易流露出忧虑的情绪，并能很好地控制自己。此外，教练员作为某一类人的代表，他们权势感的测验指标是很高的。

总之，我们在对所叙述的问题进行分析时可以指出，无论是运动员，还是高校篮球教练员都对教练员的理想个性有一定的看法。但是，高校篮球教练工作的成绩在相当大的程度上取决于教练员所具有的知识，取决于他自己怎样同运动员和运动队相处，以及他如何贡献自己的知识。教练员承担运动员对他所期望的角色的能力，并同他的专业知识相结合，是可以弥补他的一些欠缺的。

二、高校篮球教练员的武断性

一些相当肤浅和缺乏系统的资料都证实高校篮球教练员有使人盲目服从的意向。应当预先向读者说明，虽然现有的一些研究成果表明高校篮球教练员比其他的业务人员更爱独断专行，但是，我们对待这些资料必须持批评态度。为什么大多数教练员在其活动中都好专断独行呢？是有一些原因的。

（1）高校篮球教练员对于自己担负的角色的认识是特殊的，这种特殊的认识，便是建立在反映独断专行的作风的威信和行为之上的。

（2）当初他们选择运动活动的目的，就是满足支配别人的欲望。

（3）对运动活动说来，应激反应环境中的领头地位和领导权都是很重要的。看来，无论是对集体运动项目，还是对单人运动项目的运动员的行为，要进行相当严格的监督的活，都需要这样的领头地位和领导权。

（4）一些运动员惯于服从权威，他们希望看到高校篮球教练员的行为能起主导作用。因此，教练员为了满足运动员的要求，往往就是这样来支配自己的言行的。

三、关于教练员主导行为的优点

（1）缺乏信心的运动员在应激反应环境中将感到较有信心和较为镇静。

（2）专断作风引起的敌对情绪不是针对教练员，而是指向同对手竞赛。这种情绪或者还会促使运动员更积极地行动（如跑得更快，投掷得更准）。

（3）高校篮球教练员的专断行为若能符合运动员的实际要求，那么运动员就会比平时比赛表现得更好。

在高校篮球教练员中也常常会有一些不大爱独断专行的人，但这种人为数甚少。他们总是以运动队成员的意见为转移。例如，他们在编排上场运动员时就是如此。一个作风民主的高校篮球教练员经常让运动员自己制订训练计划，或者在集体的或游戏性的运动项目中让运动员做出某种战术决定，而在另外的情况下，又任其施展领头人的才干。我们必须着重指出，作风比较民主的教练员能够因以下原则而获得巨大的成绩：

①不擅自专行的教练员比较容易接近运动员。他的学员同他在一起觉得自在，乐于同他打交道。因此，这样的教练员就能够更清楚地了解他们的忧虑、问题和可能产生的失望情绪，这样也就能够防止运动队内出现分裂。

②运动员有可能表现主动性和自主精神，有可能在应激反应的环境中获得一定的独立性。

③如果教练员能让运动员承担执行决定的部分责任，于是他们便也开始感到自己享有威望的话，那便会促使运动员的行为和情绪更加成熟。

④运动员在行动上如果不过分受到专断的教练员的限制，便能够做出较为灵活的战术决定。

⑤比较随和的高校教练员与追求权势的教练员不同，他决不接受他人的武断要求和意见。

⑥作风武断的教练员是极无耐心的，并且极易冲动，而有随机应变之才的高校篮球教练员则愿意恰如其分地看待别人，如实地评价他们的好坏，既重视自己的意见，也重视他人的意见。

总的说来，一个不断取得成功的高校篮球教练员大概就是一个善于根据具体环境和运动员的性格差异进行决策的人。但这并不是说，高校篮球教练员得隐藏自己的真实感情和信念。武断有时可能是有益的，然而，在很多情况下，多按群众的意见办事，而不是按个别领导的意图办事则更为符合情理一些。

在工业部门工作的心理学家和教师，为了取得一定的培养效果和获得必须的成绩，提出了一些将领导人的武断和民主作风结合起来的方法。

有些学者在研究领导地位时，提出了下面这样一个方案：照他们的意见，管理人（在我们这里则是教练员）能够在特定的连续的几个点上的任何一点上活动。

另外，他们还认为，一个领导的成绩不仅取决于他的行为同事业条件符合的程度，也取决于他的专断做法在多大程度上符合环境的要求、他的性格和他的下属（在我们则是运动员）的性格特点。总想发号施令、出人头地的人，仿佛被“卡”在刻度尺的某一个点上了，因而他们就会降低自己同别人相互配合和交往的效果。然而，那些过分遵照下属意见办事的人，可能也不会获得成绩。因此，这两位作者便建议在需要群众和领导互相配合的环境中使用较为灵活的方法。在他们看来，这样的方法比起刻板的支配公式来，更为适用一些。

如果一个教师让学生自己回答某些问题的话，便能加快教学进度。他的这个观点可以勉强运用于运动中。而且，在他看来，教师（高校篮球教练员）应当从武断的方式——“照你吩咐的办”开始工作。当学生（运动员）掌握和接受了这种硬性规定之后，便可以让他们负责做出某些决定。

他建议教师给学生们解决同任务有关的问题——什么时候开始训练、训练的时间多长、用什么器材等的权力。他认为，照这样办，中学生们在上体育课时，就会比平时由教师向学生做这些指示时更积极一些。要是学生们把这些事都办得很出色，可再让学生自己对所完成的练习进行评判。为此，他建议首先把学生们（运动员）两个两个分开，然后再分成组，使他们彼此能看见，以便能对所完成练习的质量进行评定。其次，学生们根据自己的能力制订个人的训练计划。这样一来，教师就可以让学生们制订增强力量和耐力的规划。最后，运动员进入被称为“受控自我认识”的阶段。这便是采用回答问题的方式来为自己阐明有助于提高技巧的原则和依据。有一例是篮球运动员借助小组讨论的方式，为自己“发明”了快速断球的基本动作。

对篮球训练中的武断和民主方法所进行的比较研究表明，虽然武断领导方法会使运动员对技巧掌握得快一些，但是，在运动员更加积极参与教学过程的情况下，他则会更清楚地懂得，为什么要采用这种或那种战术，并且他们的行动也会更加灵活。

任何水平的运动员——从新手到技术超群的运动健将，都是在神经和生理系统超负荷条件下提高其技巧和训练成绩的。因此，一个武断的高校篮球教练员不应当以为，仅仅是由于他对运动员提出一些任务，运动员便会提高成绩。只有在高校篮球教练员和运动员完全了解和互相配合的条件下，运动员才可能取得身体训练的优异成绩。

四、高校篮球教练员是革新者

如前所述，在高校篮球教练员和运动员的想象中，理想的教练员应当是既有理智，又勇于冒风险的人，他不因循守旧、顽固不化，智力也应相当高。哪一类型的高校篮球教练员能迅速接受新的和先进的训练方法呢？例如，对正在上升的权威采取肯定态度的倾向，便是武断个性的特点之一。试想，有怎样一些品质的高校篮球教练员能够在其训练工作中接受新的思想和采用新的方法？

为了解答这些和其他另外一些问题，我们对高校篮球教练员的个性特点做了研究。我们试图弄清，根据哪些个性特点才可以预言，谁会最快地接受当时的间隔训练新方法。

在对以往进行过的一些研究进行了分析之后，我们发现一些喜于革新的教练员与一般的高校篮球教练员的不同。他们在工作中更富于创造性，智力水平也更高，因而他们的社会地位也更高。

借助心理16因素测验，我们不仅取得了高校篮球教练员创造能力的指数，而且获得了他们爱好冒险和其他一些因素的指标。同时，我们还取得了“崇拜英雄主义”的指标，也就是教练最渴望同国内外著名高校篮球教练员和专家进行个人接触的指标。一些作为间隔训练法创始人的高校篮球教练员，他们富于创造性的“崇拜英雄主义”想法的指标也都较高，而且教育和职业状况都较好。虽然我们还没有用统计方法查明高校篮球教练员的冒险倾向和采用新法的速度之间有什么令人信服的相互关系，却得出了一个结论：调查询问能够把灵活、善于把新思想运用到自己工作中的教练员发现出来。总之，那些同篮球教练员的创造相关的个性因素，均可做预测之用。我们在整理所获得的材料时，还曾经使用过多种关系分析法。

我们初步认为，在喜于革新的高校篮球教练员身上发现的品质，同当时发现的品质相似。我们对那些追求“自我体现”“自我表现”的人进行过研究。在我们看来，这些人通常都具有“愿意接受新事物”的特点，他们富于自主性并具有表现能力。

五、高校篮球教练员是教师

教学活动是评定高校篮球教练员个人品质的最重要的一个方面。许多研究人员认为，高校篮球教练员同各级教师的工作出色之处，无论在教学方面，还是在课外活动方面，都十分相似。

涉及教师个性特点的研究，其数量之多，现在已为世人所知晓。我们不在这里对这方面的材料进行分析，而是对那些研究运动的教练员的工作教学问题加以关注。我们在研究中，借助因素分析得到了教师行为的不同类型，并查明了这些不同类型的表现与学生对这种表现的后果所做的评价之间的相互关系，基本上查明的问题有：

（1）教师讲述的明确性、生动性和传授知识的技巧性，是学生实际掌握材料的决定因素。

（2）学生们对教材的理解程度取决于教师所起的作用和他讲述教材的方法。

（3）良好的班风取决于适当控制学生并又给他们某种行动自由的教师的作风。

研究人员还提出了一系列教师行为的特点，教练员应当根据自己的个人条件和行为特点，对其进行认真分析。这些个性特点如下：①放任——控制；②萎靡不振——精力充沛；③动辄指责——循循善诱；④含糊——明确；⑤对待学生积极参加教学过程的态度是热情——冷淡；⑥呆板——活泼（生动）；⑦鼓励交换意见——照本宣科；⑧热情温暖——麻木不仁。

我们可以认为，理想的高校篮球教练员可能是精力充沛、头脑清楚、勇往直前、能确切表达自己思想的人。而且，他也可能是相当富于感情的人。高校篮球教练员态度热情或冷漠会对他队里的成员产生不同的影响。

六、高校篮球教练员的情感

如前所述，运动员认为自制力是高校篮球教练员的理想的品质之一。运动员希望看到高校篮球教练员是一个能在应激反应环境中做出重大决定的人。他们希望高校篮球教练员在决定事关比赛的复杂战术问题时持灵活态度，不要失去自制力。任何一个教练员都知道，观看自己的运动比赛并不是一件轻松愉快的事。在笔者担任某石油大学篮球教练的最初几年，每见到对方运动员的时候，我的心便紧缩了，好似芒刺在背，坐立不安。当时曾感到十分奇怪。在一次有趣的试验性研究中，这些感觉得到了充分证实，在生理学中找到了依据。

我们在对一个篮球运动员进行研究时，便发现他们在观看自己的运动队比赛时，脉搏都明显增快。两个教练先在一般条件下，然后又在比赛条件下对他们进行了检查。我们对高校篮球教练员的脉速，在全校冠军赛前几小时，以及当一年级学生比赛时候，也进行过测量。

从检查结果可以看到，比赛时应激反应引起了受试者脉速的明显变化。篮球运动员的脉速也增加到每分钟114次，而在比赛的关键时刻，则接近参加比赛的运动员的脉速。

于是，研究人员得出结论，说这些测量对研究在强烈的应激反应环境中的情绪变化是有帮助的，还建议再进行一些辅助性的研究，以便弄清不同运动项目的高校篮球教练员情绪变化的特点。假如我们用录像机记录教练员在比赛时的表现，把他的情绪激发程度也记录下来，那么还会得到更加有趣的资料。

这样一来，高校篮球教练员在应激反应环境中的主观感觉便为客观的测验所证明。这些资料可以向教练员提供很多在训练时，尤其是有他的运动员参加的比赛时的预防措施。

（1）高校篮球教练员的情绪过于激动，对处于应激反应环境中的运动员有不良影响。

（2）高校篮球教练员应注意保持自己的体态，只有这样才能在情绪负担过大而引起心血管系统发生突然变化时，保证机体的正常适应力。因此，在训练时和训练后，教练员完成一些身体练习是可取的。在很多情况下，特别是在激烈的比赛之后，积极进行身体练习都有助于高校篮球教练员保持正常的情绪状况。

（3）高校篮球教练员在比赛进行时情绪过度冲动和流露出敌对情绪等，不仅会使运动员，而且会使观众受到不良影响，致使他们产生敌对情绪，做出损害社会利益的事来。

可见，我们可以从生理方面解释，为什么在训练和比赛时，教练员的行动和情绪总会表现得十分活跃。另外，运动员本人却又希望他们的高校篮球教练员至少在表面上保持镇静。所以，为了使比赛和训练时情绪上的应力不致对教练员的身体产生副作用，对于一个高校篮球教练员来说，保持一定高度的身体训练水平，应当是必须办到的。

从另一方面看，一个高校篮球教练员在遭到失败和在对方犯规时都不露声色，可能会被人认为是个麻木不仁的人。然而，发怒要看场合，不看场合，发怒也不起作用，反而会对教练员本人的情绪和健康产生不良影响。

七、高校篮球女教练员

关于从事高校篮球教练工作的女性的特点的资料，实际上还没有。不过，我们应指出高校篮球女教练员必须具备的品质也和男教练员相同，也就是说，她们应当善于指挥队员、保持情绪稳定，就自己的项目范围而言，应当成为见多识广的人。另外，她们还要适合于高校篮球女教练员的特殊工作方法。

在已经提到的对革新高校篮球教练员的研究中，我们发现高校篮球女教练员也具有男教练员的那些特点。她们常常表现出坚强的性格和相当发达的智力。但是，除了这些研究结果之外，采用心理测验来研究高校篮球女教练员的个性特征的资料却十分少。

八、向高校篮球教练员提几点建议

根据上文所说的，我们建议高校篮球教练员不仅不要回避，相反，还要争取得到关于自己心理特点的专门鉴定意见（根据晤谈和测验的资料）。这样的资料对教练员的工作是有帮助的。

（1）教练员能够发现队里容易或难于训练的运动员，并同他们取得相互谅解。高校篮球教练员在运动员的各种具体品质相同的情况下（这种情况极为罕见），比较容易理解那些个性特点和他相似的运动员，反之则会遇到困难。

（2）学校可以聘请个性各不相同的高校篮球教练员担任教练工作，在单人项目中，以及在比赛的重要时期，尤需如此。例如，一个性情平和的高校篮球教练员很愿意和花样滑冰的运动员一道练习和准备规定动作的表演。

（3）如果教练员在比赛中情绪的过度激动，有可能妨碍运动员或运动队的比赛时，我们最好将十分激动的高校篮球教练员同运动员和运动队分开。一个没有足够自制力和忍耐力的高校篮球教练员，哪怕是同运动员表面上的接触也最好加以避免。这样的高校篮球教练员的情感往往会激动过度。在赛场复杂的情况下，运动员同激愤的教练员接触，可能会降低比赛成绩。

（4）一些不善于控制情绪的高校篮球教练员应当向医生请教。医生会给他开镇静药物，介绍调节情感的心理疗法，或向他提出专用于重大比赛时安定情绪的身体练习方案。

（5）高校篮球教练员应当专门观察和研究优秀教师的行为和活动特点，以便提高自己同运动员交往的本领。如前所述，教练员如果对待自己的运动员态度随和，多使用直观的教具并多做示范，教学效果是一定会提高的。

（6）高校篮球教练员通过和自己的助手、管理人员、捧场者和运动员的交往，能够了解别人对他行为的反应，能够了解他的行为在多大程度上反映出诸如自制力、攻击性、智力发达、创造性等之类的重要的品质。高校篮球教练员的自我评价，甚至他的个性测验结果，可能都没有他的作风和行为给别人造成的印象那么具有判断意义。

（7）高校篮球教练员的为人应当十分随和。一旦需要，他应当善于表现自己的权力，依据权力行事，甚至有时还得采用独断的方式。然而，在另外一些情况下，如在评价新的训练方法或在制订新的不同的战术时，教练员则应当采用比较温和和民主的方式。像理解力、创造性的见解、对适当与不适当的东西的中肯评价能力这样一些品质，同样起着重要作用。有的时候，特别是经验不足的运动员在应激反应环境中进行比赛时，高校篮球教练员也得采取独断措施。

高校篮球教练员过分独断的作风不仅妨碍运动员个性和独立性的发挥，而且会限制他本人接受新的有效的训练方法和制订不同战术方案的愿望。

第二节　高校篮球教练员社会参与的人际关系心理素养

一、高校篮球运动中的人际效应

在高校篮球运动训练与比赛中，教练员和运动员无疑是不可或缺的两个重要的参与个体。教练员的训练、指挥和运动员的运动能力、运动表现等方面早已成为我国运动心理学研究关注的焦点，也从不同角度得到了许多有价值的研究结果。但是，有关“教练员—运动员关系”的研究却显得相对薄弱。事实上，“教练员—运动员关系”对于运动员的竞技表现、训练满意度乃至运动生涯都有着至关重要的影响。教练员的信任、友好和反馈，在很大程度上会激励运动员在比赛中更好地发挥自己的运动能力。

与之形成鲜明对比的是高校篮球教练员与运动员之间不和谐的关系，并伴随着冲突的形式。近年来，这种现象也开始凸显，并受到理论界的关注。一项

2006年的研究针对美国亚特兰大奥运会上表现欠佳的运动员的自我归因调查发现，教练员与运动员之间的关系已成了影响运动员竞技水平发挥的主要原因。其中运动员认为较突出的问题包括与教练员发生争执、教练员错误的技术指导、教练员缺乏临场处理问题的能力等。该调查还发现教练员与运动员的关系紧张不仅会导致运动员缺乏自信心、产生过度压力，甚至会延长运动员的运动低潮期，提前终止运动生涯等。所以，“高校篮球教练员—运动员关系”在运动员身心发展和运动职业生涯发展的过程中扮演着重要的角色。正是一系列高校篮球运动员与教练员之间人际事件的问题，使得研究人员开始关注“高校篮球教练员—运动员关系”的课题，这一问题逐渐成为运动心理学中发展较快的研究领域。

近10年来，众多从事人际关系和普通社会关系研究的学者纷纷呼吁，应运用理论框架来推动现有知识的系统化、相似化。例如，Bercheid曾提出这样一个观点，即当主要的理论无法在整个心理学中持续、良好地运用时，“人际关系的研究可能就要得益于一种更宏大的关系理论的发展了”。Rock认为，鼓励更多的描述性研究，与鼓励发展理论并不矛盾。而且从某种程度来说，描述性研究将有助于建立和推广理论研究。此外，许多学者也赞同，并认为理论之所以需要，其原因在于，它不仅能够让我们更善于准确地表达自身的想法，而且可以帮助我们组织自己的思维，并协助我们进行研究。在体育社会心理学中，Carron和Hausenblas通过强调运用概念框架的必要性来解释运动团队中的关系。最终，他们得出，一个概念性框架不仅可以研究一个复杂的领域、识别一些具体的假设，而且有助于弄清某一现象的已知和未知知识。不言而喻，要想推动人们理解体育运动中人际关系以及相关内容，优先考虑的应该是对于一个概念性理论框架的界定，因为这种理论框架将为人们深入理解其所涵盖的关系提供极大的便利。

二、高校篮球教练员与运动员的关系

关于我国高校篮球教练员与运动员关系的状况，经过相关文献的查询，笔者没有发现最近的调查数据。

但是，近期的有关研究都提到了高校篮球教练员与运动员的关系问题，并对我国“教练员—运动员关系”的现状进行了理性分析。我们把目前的关系现状特点归纳为“目标统一性”、“不平衡性”、“运动成绩代偿性”和“需求差异性”。也就是说，高校篮球教练员与运动员的关系是建立在竞赛训练之上的。然而，高校篮球教练员占据优势地位。这种优势表现在教练员对运动员的支持上，不过要取决于运动员的运动成绩表现。高校篮球教练员与运动员在需求上存在着差异，主要表现在高校篮球教练员需要成绩，而运动员需要情感。另外，张晓东等在分析教练员角色的基础上，用“契约”来描述我国“教练员—运动员关系”的现状，解释为由于教练员扮演了无法替代的角色，运动员只能选择以某种默契来构建一个师徒关系。

我们的研究从传统认识、关系标准、实质界限、感情回避、目标定向、社会层次等六方面论述运动员与教练员的关系状况。然而，研究所提出的高校篮球教练员与运动员的关系是一类具有明显制度特征的社会关系结构的观点，没有从心理学角度找到双方关系和谐与冲突的根源。虽然我国的相关研究大多只是停留在研究人员的观察和感性认识上，但在一定程度上也反映了对高校篮球教练员—运动员关系的潜在非稳定性的把握。从实践的角度看，教练员需要了解这种动力学的关系。如果不能处理好尺度，人际关系的破裂随时都有可能发生。从研究的理论角度看，这似乎带有一定的文化特色。然而，有趣的是这种文化特色或多或少地影响了研究人员的思维方式，以至于在探索和观察“教练员—运动员关系”问题上更多地把教练员作为考察对象。经过相关文献的分析，我们发现近两年的研究主要趋向探索一些教练员可以效仿操作的方法，以此来影响教练员与运动员的关系。教练员的角色、领导行为、管理方式成了讨论的主要内容。从中我们领悟到，一方面运动员需要与教练员在情感上进行交流，渴望沟通式的领导行为，另一方面却似乎引导教练员形成一些与之相脱离的行为方式。

通常“德行式”和“仁慈式”的领导方式会给运动员带来“亲密感”、“互补感”和“承诺感”，而“权威式”的领导并不会对和谐的“教练员—运动员关系”产生影响。但是，更多的研究并没有关注到运动员的这些情感需求，只是从教练员的角度来思考问题，讨论教练员应该是怎样的角色、运用怎样的行为成为一名优秀的执教人员。例如，刘鎏等以32名教练员为研究对象，通过访谈收集到来自教练员观点的信息，构建了优秀教练员的模式指标，其中涉及知识、团队、权威、关怀等指标。进一步，谢毅等也对优秀教练员的选拔指标体系进行了构建。指标的选取是基于研究人员对教练员的理解，提出了2个显性指标和7个隐性指标。另外，还有研究讨论教练员的威信对训练成效和运动员成长的作用，以此为教练员提供可用的建议。当然，也有的研究试图通过训练教练员的自我调节能力来满足运动员的需求，从而达到“教练员—运动员关系”的和谐。如李欣等的研究，通过运动员对教练员的业务水平、个性和行为举止方面进行态度评分后，采用相关“矫正”干预的实验。然而，这些研究的共同特点是从教练员的角度考虑问题，难免会忽略运动员的感受。一个关系的构建，其构成部分的互动双向性显得尤为重要。而且，这种互动的关系是呈动态特征的，不是单方面作用的。所以，我国的相关研究仍需要与运动员的对接探索。正如李欣等在研究中也意识到，应该考虑运动员的个性心理和社会心理特征。这方面以运动员为对象的研究在我国并不多见。但是，最近的一项综述研究讨论了运动员对教练员训练的满意度。虽然该研究还没有具体涉及“教练员—运动员关系”的主题，但运动员的满意度能够直接影响运动员与教练员的关系，可以作为研究思路进行借鉴。

总之，我们认为我国有关“教练员—运动员关系”研究走“偏”的主要原因是大多数研究缺乏理论的指导。正是因为我国的训练体制决定了教练员与运动员建立的关系具有文化的特征，很难完全照搬国外的相关理论，所以，在研究中自成体系，但不规范，缺乏研究的全面思考，导致随意性较强。因此，对有关理论的研究，以及探索本土化的可能性，是发展我国该领域研究的重要途径。

在研究的早期，人们已经注意到了篮球教练员与运动员的关系在一定程度上会影响运动员的运动成绩表现，甚至会对运动员的职业生涯产生影响。但对高校篮球运动员与教练之间的关系只有一个模糊的认识，并没有一个完整系统的理论来支持研究。直到1995年以后学界才开始逐渐出现一些直接针对高校篮球教练员与运动员关系的研究。起初，相关的研究主要运用社会心理学中一些基础理论（如“社会交换理论”等）来分析高校篮球教练员与运动员的关系，并尝试建立互动模式。但研究人员很快发现，事实上高校篮球教练员与运动员之间的关系要受到价值观、情感和道德规范等诸多因素的影响和制约，对这一关系过程的研究仅仅运用社会互动来解释显然是不够的。所以，有的研究也尝试从个性特征的角度建立高校篮球教练员与运动员的人际关系模型。只是缺乏完整有效的理论结构，许多具体的现象仍然无法得到有效的解释。

随着教练员—运动员关系的研究视角增多，观察的问题逐渐深入，在理论上基本形成了两个同时产生并交互作用的动力学关系构架。例如，从高校篮球教练员的角度，领导、道德行为准则、社会能力被作为影响关系的教练员因素；而从运动员的角度来看，满意度感知和运动表现是影响关系的运动员因素。而且，这种基本的理论框架正在不断地派生出新的解释理论。以下我们着重讨论几个可能适合我国国情的理论。

情景领导理论主要是早期研究针对高校篮球教练员指导行为而发展过来的一种解释“教练员—运动员关系”的假说，主要以布兰查德（Blanchard）等在1985年提出的“情景领导模型Ⅱ”为核心内容。该模型强调高校篮球教练员领导行为的方式应该与运动员的技能发展水平相匹配。而这种匹配是通过教练员与运动员之间的沟通来实现的，进而根据情景变化来调整行为方式，以促进领导的最优化，最终提升运动员的情感满意度。有关应用的研究表明，为了实现领导行为的有效性，教练员在面对不同的情景时，适时调整自己的领导行为方式，有利于帮助运动员达到竞技水平的高峰。

根据该模式的理论指标构架，我们对运动员满意度和教练员的领导行为进行了观察，旨在了解训练和管理工作中“教练员—运动员关系”的情况。高校篮球教练员的领导行为不仅会影响运动员对其的看法，还会影响运动员的训练满意度，以及与教练员的关系。而且，研究还发现适合的多元化领导方式会提高工作的效率，改善运动员与高校篮球教练员的关系。但是，遗憾的是，该研究只是运用了理论模式进行调查，并没有对该模式进行数据验证。对于一个只是在领导理论中流行却很少得到研究验证的模式来说，要运用到探索高校篮球教练员—运动员关系的研究中，仍需要不断完善，但其作为一个新观点的尝试也是值得人们关注的。所以，后续的验证性研究还有待于开发，以此来说明该理论模式的实用价值。

当然，该理论模式也存在着不足。其主要之点是领导形式的调整过于依赖情景的变化。这种“唯情景论”实际上忽略了一些个体差异特征的非情景因素。这样，在实际的高校篮球教练员—运动员关系中许多情况都无法解释。例如，运动员由于个体差异引起的认知和情感，在构建相互关系中可能并不受高校篮球教练员的领导行为的影响（如某个运动员对高校篮球教练员的崇拜，可能会接受其任何行为）。所以，在运用高校篮球该理论时，我们应该结合具体情况，考虑加入非情景因素。特别是我国训练体制下教练员—运动员关系由于受到传统文化的影响，高校篮球运动员很容易对教练员产生崇拜心理，情感抑制也时有发生等。这些都可能使该理论模式在实际运用中的结构效度和信度下降。

第三节　高校篮球教练员对高水平运动员训练行为管理与控制研究

一、高校篮球运动训练控制研究综述

有关高校篮球运动训练控制的研究涉及运动员技术战术控制、心理训练控制、训练过程控制（训练计划、训练目标、训练负荷等）和训练行为控制等多个方面。

（一）关于高校篮球运动员技术战术控制的研究

对高校篮球运动员技术战术控制问题的研究，多以运动生物力学分析建立技术模型和成套动作技术的优化为主，常见于篮球技术性较强的项目。这类研究主要是从纯运动学、动力学、模糊数学的角度对动作技术的时间、空间、时空特征及训练程序、系统控制等进行描述，提供定量的技术参数，研究并不涉及训练环境变化对篮球运动员技术的影响作用。我们知道，处在不同的环境之中，篮球运动员的技术表现是会发生变化的。

（二）关于高校篮球运动员心理训练控制的研究

对高校篮球运动员心理训练控制的研究，有埃里克·佩帕通过反馈技术对运动员进行思维表象、放松和注意力的训练对运动技能形成过程的控制；对运动员大赛前心理状态的调节控制。我们的研究中虽然也涉及运动员的负荷问题和心理压力问题，但并不是主要的。与这些研究相比，本研究着重从心理训练控制的方法和手段上，针对不同个性的运动员进行了深入探讨，并指出篮球运动员的心理训练应与篮球运动员的思想教育工作相结合，明确运动员所想，才能对篮球运动员的心理实施有效的控制。这一研究成果间接地提示我们，心理训练的有效性取决于教练员对篮球运动员思想的准确把握，而篮球运动员的思想变化会直接通过行为影响心理训练的实施。虽然这一研究间接指出了篮球运动员的行为变化会对心理训练的实施产生影响，要对篮球运动员实施有效的心理训练，需要了解篮球运动员的思想变化，但并没有将它作为研究的主题。

（三）关于篮球训练过程的控制研究

训练过程的控制研究，主要涉及训练计划、训练周期、训练目标、训练负荷、篮球训练课实施等方面的问题。具有代表性的有田麦久关于运动训练过程的系统研究，该研究主要针对训练过程的训练计划、篮球训练目标、训练课实施和训练负荷问题进行了系统研究；谢亚龙运用随机理论与方法研究了训练计划执行中的变更问题，指出训练计划应随训练情况的变化进行相应的变更；谷文英从系统的角度阐明了训练过程是一项系统的控制过程；马特维耶夫在关于训练过程中的能力动态研究和训练控制发展研究中，论述了训练过程控制受训练环境、运动员能力的影响，并指出要用哲学的观点看待训练过程控制问题。此外，谢亚龙又专门就训练计划的变更问题进行专题研究；王大安从女运动员“青春突变期”谈了训练计划的控制，从模式训练的理论与实践研究了训练周期的控制；我们依据认识学习理论、运动训练学和系统工程学理论对训练过程的管理进行了探讨。另外，周明从系统观点出发，对全面把握训练环节进行了探讨，研究认为训练控制过程应强化非智力因素在运动员多年训练中的作用，应从整体上把握动态训练的全过程；我们从系统训练结合反馈控制的角度对训练过程控制的研究指出，训练过程控制应重视篮球高水平运动员的思想品德、智力水平、心理能力、身体素质和技术战术6个方面的问题，还要重视篮球运动员的文化素质、理论知识和专业能力的提高。从以上对篮球训练过程控制的研究来看，学界已从开始的纯训练学问题的专题性研究向训练学与社会学因素相结合的交叉研究发展，研究也逐渐对篮球训练过程控制中篮球运动员的思想品德管理问题加以重视。尽管如此，笔者依然没有发现有从组织行为学的角度对训练过程控制的研究。虽然有学者通过对训练目标控制的研究，尝试对篮球训练过程实施有效的控制（蔡芳川，1997；孙庆祝，2000），但研究的着眼点只是把预定目标作为参照，从反馈调节和模型建立的角度就如何实现目标对训练过程控制进行研究，没有把如何设置目标作为研究的重点。即使在田麦久（1988）对训练目标设置的研究中，也仅仅指出了篮球训练目标可以有效激发运动训练活动主体的责任感和进取精神，对如何设置训练目标，才能最大限度地发挥对运动员的激励作用并没有进一步提及。

涉及篮球训练过程控制原理的研究中，以对马特维耶夫提出的训练周期理论的研究较为普遍。除此之外，还有胡亦海借助于信息化、系统化和计算机程序化对模拟训练法、程序训练法和CAD训练法进行了研究；蔡芳川（1997）强调了反馈控制原理在训练过程控制中的作用；王守恒根据系统理论的原理与方法，提出了教学训练过程控制的动态观点、系统观点、信息观点和控制观点，力求从思维方式上改变运动训练过程控制的方式。类似于这样的研究还有不少，但始终没有涉及行为学原理在训练过程控制中的研究。直到2000年，新版《运动训练学》教材才从训练过程控制的角度第一次把行为和动机激励作为训练过程控制原理之一正式提出，并说明在高校篮球训练过程控制中，不激发出高校篮球运动员的自觉性、积极性和主动性的内在动机，是无法完成训练任务的。另外，它还把高校篮球运动员思想作风作为竞技能力的重要组成部分，指出训练负荷的控制与运动员训练作风的培养密切相关，算是第一次从行为学的角度谈到了运动员的激励问题。关于通过激励控制运动员训练行为的问题，虽已开始引起研究领域的重视，但对于激励手段与方法操作层面的研究仍然缺乏，现有的研究也仅限于激励的意义及原则范围的探讨。

涉及高校篮球训练负荷的控制大多都是借助于生理、生化指标进行的量化研究，具体有毛学寿等通过运动尿蛋白的指标变化对训练负荷进行控制，以上这些我们早期对训练负荷的控制研究基本上是以纯生理、生化指标监测为主，但随着研究的深入，一些对篮球训练负荷的相关研究已把运动员的营养问题、运动员的心理问题和竞技状态的形成等因素与篮球训练负荷控制相结合进行研究。我们利用生理生化、医务监督及教育学指标对篮球运动员大赛前的负荷控制进行了研究，其中特别强调了要突出心理负荷的控制，重视个体间的差异，且从压力调节的角度指出运动员情绪、思想的变化对负荷控制的影响。由此可见，运动员关于负荷问题的控制已从开始的以生理、生化指标控制为主，向生理生化结合运动员的特点、心理变化的综合控制的方向发展。尽管如此，目前依然缺乏在负荷控制中从行为科学的角度，把篮球运动员的行为控制与负荷控制相结合的研究。

（四）关于篮球训练控制中运动员行为控制的研究

对篮球训练控制中运动员行为控制的研究，我们运用组织控制论对高校高水平篮球运动员的训练目标、运动队管理、运动队的系统训练问题进行了研究，并指出如何通过训练目标管理、篮球运动队管理来约束运动员行为以实现运动员系统训练是高校高水平篮球运动员训练问题的关键；通过生理生化指标、皮电阻测试、心理调节等手段对运动员赛前进行综合评定，并借助于心理训练，根据篮球运动员的个体特点控制运动员情绪，实现赛前行为控制，融入了篮球运动员的思想教育工作，但与本研究所涉及的用组织行为学因素，如激励、压力、团队、人际关系、凝聚力等来控制篮球运动员训练行为的概念完全不同。

二、组织行为学研究综述

原国家科委科技政策局1988年在《软科学研究方法》一书中，把组织行为学研究内容划分为四个层次，即个体心理和行为研究、群体心理和行为研究、组织心理和行为研究、组织的外部环境。关于组织的外部环境，并不属于我们的研究范围，因此，下面只对个体、群体和组织三个层次的研究现状进行讨论。

（一）对激励、压力等个体控制要素的研究

1.关于激励问题的研究

对激励问题进行研究，自然离不开人的需要和动机。涉及需要和动机方面的研究很多，但最具代表性的研究当属马斯洛的需要层次论。针对需要层次理论的研究，马斯洛认为，动机是由人的需要引起，已经满足的需要不能激励人的动机，只有未满足的需要才能影响人的行为。他还认为，管理人员不能只从员工的物质需要着眼，只在工资、奖金上下功夫，而更应该注意员工的精神需要，努力协调人际关系，关心和尊重每一个人，只有这样才能使人的主观能动性充分发挥出来。恩格斯说：就个别人说，他的行动的一切动力，都一定要通过他的头脑，一定要转变为他的愿望的动机，才能使他行动起来。关于需要是如何调动人积极性的问题，泰罗认为，“需要是积极性的源泉，生物的共同特征是它的积极性。这种积极性能保证维持与周围世界最有意义的联系”。

需要是生物的一种状态。人的需要是在吸收人类文化教育过程中形成的。需要是人的思想活动的基本动力。我们研究成果对处于同一年龄阶段的高水平篮球运动员激励研究具有很好的指导。另外，激励既需要面向个体，也需要面向群体，做到激励的点面结合。葛其荣认为，点面结合可以收到很好的激励效果，“点”激励就是要对有选择的个体通过教育、说服和引导，使之成为群体整体健康向上的推动力；“面”激励是通过群体的活动来实现对个体的激励。

在竞技运动领域，国外学者对激励的研究有Polster通过消除紧张、恐惧情绪实现对运动员行为激励的研究；Howlett从动机激励的角度研究了运动员的行为变化问题，并指出在激励作用下，运动员的行为会向有利于成功的指向变化。

Seevers从赛前动员的角度制订了一个长期激励计划，主要是围绕目标控制来实现的；Kamal调查了奖励对儿童竞技成绩的影响，结果表明，外部奖励对儿童运动成绩的提高影响显著，但随着年龄的增大，内部激励将逐渐取代外部激励。这一研究提示我们，外部奖励对年龄较小的运动员来讲较高校篮球成人运动员会起更大的激励作用。也就是说，对于成人运动员应加大内部激励的比重，淡化外部奖励的作用。这一结论将为我们研究高水平运动员的激励研究提供参考。

对运动员的激励要考虑到运动员的动机和需要，要结合运动员的个性心理特征、情绪变化，通过目标控制等手段来实现，这些研究成果可以为高水平运动员的激励研究提供依据。

综合来看，虽然国内外关于高校篮球运动员的激励研究比较多，但对高水平高校篮球运动员的激励研究则较为少见，因此，关于高校篮球高水平运动员的激励问题有必要深入探索。

2.关于心理压力问题的研究

就心理压力的问题，当前中国青年面临的压力主要有价值冲突压力、选择压力、就业和工作压力、学业压力、婚恋压力以及人际关系压力等，对此，青年人应采取适当的应对方式来平衡自己的心态，以应对面临的各种压力。研究指出，青年（包括大学生）的心理压力是普遍存在的，从现有研究来看，处理压力的手段多以减压为主，虽然个别研究谈到通过思想教育使青年转变观念去适应压力的问题，但目前缺乏关于提高人的抗压能力的研究。

在篮球竞技运动领域，当篮球运动员的动作出现不轻巧、心理压力大、精神集中程度差、对外环境的变化过于敏感等现象时，篮球教练员应及时通过变更计划和采取应对措施，减轻运动员的心理压力。篮球运动员心理压力的调控，就是要使篮球运动员保持稳定的心理状态，在比赛中出现心力衰竭与篮球运动员的个性特征、行为模式、过度疲劳、社会环境和人际关系等因素相关，心力衰竭会导致篮球运动员丧失参加训练和比赛的理想、目标、动机、热情和自信心，增加其心理紧张程度和恐惧感等。类似的研究都谈到或涉及了减轻篮球运动员压力的问题，也提供了一些有效的手段和方法，但目前缺乏针对篮球高水平运动员通过提高抗压能力，适应篮球大赛压力环境的研究。

（二）对群体控制要素的研究

1.关于建设高绩效团队的研究

高绩效团队的建设是现代管理的一种必然选择，我们认为，高绩效的自我管理团队（是一种在设定领导人的管理下，自我决策，实现组织目标的具有高度自主权的团队，它强调以人为中心，视成员为活动主体、团队的主人）具有共同的奋斗目标，成员具备很强的技能，成员之间相互信任，成员对团队忠诚，团队具有权威的领导核心。大力提倡团队精神是团队建设的核心。

团队精神可以增强组织的灵活性，强化成员的动机水平，有利于实现组织目标，优化团队的人际关系和提高成员的职业素质。

在篮球竞技运动领域，中国篮球队能几十年处于自然霸主的地位，就在于她非常重视运动员的团队精神和训练作风的培养。

2.关于人际关系与凝聚力问题的研究

美国的管理学家戴维斯认为人际关系对组织凝聚力的形成与工作效率的提高起着至关重要的作用。根据美国卡耐基学派对人际关系沟通和开发的统计数字，有85%的个人成功依赖人际关系，这一统计数字清楚地表明人际关系是一种十分重要的资源。因此，为了有效地实现管理系统的目标，在充分调动每个组织成员积极性的同时，管理者必须采取有效的管理方法与艺术，正确协调和处理好管理系统内外的各种人际关系，把个人力量与群体力量协调地统一起来。在这方面，哈佛大学管理理念也指出，在处理协调人际关系时，作为一个管理者应掌握解决组织成员不同需要的技巧、处理组织成员不同个性的方法和沟通艺术，并且应着力建立与下属的良好人际关系。

在篮球竞技运动领域，Sams的研究得出了处理篮球教练员与运动员之间人际关系的方法在于努力消除障碍和加强协调；Summers、Ford从篮球运动员注意力方式的角度研究了人际关系的处理问题；青木邦男在对篮球运动员参加或退出运动队活动因素的研究中，指出篮球运动员参加或退出运动队的主要取决于其与教练员之间、与队友之间人际关系的融洽程度。

学界关于人际关系的研究主要有：如何建立一个和睦相处的运动队，从集体亲和力的角度分析运动员人际关系的处理；从人际关系的角度研究运动队的心理管理问题，并指出人际关系对篮球运动队管理的重要意义。这些研究，主要涉及篮球教练员与运动员之间关系的处理，对于篮球运动员之间人际关系的研究并不多见，特别是关于处理篮球高水平运动员之间人际关系的专题性研究。

人际关系与运动队凝聚力密切相关，良好的人际关系不但有助于运动队凝聚成为一个有战斗力的集体，还可以使运动队形成良好的队风和健康的心理氛围。关于凝聚力问题的研究，主要是针对影响凝聚力的因素、高凝聚力的特征表现和提高凝聚力的手段进行的，其中特别强调了篮球运动员人际关系对提高运动队凝聚力的作用。组织行为学理论告诉我们，影响凝聚力的因素除人际关系之外，还涉及团队精神、群体规范等问题，这说明凝聚力的提高是多种因素综合作用的结果，因此，今后我们还应加强关于多种因素的综合作用对提高运动队凝聚力的问题研究。

3.关于决策问题的研究

群体思维是群体决策中经常出现的问题。毕鹏程等人对群体决策中群体思维问题进行的研究表明，群体决策中一旦出现群体思维，决策将不能按照理性程序进行，而且会直接导致很多过程缺陷。事实上，在决策过程中保持群体的一致性并没有错，特别是当决策群体的任务是由其最初的个体偏好形成一个群体偏好时。之所以会产生问题是因为群体的一致性寻求发生在还没有找到最优的解决方案之前，以及在还没有充分地评价各种解决方案的利弊之前就已经达成了一致意见。

总之，关于群体控制要素涉及的团队、人际关系、凝聚力、决策等问题主要是围绕企业管理来进行的，在篮球竞技运动领域，目前缺乏围绕篮球高水平运动队进行的专题研究，有的只是在相关研究中有所涉及，缺乏从群体控制各要素的整体角度、从各要素的相互作用关系中，对于篮球运动员训练行为的控制问题的研究。

（三）对组织文化要素的研究

对组织文化的相关研究认为，要促成组织的良性发展，可通过组织的精神环境（组织文化）对员工的心理和行为产生规范性的影响，实施有效的内化控制。我们知道，组织文化作为组织行为研究的一个重点，已越来越受到社会的关注。企业文化作为组织文化的一种表现形式，主要是指企业全体成员共同创造和共同享有的思想价值体系。作为一种软管理方式，建立企业文化的目的就在于培养员工对企业的忠诚度、增强群体凝聚力；塑造共同的价值观和精神口号，对员工实现内化控制；加强员工的相互交流，促进和加速信息的传递、应用等。现代企业管理的核心问题就是提升企业文化，以强势企业文化凝聚员工的向心力，为员工的思想和行为提供导向，激励全体人员的工作热情和创造潜能，规范他们的行为，形成自我约束，达到内强素质、外树形象的目的。当前，企业文化的发展已越来越成为制约企业发展的核心要素，它将以尊重员工的文化主体意识和价值实现的愿望、增强企业凝聚力、提高员工素质为己任。依据这些研究得知，企业文化对企业的发展起着决定性的作用，它决定着企业的凝聚力，对企业员工的行为具有规范和引导作用。企业文化对企业的价值所在，已得到广泛的认可。在日本，之所以第二次世界大战后经济飞速发展，与日本企业对员工敬业精神的培养是密不可分的。在中国，近年来也有越来越多的企业逐渐对企业文化建立的重要性有了足够的重视。有研究指出，新经济时代的企业文化应重视文化资本经营、倡导“结盟取胜、双赢模式”、注重树立企业形象和重视以人为本的思想。对于高新技术企业，组织文化的建立应重视培育企业价值观、树立以用户为中心的经营思想、加强人本管理、增强创新意识、树立团队精神、提高学习能力等。

在篮球竞技运动领域，篮球运动队文化作为组织文化的表现形式，对提高篮球运动员竞技水平起着举足轻重的作用。篮球运动队追求运动技术水平发展得更快、更高、更强，必须建立起自身特有的篮球运动队文化，利用篮球运动队文化手段培养运动员的团队精神、增强篮球运动队的凝聚力、倡导教法创新、加强以篮球运动员为核心的管理思想等，建立起适应现代篮球运动训练要求的训练有素、管理水平先进的运动员队伍。当前，对于如何建立篮球运动队文化和发挥运动队文化对运动员训练行为的约束和引导作用的研究比较缺乏，我们的研究将弥补这一不足。

第四节　高校篮球教练员的有效管理与控制运动员角色过程研究

一、高校篮球高水平运动员的角色特点

（一）角色的概述

从组织的角度看，个人角色可界定为个人和形成社会环境的他人对个人的全部期望，或者说，角色是群体对某一个体所期望的行为模式。角色反映了个体在群体中的工作职能、义务、权利和职责。

任何群体都会有指定和自显两种基本角色。指定角色是指组织和群体作为一

种分工和划分职责的手段而正式规定的角色。指定角色涉及期望角色、认知角色和行动角色。期望角色是指其他人对角色承担者所期望的行为模式；认知角色是指个体所认识到的、实现期望角色所必需的行为模式；行动角色是个体实际所表现出来的行为模式。自显角色是群体成员自然的行为模式，是群体成员为了满足社会情感需要或帮助群体完成正式工作而自然产生的角色。自显角色有任务型角色、关系型角色和自我中心型角色。任务型角色是指成员注重群体任务的完成，促进并协调问题的解决，可能表现出的角色行为有提出某些想法或发起行动、澄清问题、综合各种观点、对群体内的建议做出评价等；关系型角色是指维护和调节群体内人与人之间的关系行为模式，经常表现出的角色行为有支持和鼓励别人、团结互助、缓和紧张气氛、寻求共同点来调和不同观点等；自我中心型角色是指群体的成员只顾自己的感情、需要和利益，不顾群体利益的行为模式，经常表现出的角色行为有显示敌意、寻求赏识、回避不介入、统治群体等。个人角色的三个突出表现是角色模糊、角色冲突和角色承载。角色模糊是指对个人角色的期望不确定或缺乏清晰度；角色冲突是指对个人角色不相容或相反要求的承认；角色承载是指一个人所扮演角色的绝对数。

（二）角色定位的作用

研究表明，群体内部，如果成员对自己以及其他成员所担负的社会角色知觉正确，并且一致性很强，群体成员之间就会充满相互的信任和协调，促进工作效率的提高。相反，如果群体成员对自己所担负的社会角色感到不满，或认为担负其他社会角色的个人不称职、不合格，就会觉得气愤并产生不满情绪，致使成员相互间的关系紧张，影响工作效率。作为高校篮球高水平队员其角色扮演或者定位的合理与否同样会对运动员的训练情绪、态度、人际关系和训练投入程度等产生直接作用，进而影响高校篮球高水平队集训队的绩效水平。

（三）高校篮球高水平队运动员的角色特点——指定角色的扮演

高校篮球高水平队集训队的目标、成员的职责和将要完成的任务非常明确。集训队员的角色扮演通常都是由教练员根据比赛的需要、高校篮球高水平队运动员的技术特点和能力进行划分而指定的，即运动员扮演的是指定角色。运动员能否接受教练员的角色指定，直接决定着运动员在训练或比赛中的行为表现，高校篮球高水平运动员的行为表现又将对团队凝聚力的形成、团队精神的培养和集体战斗力的增强产生影响。因此，以团队的利益为重，接受并扮演好指定角色，并通过角色认知，努力寻找合理的角色定位，摆脱自我中心型角色的束缚，控制自己的行为与期望角色和认知角色保持一致，就是集训队员的角色方向和应表现出的角色特点。

二、高校篮球高水平运动员的角色过程

角色过程是指群体对个体形成期望角色，经过个体对期望角色的认知，最后转变为个体行动的过程。由此可把高水平运动员的角色过程分为三步：第一步，根据项目特点和比赛的实际需要及运动员的技术特点，由教练组对每一名高校篮球高水平运动员适合扮演的角色形成期望；第二步，高校篮球高水平运动员对集训队赋予自己的角色进行认知；第三步，高校篮球高水平运动员按期望角色行动。

（一）教练员对高校篮球高水平运动员角色的指定

教练员对运动员角色的指定，就是教练员对运动员形成的期望角色。教练员对高校篮球高水平运动员个体的期望角色，是根据项目的特点和战术的需要及运动员的技术特点，给高校篮球高水平运动员分配角色的过程。例如，高校篮球高水平教练员就需要懂得如何挑选运动员，识别不同运动员的优势和劣势，并把他们安排到最适合的位置上，使他们能够为球队做出最大的贡献。因此，球队要想取得比赛的胜利，就必须把具有不同技能和特点的运动员放在不同的位置上，形成1+1＞2的组合搭配。

（二）高校篮球高水平运动员对指定角色的理解

高校篮球高水平运动员对指定角色的理解就是运动员对期望角色的认知。组织行为学认为，认知角色是指个体所认识到的期望角色实现以后，应努力帮助高校篮球高水平运动员全面接受指定角色，消除角色分配差异带给运动员的不利影响，避免或消除高校篮球高水平运动员的角色模糊。

（三）高校篮球高水平运动员指定角色的行为表现

高校篮球高水平运动员指定角色的行为表现，即行动角色，是指个体实际所表现出来的行为模式。对运动员来讲，在进行角色认知以后，就是如何通过自己

的行为来实现教练员对自己角色的期望。每一名高校篮球高水平集训队员都要清楚地认识到，要实现教练员的期望应该怎样去做，即如何在角色认知的基础上实现角色行为，这是非常重要的。我们知道，高校篮球高水平集训队员的行为需要与集训队的目标指向保持高度的一致，高校篮球高水平集训队的目标指向要求运动员怎样去做，运动员就必须以团队的利益和目标为重，使自己的行为角色与期望角色保持高度的一致，这也是高校篮球高水平集训队高效运作的前提条件。因此，高校篮球高水平集训队员在对期望角色进行认知以后，必须以符合期望角色的行为去行动，通过自己在训练和比赛中的高水平投入，实现教练员的角色期望。

三、有效控制高校篮球高水平运动员的角色过程

有效控制高校篮球高水平运动员的角色过程主要指针对团队形成的期望角色，帮助运动员以实现团队目标为导向，以团队利益为重，全面、准确地进行角色认知，并使角色行为与期望角色保持一致。

组织行为学认为，在期望角色向认知角色转换的过程中，如果个体对自己充当的角色不明确或缺乏真正的理解，就会出现角色模糊。在认知角色向行为角色转换的过程中，如果个体对期望角色难以接受或对期望角色出现认知偏差时，就会出现角色冲突。实践证明，如果高校篮球高水平运动员在认知上产生角色模糊现象，就很可能导致其在从认知角色到行为角色的转换中产生角色冲突，背上思想包袱，出现训练情绪低落、精神不振的现象。因此，有效控制高校篮球高水平运动员角色过程的实质就在于力求避免运动员在角色过程中出现角色模糊和冲突，对于存在的角色模糊和冲突，应做到及时发现，有效地避免和消除。

（一）消除运动员的角色模糊

角色模糊是个体从期望角色向认知角色转换过程中，不清楚自己的权利、职责，不清楚自己应该干什么，不应该干什么。如果集训队员出现角色模糊，就会使教练员的期望角色不能被准确理解以形成正确的认知角色，其结果就会导致教练员的战术意图无法通过运动员得到有效贯彻，使预期的训练或比赛目标无法实现，甚至丧失夺冠机会。因此，高校篮球高水平集训队员产生角色模糊对即将到来的比赛非常危险，及时消除高校篮球高水平集训队员的角色模糊至关重要。

通常，导致高校篮球高水平集训队员产生角色模糊的原因是多方面的：一是

角色本身具有认知上的两重性，高校篮球高水平运动员难以从中获得实际的指导和帮助，来准确确定自己要扮演的角色；二是由于教练员对运动员的能力和技术特点未能准确把握，形成了模糊不清或错误的期望角色，使高校篮球高水平运动员无法理解教练员对自己角色的期望；三是运动员承担相应角色的经验不丰富，自信心不足，对自己的真正实力认识不清，也会造成角色模糊。实践证明，高校篮球高水平集训队员要避免角色模糊，第一，教练员应弄清运动员产生角色模糊的原因；第二，任务指定要明确，避免高校篮球高水平运动员出现两重性的角色认知，使角色明确化、具体化；第三，准确把握高校篮球高水平运动员的技术特点和项目特点，明确运动员之间的最佳搭配组合，形成正确的期望角色；第四，给高校篮球高水平运动员提供尽可能多的实战机会，使运动员不断得到锻炼，积累经验，认清自身的实力，增强扮演指定角色的信心。

（二）避免高校篮球高水平运动员的角色冲突

高校篮球高水平运动员的角色冲突可表现为角色内冲突、角色间冲突、角色个性冲突和角色过载冲突。角色内冲突是指高校篮球高水平运动员扮演同一角色，却接受了来自两个方面的、意见相悖的期望和要求而导致的冲突；角色间冲突是指运动员充当了多个角色，而各个角色的期望又是不相容的或矛盾的；角色个性冲突是指运动员角色所要求的行为与高校篮球高水平运动员本身的价值观和个性相悖时所产生的冲突；角色过载冲突是指教练员对一个运动员的角色要求太多，工作量太大，以致运动员不可能完成所有角色要求的训练和比赛任务时所面临的冲突。角色冲突不但会导致教练员对运动员在训练和比赛中的实际表现不满意，而且会造成高校篮球高水平运动员精神压力过大，形成矛盾的心理，精神不堪重负，体力不支，对比赛丧失信心，甚至放弃比赛。因此，有效地避免高校篮球高水平运动员在训练和比赛中的角色冲突，是增强运动员的信心、加大训练投入的有效手段。

组织行为学认为，自显角色有三类：任务型角色、关系型角色和自我中心型角色。任务型角色是指注重群体任务的完成，促进并协调问题的解决的行为模式；关系型角色是指维护和调节群体内人与人之间的关系的行为模式；自我中心型角色是指群体成员只顾自己的感情、需要和利益，不顾群体利益的行为模式。研究表明，自我中心型角色对群体绩效的提高有消极影响，而任务型及关系型角色不仅有助于群体任务的完成，也有助于维持群体的生存、发展和群体绩效水平的提高。如果高校篮球高水平集训队员都努力追求和扮演任务型及关系型角色，那么，高校篮球高水平集训队必将成为一个运作有效的团队。因此，高校篮球高水平集训队应有效利用群体规范的约束和组织文化潜移默化的作用，引导高校篮球高水平运动员接受任务及关系型角色，规避自我中心型角色的产生。

总之，高校篮球高水平运动员的角色过程既是对自己或队友所承担各种角色及其行为标准、责任和义务的认知和判断，也是对某种角色的行为标准的认知和判断。引导高校篮球高水平运动员进行合理的角色定位，既是一种战术安排，也是塑造高绩效高校篮球高水平集训队的战略性考虑。有效控制高校篮球高水平集训队员的角色过程就是要通过消除运动员的角色模糊和避免角色冲突，形成合理的角色定位，把高校篮球高水平集训队塑造成真正的高绩效团队。

第五节　高校篮球教练员的临场指导能力素养及其培养

一、高校篮球教练员的临场指导能力

高校篮球教练员的临场指导能力是其执教理念、风格、技巧和经验的综合反映。临场指导能力的水平高低取决于高校篮球教练员的观察、分析和决策能力，也取决于高校篮球教练员的经验、果敢和勇气。在激烈的比赛中，高校篮球教练员的临场指导决定着比赛指导思想的贯彻、比赛策略的执行、战术的变化运用，以及运动员动机激励和情绪调控。高校篮球教练员的临场指挥水平直接决定着比赛的胜负。

临场指挥或指导能力是高校篮球教练员绩效的重要标志。无论是认识能力、计划能力、交际能力、组织能力，最终都落脚到高校篮球教练员的临场指导，或者说这些能力都是为高校篮球教练员的训练与参赛组织指导服务的。所以说，临场指导是高校篮球教练员职业能力的最高表现。总体来说，高校篮球教练员的专门能力主要是指训练组织与指挥的能力，以及比赛组织与指挥的能力。因为运动竞赛和运动员参赛的效果是评价其职业水平的重要标志，而提高其绩效，临场指导的理念、方法、手段是核心。

高校篮球教练员的临场指导能力可分解为果断决策的能力、激励运动员斗志的能力、简练清晰的口头表达能力、对现场信息的感知能力、抗风险的能力、预见决策结果的能力与交流沟通的能力等，不同的临场指导能力使运动员在赛场上

有着不同的表现。

二、高校篮球教练员的专业知识与职业能力素养

高校篮球教练员的临场指导能力是建立于其专业知识与职业能力的基础之上的。因此，完善高校篮球教练员的专业知识结构、发展高校篮球教练员的专业知识能力对于其临场指导能力的培养和提高有着重要的意义。

（一）高校篮球教练员专业知识结构

一名优秀高校篮球教练员的临场指导能力是其执教能力体系中非常重要的一部分。高校篮球教练员的知识结构应以运动训练与竞技参赛的基本理论知识为主，涉及多门学科。

高校篮球教练员应掌握的知识结构中各学科知识的地位和重要程度不一样。高校篮球教练员的知识结构包括专业核心知识、专业支撑知识和专业辅助知识三个方面，主要涵盖教育学、生物学、心理学、社会学等诸多学科领域与竞技体育的交叉内容。

毫无疑问，高校篮球教练员的专项技术训练和比赛的经验，尤其是重大赛事的经验以及专项运动训练的基本理论和运动技术、战术修养，是教练员最为重要的知识，也是其他专业知识获得的基础。目前我国教练员90%以上来自退役的高水平运动员，他们具有丰富的运动实践经验和专项化程度很高的专业知识技能，但是也存在着科学基础薄弱、综合素养与能力不高的问题，所以，加强他们系统的专业理论知识的继续教育是提高高校篮球教练员整体水平，包括临场指导能力的关键。

（二）高校篮球教练员职业能力结构

作为一种专门角色的教练员，要胜任其职责，就必须具备专门的能力，即职业能力。人际交往能力、团队协作能力、对环境的适应能力，以及遇到挫折时良好的心理承受能力都是职业活动中不可缺少的职业能力，我们可将这些能力作为一般职业能力。而在竞技体育领域里，教练员所面对的是运动员、媒体、观众、领队、助理教练、科研管理者，其工作的目标和工作的环境决定了教练员职业能力必须具有专门的内容。

高校篮球教练员的职业能力具体包括以下几个方面：①认知水平与认识能

力，包括正确感知信息、观察分析、综合及逻辑思维等能力；②思维水平和计划能力，包括思维与抽象思维、预见性、想象力、合理安排教学训练内容及业余活动以增进球员情感等能力；③协调水平和交际能力，包括控制自身情绪与感情、取得他人信任、交际的主动性、协调人际关系等能力；④管理水平与组织能力，包括提出并组织完成任务、协调各方面关系、调动各方面积极因素等能力；⑤训练水平与参赛指导能力，包括训练与参赛过程中的语言表达、技术示范、控制身体表象和面部表情、控制运动员注意力、纠正错误及指导和保护等临场指挥能力。

（三）高校篮球教练员品质素养与临场指导风格

高校篮球教练员在运动训练与竞技参赛中担任着多重角色，应该具有指导者、教育者的品质。美国篮球名人堂著名教练员约翰·伍登曾提出教练员作为教育家应该具备的10项基本品质可资参考：第一，熟悉并精通篮球专业；第二，自身具有较高的文化教育水平；第三，掌握教学训练的教法技巧；第四，热爱自己的篮球专业；第五，有良好的自我节律，并教育队员严格遵纪守法；第六，具备组织工作的能力；第七，良好的人际关系；第八，与同行和运动员始终保持相互稳定的关系；第九，对同事要热情；第十，有自我提高、自我修养的强烈愿望。

在高校篮球运动竞赛活动中，高校篮球教练员布置与运动员实施战术的对象或背景是多维的。一是双方队员的战术运用，即我方队员根据自己的情况和对手的情况而采取针对性的战术。二是双方教练员的战术，即我方高校篮球教练员根据自己队员表现情况与对方队员技、战术情况和其教练员的战术指导情况而制定的战术。三是高校篮球教练员战术布置与队员战术执行，即高校篮球教练员为达到战术目的而想方设法让队员认真执行自己战术意图所采取的战术手段。这是高校篮球教练员指导艺术性的核心。因为教练员无论对对方多么了解，若战术意图方案无法让自己的队员接受、执行、实施，都是无济于事的。四是高校篮球教练员应对裁判员的战术，即主要是高校篮球教练员为了达到自己战术的目的，让裁判员对我方队员产生良好印象的战术，抓住裁判员的心理导向，使队员的每次战术运用都能让裁判员认识到是合理的，是智慧的结晶，而不会让裁判员感到是“诡诈”。五是高校篮球教练员应对观众的心理战术，即高校篮球教练员为抓住观众的心理而制定的对队员有巨大鼓励作用的战术策略，这虽然不是主要的，却是战术成功实施所不可缺少的外部条件，它受高校篮球教练员和队员的精神面貌、人格魅力因素的影响。

三、高校篮球教练员临场指导能力的实战应用

（一）赛场态势的观察与判断

赛前的准备与安排在一定程度上带有高校篮球教练员的主观预测和推理的成分，因此在比赛开始后，细心观察和及时准确地判断赛事进程是高校篮球教练员临赛时的第一步。

要做好这第一步教练员就要全面收集、筛选和处置关于球队双方战术和运动员技术特点的信息，以便做到及时调整。通过收集信息和临场观察，要求教练员能迅速做出判断和决策，因此对场上的综合判断能力是教练员临场指挥是否得当的核心。比如判断对方的战术特点，对方核心队员的技术特点；又比如根据对场上情况的分析，及时调整球队技、战术的运用。这种对比赛的综合判断能力，要求高校篮球教练员具有丰富的经验和知识、较强的逻辑分析、敏捷的思维能力和应变能力等。

高校篮球竞赛场上的情况瞬息万变，交战双方谁能在第一时间掌握稍纵即逝的信息并做出正确的判断，谁就能取得作战的主动权。信息化条件下高效指挥的作战行动，是教练员、助理教练员及相关人员共同依托各种资源和力量，及时、准确、迅速地获取情报信息能力的表现，还要能对获取的情报信息进行“去粗取精、去伪存真、由此及彼、由表及里”的筛选鉴别和分析判断，并按不同的任务需求，实时、准确、安全、高效地将情报信息反馈给赛场指挥员。

当代竞技体育科技信息的交流已经十分畅通和多样化，运动员的技、战术水平和运动队的技、战术风格以及人员安排等信息都十分公开。有些情况下，因为赛前比赛交往不多的队伍或运动员采用将技、战术和运动员实力隐藏的方法，在比赛中使对方措手不及。

（二）战术选择的谋划决策

谋划决策是指挥活动的核心内容和关键环节。一场高校篮球比赛的谋划决策，涉及竞技体育主体多个领域和专业，需要凝聚教练员、教练团队的集体智慧。智慧凝聚得越充分，决策的科学性和作战的胜算就越大。教练员要善于组织教练团队通过一系列运筹谋划活动，聚集和融合群体的智慧，准确把握指挥重心和带有全局性的关键问题，科学确定参赛目标，力争实现决策形成早于对方、决策质量优于对方、决策实施快于对方的“决策优势”。

（三）临场指导的言语表达

语言是高校篮球教练员将自己的决策传达给运动员的重要途径。流畅的语言表达能力是教练员临场指挥能力的重要组成部分，是对教练员的基本要求。

高校篮球比赛时，教练员在短暂的暂停或休息时间内做有针对性的指导，要用简洁的语言将自己对场上具体情况的分析和发展情况的判断，以及下一步的相应对策传达给运动员，使运动员尽快领会教练员的意图。

高校篮球教练员要做明确而简洁的表达，而不应该是抽象、情感式的表达，更不是毫无意义的大白话。例如篮球比赛中的“守联防，输了算我的”，“大家好好打，防守不要让对方得分。进攻上我们自己要得分”，“你不要再让对位的得分了，再让他得分就换你”……这些赛间的指导用语虽然简洁但是不明确，运动员并不能从高校篮球教练员那里获得自己下一步应该做什么的信息。

（四）持续的注意力与阻抗干扰

高校篮球教练员的态度、情绪和思维活动是随着比赛不断发生变化的。在一些长时间的比赛项目中，高校篮球教练员的注意力始终高度集中于比赛过程，在身体和心理上都有很大的负荷。其中教练员的心理水平基础，例如情绪的稳定、思维的灵活性等都会因为比赛的时间和激烈程度受到影响。比赛中高校篮球教练员的每一次指导可能带来的后果、震耳欲聋的观众助威声、裁判员的裁决判罚等有形、无形的压力，都是对教练员心理素质的考验。

高校篮球教练员如果缺乏良好的心理素质和抗负荷、抗干扰的能力，就很难在激烈的比赛过程中排除对手、场地、环境、裁判员和运动员情绪等方面的干扰，始终保持十分清醒的头脑，正确分析双方竞争态势的变化和趋势，做出正确的决策和指导，并以此影响和鼓舞运动员充满信心地奋力拼搏。如果高校篮球教练员患得患失或缺乏冷静，就有可能判断失误或对运动员做出错误的指导和决策。所以，临场指挥要求高校篮球教练员必须高度集中注意力，观察与思维分析同步进行。

（五）面对赛场态势变化的指挥应变

决定赛事胜负的因素很多，参赛的条件和环境错综复杂、瞬息万变。高校篮球教练员及其团队必须在深入分析可能面临的各种对策的基础上，按照“预先研判—制订预案—作战实验—修订完善”的流程，立足复杂困难情况，制订系统配套的综合性指挥方案体系和各类“子”预案，明确参赛行动规则和用人方式，做到一种情况多种构想、一项任务多套预案、一种方案多项对策，把计划作为变化的基础，最大限度地减少“意外情况”的发生，同时，临机应变，临变不乱，牢牢掌握赛场主动权。

谋略对抗是临场指导的核心和灵魂，高校篮球教练员及其团队应把传统的谋略方法与现代决策控制理论、先进的技术手段融合，综合运用战术、战略，最大限度地破坏对手控制系统的稳定性和可靠性，延长对手的反应时间，使战局朝着有利于已方的方向发展。

（六）对指导行为效果的评价

面对不同的赛事、同一赛事的不同阶段，教练员要提高反馈机制的效果评价力。高校篮球教练员及其团队应能进行赛事进展评估，及时获取决策的执行情况，克服主观指导与实际的偏差，及时修正指挥决策和（后续赛事）作战方案，确保作战行动始终在自己的正确指挥和有效控制下进行。

四、高校篮球教练员临场指导能力的培养

（一）理论先导，理念提练

信息是决定未来作战行动成败的关键因素。积极构建信息化条件下的指挥理论体系，是提升指挥能力的首要条件。教练员应结合运动项目和运动队的实际，加强对信息化条件下参赛指挥规律的研究，创新发展参赛指挥理论，引领和规范参赛指挥能力建设；积极借鉴先进的有益经验；打破传统思维定式，在战术、技术的结合上着力，切实理清参赛指挥能力建设的思路。

2008年北京奥运会的中国女篮主教练马赫的指导理念是一个有代表性的案例。他认为，中国女篮是有能力变得更强大的，但中国篮球的理念必须变化，不是说只有投得准，有三分球就是能力，中国队要想强大，必须重视得分、篮板球、防守的均衡发展。这就是马赫关于中国女篮，也是篮球运动，更是所有竞技运动的一个最基本的理念——“全面+特长”。球队只有均衡地发展，再辅以特长技术和明星球员关键时刻的表现，方能在实战中获得理想的战绩。

（二）优化机制，实战为先

科学合理的机制是教练员临场指挥能力发挥的基本保证。尊重与保证主教练

地位，简化指挥流程，采取预案约定、减少类同、合并相近等手段，简化程序，达成“实时”指挥。必须灵活运用指挥方式，根据赛场实时情况，谋求最佳指挥效益。

（三）探索规律，科技驱动

球队应借助现代科技的成果，充分利用先进的信息技术，整合现有指挥手段。健全和拓展多种信息网络，研究开发指挥装备，推进指挥能力创新发展。在实战中探索竞技比赛的指挥、指导规律，提高我国高校篮球教练员及其团队的执教能力。

在赛前和训练准备期，高校篮球教练员的训练活动就应该是“实战性”的训练。要让运动员体会到实战性的训练才是比赛需要的，同时感受比赛中的训练体验。教练员应立足于实战目标和任务，按照“增加科技含量、加大训练难度、提高训练层次”的原则，拓展指挥训练内容。

（四）实时总结，考评促进

教练员必须建立科学的考评机制，开发高校篮球教练员个体素质达标考评系统，让受训者平时进行体验式训练，考核时进行“过关升级”测试；积极改进考评方法，创新参赛指挥训练软件，搭建网络训练平台，按照单元要素积分考评、单元要素连贯考评、系统要素综合考评、综合内容应用考评的方法，将指挥理论、指挥技能、指挥谋略等个人训练内容；与指挥要素训练结合起来，按照参赛要求进行动态连考；完善奖惩问责机制，积极调动高校篮球教练员的内在动力。

第六节　教练员心理疲劳与调节方法

一、高校篮球教练员心理疲劳的概念界定

高校篮球运动领域心理疲劳的定义问题到目前为止仍是运动心理学家们争论的热点问题之一。我们认为，心理疲劳是一种由于过度压力和长期不满足导致个体对于先前喜欢的活动在心理上、情绪上，有时是实际行动上退缩的现象。它是一种精疲力竭的心理/生理反应，教练员由于经常性地，有时甚至极端地为应付过度的篮球训练和比赛要求而付出努力但没有收到效果所引起的。针对运动心理

学界对心理疲劳所下的不同定义，我们认为这些定义之间有一些共同特点：第一，心理疲劳中包含一种耗竭感，包括身体的、心理的以及情感的；第二，这种耗竭感会导致个体对他人反应的消极变化，如冷嘲热讽，缺乏人性化，缺乏精力和同情心等；第三，心理耗竭具有成就感降低的特点，这会导致其与运动成绩下降之间的恶性循环并使个体自尊降低而产生退出念头；第四，心理耗竭是对持续压力的慢性反应，这与剧烈压力下的偶然应激状态不同。

通过对篮球教练员进行的访谈调查，借鉴前人对心理耗竭和工作倦怠的界定，我们认为，在篮球竞技运动领域，篮球教练员心理疲劳是指教练员在应对内源性压力和外源性压力时，心理资源及生理资源被不断消耗而没有得到及时补充时所出现的心理机能不能维持原有心理活动水平即心理机能下降的现象。

二、高校篮球教练员心理疲劳的表现

我们曾对25年来高校篮球教练员心理疲劳的相关研究进行了研究，将心理疲劳的表现归为5个类别，包括情感的（如感到沮丧、伤心、郁闷）、认知的（如无助、无望、无力）、身体的（如情绪耗竭和身体不适）、行为的（如吸烟、用药、表现不好、旷工）和动机的（如缺少热情、不积极、没有兴趣）。篮球竞技运动领导或关于教练员的研究结果与教练员心理疲劳领域的研究结果大同小异。我们通过对教练员的访谈发现，高校篮球教练员心理疲劳的表现主要有消极认知反应、疲惫感和负性情绪体验、调动不能、行为表现、身体反应五个方面。在构成高校篮球教练员心理疲劳的三因素中，情绪体力耗竭得分高于成就感降低得分（$12.25 > 10.86$；$F=26.37$，$p=.00$），成就感降低得分高于对运动的消极评价得分（$10.86 > 9.93$；$F=16.07$，$p=.00$）。这提示高校篮球教练员的心理疲劳更多地表现在情绪和体力耗竭的主观感受上。相对而言，高校篮球教练员对运动的消极评价不甚明显。更准确地说，高校篮球教练员对所从事的运动仍保持着相对积极的评价。因此，这提示我们高校篮球教练员心理疲劳在分量表上的表现是不均衡的，或者说高校篮球教练员的心理疲劳主要表现在某些方面，以后的咨询与干预也有了更侧重的方面。

三、高校篮球教练员心理疲劳的测量

关于高校篮球教练员心理疲劳的测量工具主要是马斯拉奇心理疲劳量表，包括三个独立的分量表，即情绪耗竭、缺乏人性化和个人成就感，主要是来源于助人领域，其应用范围非常广泛，所以被移植到运动领域。虽然很多人仍在使用该量表，但是因为其使用范围广泛，可能测量出来的都是一般性的东西而不能测出高校篮球教练员心理疲劳的独特性，甚至不能全面反映高校篮球教练员心理疲劳的特性。因此，对高校篮球教练员心理疲劳的测量应该考虑高校篮球教练员心理疲劳的独特性。还有个别的研究以运动员心理疲劳问卷为基础，在此基础上进行修改，对高校篮球教练员心理疲劳进行测试。

四、运动性心理疲劳调节方法

（一）生物反馈训练

生物反馈训练是运用生物反馈技术进行的高校篮球教练员心理技能训练，其特点是运用特定的仪器，将人体发出的微观反应放大成为我们的视觉、听觉所能感知的信号，如用音响或屏幕上的图像同步反映血压和心率的起伏波动等，并通过反馈强化，使生理变化朝着需要的方向发展，它包括训练个体改变多种不同的生理指标（如心率、肌紧张、脑的活动）和依靠仪器调节生理状态，从而训练个体的心理技能，然后把这种能力应用到没有仪器的情境中，运用生物反馈训练方法，可以有效地增强自身的控制能力、调整机体的应激状态和生理水平，并为高校篮球教练员心理训练提供客观、现实的依据，常用的几种方式有肌电反馈、皮温反馈、皮电反馈和脑电反馈。

1.心率变异性反馈训练

心率变异性反馈训练是生物反馈训练的一种，心率变异性是指每两次心跳之间的间隔长短随时间所发生的变化情况，是反映生理弹性和行为弹性的重要指标，它能准确反映个人有效应对压力、适应环境的能力。许昭对运动员实施HRV反馈训练，提高了运动员的情绪稳定性、自我调控及放松能力，缓解了他们因心理疲劳引起的紧张、易怒、睡眠障碍等，并且减轻了因心理疲劳引起的行为反应，从而缓解了运动员的心理疲劳。

2.脑电反馈训练

采用MC2 Study TM仪器进行心理训练对于消除高校篮球教练员的心理疲劳有积极作用和较大的使用价值，该系统通过各种大脑活动频率波的刺激来调节个体的意识状态，帮助其迅速进入与工作任务相适应的脑生理环境，如心理的放松、注意的高度集中、神经活动的激发等状态。

3.肌电反馈训练

通过肌肉功能电刺激对高校篮球教练员进行恢复放松训练，可使肌肉得到放松，这样不仅有助于减轻高校篮球教练员肌体的劳累，更重要的是，使高校篮球教练员能“集中精力”地放松一下自己，使他们从沉重的心理负担中走出来，达到消除心理疲劳的目的。

（二）心理恢复训练

心理恢复训练，是通过语言暗示诱导其肌肉和神经放松，还可配合播放轻松悠扬的音乐调节呼吸，使肌肉得到充分放松，最终调节中枢神经系统兴奋性的一种方法。研究表明，这种方法在实际的篮球训练和比赛中具有明显消除心理疲劳的效果，心理放松训练法能有效消除心理疲劳和身体肌肉疲劳，心理肌肉放松训练是一种心理自我调节方式，它借助语言和其相适应的思维形象使人对自身产生影响。心理肌肉放松训练要在指导语或默诵的暗示下缓慢地进行，常用的指导语可用“我的全身都感到安静、放松、沉重和温暖”，“我感到放松和强壮了”，“我感到一种内部的平静”，“我感到身体轻松和充满活动力”等。

（三）篮球训练内容合理化、训练手段多样化

从心理疲劳产生的原因来看，在很多情况下，心理疲劳是由于重复单调的动作行为而产生的。在这种情况下，一方面，高校篮球教练员不妨让运动员停止训练或采取其他训练方式为枯燥的训练增加新色彩。如不断改变准备活动的音乐、身体训练的内容、技术训练的形式、训练场地的布置来缓解训练的单调和枯燥。另一方面，教练员最大限度地满足运动员在个性、心理、生理上的不同需要，使运动员产生积极配合训练安排的意愿，增强训练的信心，促进训练动机水平的提高。

（四）认知重建和积极思维

竞技性情境本身只是引起心理疲劳的间接原因，对竞技性情境所持的信念、看法、解释才是引起心理疲劳的更直接原因，如果认知发生偏差，就会导致不合理信念，如“我必须指挥好篮球比赛，拿不到冠军就是失败”。

（五）设置合理的目标

我们在为高校篮球教练员确定目标的时候一定要充分考虑可行性，确立合理的长、短期训练目标和良好的心理预期，以消除因期望不能实现导致的心理疲劳，也可以有效地通过实现目标、获得满足而激励高校篮球教练员进一步努力。

（六）采取有效的激励方法

有效的激励方法可促使高校篮球教练员化压力为动力，为实现个人理想拼尽全力。应把荣誉激励的长期激励效应与物质奖励的短期激励效应有效地结合在一起，最终达到调动高校篮球教练员积极性、主动性和创造性的目的。

（七）给予高校篮球教练员全面的人文精神关怀

在训练之余高校篮球教练员应适当参加有益的社会活动，社会应给予其更多的关注，给高校篮球教练员营造一个宽松的、充满人文精神关怀的大环境，这能够在很大程度上消除甚至避免其心理疲劳的产生，此外，应帮助他们解决好关于家庭的、社会的、队员与教练之间的各种关系，使他们拥有一个宽松的、充满关怀的训练环境，最大限度地使他们消除心理疲劳。切实采取措施来消除产生心理疲劳的隐患，使高校篮球教练员参加运动训练无后顾之忧，增强他们的训练动机，从而提高训练竞赛的效果。

（八）注意营养补充

有些营养物质有助于降低心理疲劳。例如，吃黑芝麻、核桃仁、瓜子仁或者吃巧克力等可提高色氨酸利用率，保持5-HT的正常水平，提高抗抑郁的能力，适当补充面包、麦片等有助于保持血糖值稳定的食物；适当补充碱性食物，如各种蔬菜水果，不使中枢抑制性神经递质增多。另外，中医针刺、中药、合成类运动营养补剂等对心理疲劳也具有一定调节功效。

心理疲劳是运动科学中极其重要的研究课题，但目前对于运动性心理疲劳及其恢复方面的研究相对滞后，因此目前没有更有效的方法可以在最短时间内消除高校篮球教练员的疲劳，在心理疲劳与恢复问题日益决定篮球运动竞赛成败的今天，加强这些方面的研究显得尤其重要。

参考文献

［1］CBA风雨十年（连载四）［J］.篮球，2005，7（247）.

［2］薛岚.NBA主场文化探析［J］.体育科学，2005（4）.

［3］赵芳.NBA与CBA主场文化异同研究［R］.首届中国篮球文化论坛，2005.

［4］朱相欣.美国社会文化环境对篮球运动的影响之研究［R］.首届中国篮球文化论坛，2005.

［5］郭永东.中西文化差异与篮球运动［R］.首届中国篮球文化论坛，2005.

［6］童昭刚，孙麒麟，周宁.人文体育——体育演绎的文化［M］.北京：中国海关出版社，2002.

［7］房列曙，木华.中国文化史纲［M］.北京：科学出版社，2001.

［8］王文章.中国先进文化论［M］.北京：文化艺术出版社，2004.

［9］陈新.篮球文化与篮球市场［D］.苏州：苏州大学，2007.

［10］汪澎白.艰难的转型［M］.长沙：湖南出版社，1991.

［11］许永刚.中国竞技体育制度创新中政府与垄断问题研究［D］.苏州：苏州大学，2004.

［12］许明，花建.文化发展论［M］.北京：北京大学出版社，2005.

［13］许永刚.CBA与NBA文化层面的比较与分析［J］.武汉体育学院学报，2005（1）.

［14］商聚德，等.中国传统文化导论［M］.保定：河北大学出版社，2002.

［15］赵洪恩，李宝席.中国传统文化通论［M］.北京：人民出版社，2006.

［16］李元伟，打造篮球文化，构建和谐篮球［J］.体育文化导刊,2006（1）.

［17］孙民治.关于我国篮球文化的一些思考［J］.上海体育学院学报，2006（2）.

［18］曲洪志.高等学校教师职业道德修［M］.济南：山东人民出版社，2004.

［19］齐世荣.美国从殖民地到惟一超级大国［M］.西安：三秦出版社，2005.

［20］朱世达.当代美国文化［M］.北京：社会科学文献出版社，2001.

［21］杨铁黎.职业篮球市场论［M］.北京：北京体育大学出版社，2003.

［22］徐济成.话说NBA第十八回［J］.篮球月刊，1997（6）.

［23］徐济成.NBA大记事［J］.篮球月刊，1997（4）.

［24］李素安.危机与国际化［J］.中国体育科技，1995（3）.

［25］刘永涛.当代美国社会［M］.北京：社会科学文献出版社，2001.

［26］张新萍.美国精神与竞技运动文化关系的阐释［J］.体育文化导刊，2004（12）.

［27］李其荣.美国文化解读——美国文化的多样性［M］.济南：济南出版社，2005.

［28］袁明.美国文化与社会十五讲［M］.北京：北京大学出版社，2003.

［29］爱德华·C.斯图尔特.美国文化模式——跨文化视野中的分析［M］.卫景宜，译.天津：百花文艺出版社，2000.

［30］潘华.从筐球游戏到篮球运动［R］.首届篮球文化论坛，2005.

［31］鲍明晓.体育市场——新的投资热点［M］.北京：人民体育出版社，2004.

［32］鲍明晓.NBA经验与CBA改革［R］.第二届篮球文化论坛，2007.

［33］余秋雨.中华文化的民族性与时代性——余秋雨漫谈［N］.新华日报，2007-11-30.

［34］田麦久.运动训练学讲稿［Z］.苏州：苏州大学体育学院，2005.

［35］李要南.CBA常规赛主场优势客观存在及影响因素分析［J］.哈尔滨体育学院学报，2006（1）.

［36］罗建章，李要南，刘买如.对CBA“宏远模式”的探讨［J］.山东体育学院学报，2007（1）.

［37］余继英.奥林匹克篮球［M］.北京：人民体育出版社，2002.

［38］扈伟，王嵊海.从观赏性角度析CBA与NBA之差距［J］.浙江体育科学，2004（2）.

［39］于振峰.NBA与CBA篮球职业联赛转会制度的对比分析［J］.首都体育学院学报，2007（3）.

［40］王家宏，等.我国篮球产业的发展现状及对策研究［M］.北京：北京体育大学出版社，2004.

［41］杜婕.NBA球员工资怎样发［J］.五环明星，2004（3）.

［42］苗炜.五魁首——CCTV5十年纪实［M］.上海：上海文艺出版社，2005.

［43］邱晓德.世界体育用品品牌十项指标分析与我国实施名牌战略的对策研究［J］.成都体育学院学报，2003（1）.

［44］崔瑞华，刘玉.对我国学生体育竞赛发展的思考［J］.体育学刊，2008，15（5）.

［45］边宇，吕红芳，万发达.论美国大学校际体育竞赛教育价值的危机与启示［J］.北京体育大学学报，2013，36（9）.

［46］李加奎.美国中学的竞技体育［J］.中国学校体育，2004（2）.

［47］Michael Leeds Peter. On Allmen, The Economics of sports［M］.北京：清华大学出版社，2003.

［48］Ewing M, Seefedt V.American youth and sports participation［R］. Lansing : Youth Sports Institute at Michigan State University, 1990.

［49］Ogden CL, Carroll MD, Curtin LR, Lamb MM, Flegal KM. Prevalence of High Body Mass Index in US Children and Adolescents, 2007–2008［J］. Journal of the American Medical Association, 2010, 303(3).

［50］Gerald R. Gems and Gertrud Pfister. Understanding American Sports［M］. New York: Routledge, 2009.

［51］Powell JS, Barber FKD. Injury patterns in selected high school sports: areview of the 1995–1997 seasons［J］. Cathl Train, 1999(34).

［52］Alina M, Robert M. Early Sport Specialization; Roots, Effectiveness, Risks. Current Sports Medicine Reports［J］. American College of Sports Medicine, 2010, 9 (6).

［53］Cary P. Fixing kids'sports: Rescuing children's games from crazed coaches and parents［R］. US News and World Report, 2004.

［54］Ronald BW. Social Issues in Sport［M］. 香槟城：Human Kinetics, 2007.

［55］Hyman, Mark. The Most Expensive Game In Town: The Rising cost of Youth Sports and the Toll on Today's Familices［M］. Boston : Beacon Press, 2012.

［56］Carman, Diane CU.Shouldn't Investigate Its Own Mess［J］. Denver Post, 2004 (2).

[57] Robert DB. The College Sports Reform Movement: Reframing the "Edutainment" Industry [J] . The Sociological Quarterly, 2007(48).

[58] Goffman, Erving. Stigma: Notes on the Management of Spoiled Identity [M] . Englewood Cliffs, NJ: Prentice Hall, 1993.